大 学 问

始 于 问 而 终 于 明

守望学术的视界

市镇内外

晚明江南的地域结构与社会变迁

Shizhen Neiwai

Wanming Jiangnan De Diyu Jiegou Yu Shehui Bianqian

杨茜 著

GUANGXI NORMAL UNIVERSITY PRESS
广西师范大学出版社
·桂林·

图书在版编目（CIP）数据

市镇内外：晚明江南的地域结构与社会变迁 / 杨茜
著. -- 桂林：广西师范大学出版社，2025. 8. -- ISBN
978-7-5598-8445-9

Ⅰ．K295

中国国家版本馆 CIP 数据核字第 2025XF6564 号

广西师范大学出版社出版发行

（广西桂林市五里店路 9 号　邮政编码：541004）
网址：http://www.bbtpress.com

出版人：黄轩庄

全国新华书店经销

广西民族印刷包装集团有限公司印刷

（南宁市高新区高新三路 1 号　邮政编码：530007）

开本：880 mm × 1 240 mm　1/32

印张：9.875　　　字数：280 千

2025 年 8 月第 1 版　　　2025 年 8 月第 1 次印刷

定价：78.00 元

序　言

　　明万历二十九年,常熟知县赵国琦主持县内的河道浚治,其中
包含一条重要的地域性河道——横沥塘。该塘东接太仓七浦河,
西抵白茆河,并流经常熟县内的何家市。何家市在明嘉靖年间即
已出现,市镇中的商贾对外交通多依赖这条河道。赵知县在处理
横沥塘疏浚工程时,对不同流经区域的役力安排做出明确区分,涉
及人群除了惯例中的士大夫和农民,还特意提到了何家市中的
"市民":

　　　　白茆口迤至何家市,上区任之,市民向舟楫之利者佐之;
　　由赤沙塘口迤至晋贤泾口,下区任之,别区如四十都、二十三
　　都有田相续者佐之。……士大夫不得借优免之名,巧为规避;
　　市商贾不得概诿为农氓之事,而坐享其赢。(《邑侯赵公议浚
　　横沥塘碑记》)

几年之后,另一位常熟知县耿橘再次开启水利工作。在浚治县中另一市镇(归家市)附近的河道时,镇中市民一度遭到奸豪大户的"仗役鲸吞",耿橘为此发布公示,申明"止开市镇之河,略借市廛之民力耳",强调"除市河之外,并不用市民开浚尺寸"。(《禁大户科派市民开河示》)

通过上面两则事例,可以很明显地观察到,在市镇中生活和从事商业活动的"市民"已经是签派水利力役时的一个固定群体。与此同时,乡绅大户会像科派小农一样,向市镇"市民"转嫁劳役,但"市民"也有推诿逃役的情形。在乡绅大户和村落民众之外,市镇"市民"形成一方新的利益主体,而市镇本身也成为官府在牧民理政时必须予以单独考虑的一类聚落空间。

本书正是在诸多如上述般历史事实的基础上展开的。

16世纪之后,长江三角洲的商业市镇获得快速发展,不仅数量显著增加,而且功能和规模也同步增长。其中一小部分市镇今天已被开发成为旅游区,如乌镇、南浔、周庄、同里、西塘、朱家角、枫泾等。这些热门旅游古镇,在明清时代都是具有重要市场功能的商品集散地,用著名学者施坚雅的话说,它们是家庭自产不自用的物品的出售地,也是家庭需用但不自产物品的购买地,换句话讲,商业市镇是农产品和手工业品向上流动进入市场体系中较高范围的起点,也是供农民消费的输入品向下流动的终点。所谓"家庭自产不自用的物品",在江南地区以棉布和丝织品为大宗,它们从三角洲广大乡村生产者的手中汇集到一个个市镇,又从市镇店铺中卖出,随着无数客商"向上流动"进入全国乃至海外市场。

商业市镇的繁荣,是明清商品经济和市场体系发展的重要环节和突出表现。正因此,江南市镇自 20 世纪三四十年代便进入学术界的研究视野,市镇的经济面貌是最受关注的层面。不过,当我于 2012 年前后开始接触江南市镇的研究话题时,却一直未打算在经济层面致力。一方面是因为当时需要在较短时间内创作一份博士论文研究计划,市镇经济领域丰厚的研究成果令我望而却步;另一方面则是由于我对历史中具体的人及他们的行动更感兴趣,尤其在阅读史料的过程中看到许多冠以姓氏的市镇以及类似开篇的案例之后,我逐渐意识到,其实,广布的市镇,在备受关注的经济领域之外,仍然对江南社会的发展产生着重要影响。

在这样的思路下,本书的内容有两个锚点,一是生活于江南市镇中的"权势阶层",二是将市镇作为一类聚落形态置于江南社会中展开讨论。

"权势阶层",主要指豪强地主和乡绅大户,他们无论在明清时代还是现代学术研究中都被认为是当时社会的中坚力量,地方行政的完成有赖于他们的积极参与。同时,在相当一部分市镇的发育过程中,他们的身影若隐若现,反映着一系列变迁。这是本书标题"内外"中"内"的部分。

将市镇作为一类聚落形态来讨论,前提在于江南市镇乃自然生长而成,但并不具有建制性,所拥有的地理空间又往往地跨若干基层政区,且数量和功能都有相当的规模。本书主要选择以水利为主的州县治理工作,分析市镇作为这一时期大规模发育的聚落形态,对晚明江南地区原有社会秩序造成的冲击与变动。此时,市镇内普遍存在的权势阶层仍然在其中扮演着重要角色。这是本书标题"内外"中"外"的部分。

本书讨论的主题，缘起于申请攻读博士时的研究计划，之后经历了博士论文的初步搭建，以及毕业后这几年断断续续的思考与修订，最终形成现在的文本。虽仍不见得成熟，但作为一个阶段的研究心得与见证，愿借此次出版的机会，求教于方家。

目　录

绪论　晚明江南的开发：地域、市镇与士绅

一、江南地区的开发

今天的长江三角洲及其周围地区,在东汉以及魏晋南北朝时期开始获得大规模开发,农田水利相继兴修,荒地不断开垦。[①]到唐代时,这里已经成为"茧税鱼盐,衣食半天下"的富庶之区。及至五代吴越时期,江南又普遍修治河渠,形成"五里一纵浦,十里一横塘"的农田景观,农业发展所依赖的水网系统基本形成。[②]同时,苏南、上海、浙西沿海地区的海塘经过历代不断修筑,渐趋完整,为沿海地区的开发创造了条件。在此基础上,一年两熟制于南宋时普遍推行,使得稻麦产量大增,出现"苏湖熟,天下足"的局面,江南因

---

① 唐长孺:《三到六世纪江南大土地所有制的发展》,上海人民出版社,1957 年。
② 缪启愉编著:《太湖塘浦圩田史研究》,农业出版社,1985 年。

此成为全国的经济重心。① 此后,江南地区开发日臻成熟。明代中叶之后,这一地域的行政区划,尤其是嘉兴、湖州两府,已经基本类似于今天的格局。嘉兴府领县嘉兴、秀水、嘉善、崇德、桐乡、平湖和海盐。湖州府领县乌程、归安、长兴、德清、武康、孝丰和安吉州。② 县级行政区划达到成熟与稳定。③

晚明以来,江南的丝织、棉纺织等手工业和商品贸易大幅发展,但这一商品化的过程,并没有削弱传统的小农家庭生产单位的地位。新的棉花经济和扩展着的蚕桑经济所要求的附加劳动力,首先来自农户中的妇女和儿童,从而强化和完善小农家庭生产存在的基础,导致农村生产的家庭化,并成为支持明清江南商品经济的基地。④

李伯重指出:围绕太湖的江南三角洲,明代中叶之后逐渐形成了三个相对集中的作物分布区,即沿海沿江以棉为主或棉稻并重的棉—稻产区,太湖南部以桑为主或桑稻并重的桑—稻产区和太湖北部以稻为主的水稻产区。浙西湖州府的低丘山地,不宜粮食作物和棉花的生长,则广泛种植茶、桑、竹、木等。⑤ 江南农业结构

① 参见洪焕椿、罗仑主编:《长江三角洲地区社会经济史研究》,南京大学出版社,1989年。魏嵩山:《太湖流域开发探源》,江西教育出版社,1993年。
② 周振鹤主编:《中国行政区划通史》(明代卷),复旦大学出版社,2007年,第42—43页,第153—155页。
③ 谭其骧:《浙江省历代行政区域——兼论浙江各地区的开发过程》,原载杭州《东南日报》,1947年10月4日,《云涛》副刊第五期,后收入氏著《长水集》上,人民出版社,1987年,第398—416页。
④ 黄宗智:《长江三角洲小农家庭与乡村发展》,中华书局,1992年,第44页。
⑤ 李伯重:《明清江南农业资源的合理利用——明清江南农业经济发展特点探讨之三》,《农业考古》1985年第2期。

从以粮食作物为主,变为以与商品市场密切相关的经济作物栽培为主。就全国范围而言,区域经济格局从宋代的"苏湖熟,天下足",演变成"湖广熟,天下足"。① 江南地区经济结构的这一转变也被学者概括为"早期工业化"。②

这时,江南水乡的生活呈现出不同于以往的场景:"陆有蚕桑麻麦粳稻之利,水有莲藕鱼蟹之租,行者乘船户外,居者织机宵中,盖终岁勤动,而忘其劳也。"③农户昼夜产出的手工业品,立即可以拿到市场上换取粮食或钱两,满足日常生活及赋税缴纳的需要。

二、地域结构变化:市镇

伴随着经济的发展与转型,江南地域结构发生明显变化,即大规模商业市镇发育生长。

除唐宋以来已商业化的"军镇"以外,16世纪之后江南广大的乡村社会中,许多自然村落因商业化的刺激而发展为经济中心地——市镇。据范毅军对太湖以东苏州府和松江府市镇的统计,1551到1722年这一阶段,市镇数量从161个增加到261个,增长率达62%。④ 刘石吉的研究则指出,1500—1800的三百年间,是市镇

---

① [日]寺田隆信:《湖广熟,天下足》,《江淮论坛》编辑部:《徽商研究论文集》,安徽人民出版社,1985年,第270—271页。张家炎:《明清长江三角洲地区与两湖平原农村经济结构演变探异——从"苏湖熟,天下足"到"湖广熟,天下足"》,《中国农史》1996年第3期。
② 详见李伯重:《江南的早期工业化(1550—1850)》,社会科学文献出版社,2000年。
③ (明)朱彝尊:《太守佟公述德诗序》,《曝书亭集》卷三十八《序》五,商务印书馆,1935年,第4/0页。
④ 范毅军:《传统市镇与区域发展:明清太湖以东地区为例,1551—1861》,台北联经出版社,2005年,第206页。

的稳定成长时期,尤其在正德、万历年间以迄清代乾隆时代,市镇的数量平均增长一两倍,而且有许多市镇达到空前的繁荣。截至清末,江南八府一州的市镇数量超过千个。① 可以说,市镇成为江南地域结构中与城市和村落并存的重要聚落形态。

江南市镇的发展,自 20 世纪三四十年代起,便进入学术界的研究视野。至八九十年代,一度成为经济史和江南史界最热门的研究领域,积淀深厚。加藤繁于 20 世纪 30 年代就已经注意到唐宋以来"市"的变化与发展。② 50 年代时,藤井宏在对徽州商人的研究中,指出江南市镇介于包括县治以上城市与农村定期市之间,在明清随着商品经济的发展,有日益扩大的现象,另外由村落上升为市镇的聚落也为数颇众。③

傅衣凌在 20 世纪 50 年代开始关注明清江南市镇,继明代江南市民经济研究之后,又专门展开对明清时代江南市镇经济的分析。④ 此时,美国学者施坚雅用区域体系和"中心地"理论,探讨了中国历史上的城镇化过程,这一分析方法,为后来的大多数研究者所借鉴,影响深远。⑤

---

① 刘石吉:《明清时代江南市镇研究》,中国社会科学出版社,1987 年,第 157 页。

② 参见[日]加藤繁《中国经济史考证》第一卷(吴杰译,北京商务印书馆,1962 年)一书中《唐宋时代的市》《关于唐宋的草市》《唐宋时代的草市及其发展》章节内容,以及氏著《中国经济史考证》第三卷(吴杰译,北京商务印书馆,1973 年)中的《清代村镇的定期市》。

③ [日]藤井宏:《新安商人的研究》,傅衣凌、黄焕宗译,《徽商研究论文集》,安徽人民出版社,1985 年。

④ 傅衣凌:《明代江南市民经济初探》,上海人民出版社,1957 年。傅衣凌:《明清时代江南市镇经济的分析》,《历史教学》1964 年第 5 期。

⑤ [美]施坚雅:《中国农村的市场和社会结构》,史建云、徐秀丽译,中国社会科学出版社,1998 年。

　　20 世纪 80 年代,台湾学者刘石吉《明清时代江南市镇研究》一书是有关江南市镇第一个系统、全面的研究,其中市镇专业化类型的划分以及对市镇数量、分布区域和人口的统计,贡献颇大。① 差不多同一时期,王家范、樊树志、陈学文等学者,开始集中关注明清江南市镇的发展。② 此后,市镇研究大量涌现,重点从经济发展的视角,从市镇结构、行业类型、商品经济状况、市场范围与性质以及城市化等方面进行探索与分析,不仅有整体性的论述,亦有个案式的考察。③ 范毅军不满足于定性类的研究,对明中叶至第二次鸦片战争时期苏州、松江和太仓地区市镇的时空变化从质和量的角度

① 刘石吉:《明清时代江南市镇研究》。

② 王家范:《明清江南市镇结构及其历史价值初探》,《华东师范大学学报》1984 年第
　1 期。陈学文:《中国封建晚期的商品经济》,湖南人民出版社,1989。樊树志:
　《明清江南市镇探微》,复旦大学出版社,1990 年。

③ 刘翠溶:《明清时代南方地区的专业生产》,《大陆杂志》第 56 卷第 3 期,1978 年。
　[日]上田信:《明末清初·江南の都市の「無賴」をめぐる社会関係:打行と脚
　夫》,《史学杂志》第 90 卷第 11 号,1981 年。陈忠平:《明清时期江南的一个专业市
　镇——濮院镇的经济结构之探索》,《中国社会经济史研究》1985 年第 1 期。陈忠
　平:《明清时期江南市镇的牙人与牙行》,《中国经济史研究》1987 年第 2 期。范金
　民:《明清时期苏州市镇的发展特点》,《南京大学学报》1990 年第 4 期。陈学文:
　《明清时期王店镇的社会经济结构》,《浙江学刊》1991 年第 3 期。陈学文:《明清
　时期杭嘉湖巾镇史研究》,群言出版社,1993。陈忠平:《宋元明清时期江南市镇
　社会组织述论》,《中国社会经济史研究》1993 年第 1 期。赵冈:《中国城市发展史
　论集》,台北联经出版社,1995 年。包伟民主编:《江南市镇及其近代命运(1840—
　1949)》,知识出版社,1998。蒋兆成:《明清杭嘉湖社会经济史研究》,杭州大学
　出版社,1998。王卫平:《明清时期江南城市史研究:以苏州为中心》,人民出版
　社,1999 年。张海英:《明清江南商品流通与市场体系》,华东师范大学出版社,
　2002 年。罗婧:《江南市镇网络与交往力——以盛泽经济、社会变迁为中心
　(1368—1950)》,上海人民出版社,2010 年。安涛:《中心与边缘:明清以来江南市
　镇经济社会转型研究》,上海人民出版社,2010 年。陈国灿:《中国古代江南城市化
　研究》,人民出版社,2010 年。

分别进行了极为细致的排比与考查。①

　　经济层面研究获得突破之后，市镇的社会诸面向也得到关注，并逐渐丰富起来。刘翠溶、陈忠平、吴建华、游欢孙、曹树基等统计分析了市镇人口状况。② 太田出、张研、张海英研究王朝关于市镇的管理制度。③ 森正夫、稻田清一、吴滔等探讨清末的"镇董"和分"厂"问题。④ 王卫平、黄鸿山描述了市镇的慈善组织。⑤ 滨岛敦

① 范毅军：《传统市镇与区域发展：明清太湖以东地区为例，1551—1861》。
② 刘翠溶：《明清时期长江下游地区都市化之发展与人口特征》，《经济论文》第 14 卷第 2 期，1986 年。陈忠平：《明清江南市镇人口考察》，《南京师大学报（社会科学版）》1988 年第 4 期。吴建华：《明清江南人口社会史研究》，群言出版社，2005 年。游欢孙、曹树基：《清中叶以来的江南市镇人口——以吴江县为例》，《中国经济史研究》2006 年第 3 期。苏基朗：《明清大松江地区棉业市镇格局与人口分布：一个 HGIS 的观察》，复旦大学历史系编：《明清以来江南城市发展与文化交流》，复旦大学出版社，2011 年。黄敬斌：《明代江南城镇人口规模再探》，复旦大学历史系编：《明清以来江南城市发展与文化交流》，复旦大学出版社，2011 年。
③ ［日］太田出：《清代绿营的管辖区域与区域社会——以江南三角洲为中心》，《清史研究》1997 年第 2 期。张研：《清代市镇管理初探》，《清史研究》1999 年第 1 期。［日］太田出：《清代江南三角洲地区的佐杂"分防"初探》，载张国刚主编：《中国社会历史评论》第二卷，天津古籍出版社，2000 年。张海英：《明清江南市镇的行政管理》，《学术月刊》2008 年第 7 期。张海英：《"国权"："下县"与"不下县"之间——析明清政府对江南市镇的管理》，《清华大学学报（哲学社会科学版）》2017 年第 1 期。
④ ［日］森正夫主编：《江南デルタ市镇研究：歴史学と地理学からの接近》，名古屋大学出版会，1992 年。［日］稻田清一：《清代江南における救荒と市镇－宝山県・嘉定県の「廠」をめぐって》，《甲南大学紀要》（文学編）第 86 号，1992 年。［日］稻田清一：《清末江南における「地方公事」と鎮董》，《甲南大学紀要》（文学編）第 109 号，1998 年。吴滔：《赈饥与县级以下区划的变化：明清嘉定宝山基层行政之运作》，李文海、夏明方主编：《天有凶年：清代灾荒与中国社会》，生活・读书・新知三联书店，2007 年。
⑤ 王卫平、黄鸿山：《中国古代传统社会保障与慈善事业：以明清时期为重点的考察》第十四章《清代江南市镇的慈善事业》，群言出版社，2005 年。

俊、王健等研究了市镇中的庙宇和信仰。① 川胜守更直接以"市镇社会史"为题,专题式研究市镇水利、会馆、义冢、无赖、人物文化等。②

关于市镇兴起的溯源性研究,其一,学界从市镇形态的变化历程上,关注"草市"和"军镇"。如,加藤繁追溯唐宋时代"市"制度的变化,以及草市的发展与市、镇小都市的关联。③ 曾我部静雄和傅宗文分别针对唐宋以前的草市和宋代的草市镇进行了系统的研究。④ 周藤吉之从商业发展的角度指出早期位居州县治以外水路要冲的草市,随着商业的扩张,在宋代开始发展成镇这种固定的规模较大的商业聚落,有些延续到了明清。⑤ 梅原郁从军事与行政功能转化为商业功能的角度,探讨了宋代市镇的兴起。⑥ 其二,用市场形成的基本原理进行分析。如杨懋春对近代中国农村社会演变的研究,将集镇最初的形成起点分为农村的小工业点、小市场和驿

---

① [日]滨岛敦俊:《明清江南农村社会与民间信仰》,朱海滨译,厦门大学出版社,2008 年。王健:《利害相关:明清以来江南苏松地区民间信仰研究》,上海人民出版社,2010 年。

② [日]川胜守:《明清江南市镇社会史研究——空間と社会形成の歴史学》,汲古書院,1999 年。

③ [日]加藤繁:《中国经济史考证》第一卷,吴杰译,北京商务印书馆,1962 年,第278—336 页。

④ [日]曾我部静雄:《唐宋以前的草市》,《东亚经济研究》1932 年第 4 期。傅宗文:《宋代草市镇研究》,福建人民出版社,1989 年。

⑤ [日]周藤吉之:《宋代の郷村における小都市の発展——特に店・市・歩を中心として》,《史学杂志》第 59 卷第 9,10 号,1950 年。

⑥ [日]梅原郁:《宋代地方小都市の一面——鎮の變遷を中心とてし一》,《史林》第41 卷 6 号,1958 年。

站三种。① 赵冈则根据市场的功能，将市镇的出现归纳为"为农村消费服务"和"为农村副业生产服务"两条途径。② 其三，从明清江南棉、丝、盐业的发展和赋役制度等经济因素以及交通、寺庙等社会因素，来分析市镇的勃兴。③ 此外，人为投资和家族聚居亦是一类讨论的视角，下文第一章将详述。

众多的研究中，市镇处于城、乡商品流通的中间地位，已是共识。这方面的范式性研究，当然以施坚雅为代表。施坚雅在有关市场层级的理论中提出，满足农民家庭所有正常贸易需求的基层市场，是家庭自产不自用的物品的出售地，也是家庭需用但不自产物品的购买地，所以，它是农产品和手工业品向上流动进入市场体系中较高范围的起点，也是供农民消费的输入品向下流动的终点。④ 学界的许多其他研究，也是因此将市镇放在城市、市镇、乡村这样的层级中来做分析，如受到广泛关注的近世以来中国城市化发展道路，一般都将市镇作为从乡村向城市发展的过渡阶段或形态。社会文化层面，如市镇慈善史的研究中，有观点认为"市镇以

---

① 杨懋春：《近代中国农村社会之演变》，巨流图书公司，1980 年。

② 赵冈：《中国城市发展史论集》，台北联经出版社，1995 年。

③ 王文楚：《上海市大陆地区城镇的形成与发展》，《历史地理》第 3 辑，1983 年。沈飞德：《明清时期吴江市镇初探》，《史林》1987 年 4 期。罗仑、夏维中：《明清时代江南运河沿岸市镇初探》，《南京大学学报》1990 年第 4 期。谢湜：《十五至十六世纪江南粮长的动向与高乡市镇的兴起：以太仓璜泾赵市为例》，《历史研究》2008 年第 5 期。吴滔：《赋役、水利与"专业市镇"的兴起：以安亭、陆家浜为例》，《中山大学学报（社会科学版）》2009 年第 5 期。吴滔：《从"因寺名镇"到"因寺成镇"：南翔镇"三大古刹"的布局与聚落历史》，《历史研究》2012 年第 1 期。

④ ［美］施坚雅：《中国农村的市场和社会结构》，第 6 页。

其连结城乡的纽带、沟通城乡交流的据点这种特殊地位,在推动江南地区慈善事业的发展兴盛,从而形成城乡一体化的慈善事业网络体系方面发挥了中介的作用"①。这些理论和实证研究,对于辨析江南市镇的功能、内涵及商品流通体系,意义重大。

不过,在经济意义的基础上,江南市镇更是一类聚落实体,拥有具体的地理空间,还往往地跨若干都(乡)、图,甚至州县,它们镶嵌在县以下原本层级清楚、体系完整的基层结构中。因此市镇不仅仅是经济或文化上纵向连接城、乡的结点,而更以切实的区域形式横向地存在于县以下基层地域中,但这一大规模的聚落,在明代的行政体系中并不具有建制性。

这样一种特殊的状态,使得市镇在备受关注的经济领域之外,依然能够深刻地影响着江南社会的发展。基于此,本书尝试将市镇与江南地方力量相结合,在经济研究视角之外,探索市镇的变化及其对江南社会的意义。

三、地方社会力量:士绅与家族

近世的江南,是整个中国区域经济开发相对充分、政治力量渗透较好的地区,除了地方官,士绅阶层是基层地域中力量最强大的群体,在社会各领域中扮演着不可替代的角色。士绅阶层,可以反映基层社会诸多层面的问题。这也是将以士绅为代表的地方力量引入市镇研究的重要原因。

---

① 王卫平:《清代江南市镇慈善事业》,《史林》1999 年第 1 期。

关于士绅阶层及其对基层社会的影响的研究，成果丰厚繁巨，有若干综论可以参考。① 不同的研究背景和语境下，"士绅"的内涵、外延略有不同，另外还出现了"乡绅""地方精英"等同样表达明清"中间阶层"的概念词，此处不再赘述，仅就本书使用"士绅"时所指的范围做一说明。

综合现有研究来看，广义上的士绅包括了有功名者的家族或者在地方社会中拥有很大影响的地主和商人等。像费正清就认为士绅不仅是有功名的个人，而是一群家族，甚至可以包括一些在地方有影响的大地主。② 魏斐德也指出，绅士常用来指有功名的人，但事实上，绅士是由那些当地可能有官职也可能没有官职的人组成的一个声望显赫的集团。③ 吴晗也称，"居乡的宰相公子公孙，甚至老太爷、老岳丈……这类人不一定作过官，甚至不一定中过举，一样是大绅士"④。傅衣凌将在地方上有权有势的无功名者归入"准乡绅"的行列，因为这部分人通过土地买卖占有土地或通过族大丁多而产生了权力，可以武断乡曲，甚至还可以通过科举、赐爵、

① 有关明清士绅与地方社会关系的研究成果、综述文章已有许多，可参考如下。于志嘉：《日本明清史学界对"士大夫与民众"问题之研究》，台湾《新史学》1993 年第4 期；谢俊贵：《中国绅士研究述评》，《史学月刊》2002 年第7 期；郝秉键：《日本史学界的明清"绅士论"》，《清史研究》2004 年第4 期；郝秉键：《西方史学界的明清"绅士论"》，《清史研究》2007 年第2 期；陈世荣：《国家与地方社会的互动：近代社会精英的研究典范与未来的研究趋势》，《近代史研究所集刊》2006 年总第54 期；冯贤亮：《明清江南士绅研究疏论》，《中国高校社会科学》2014 年第6 期。
② 参见［美］费正清：《美国与中国》，张理京译，商务印书馆，1978 年。
③ 参见［美］魏斐德：《大门口的陌生人：1839—1861 年间华南的社会动乱》，王小荷译，中国社会科学出版社，1988 年。
④ 吴晗：《论绅权》，原载《时与文》1948 年第3 卷第1 期，后收入《吴晗文集》第三卷，北京出版社，1988 年，第424 页。

捐纳、婚姻等途径跨入乡绅之列。①

　　狭义上的"士绅"被限于有科举功名和做官经历之人中。如日本学者根岸佶和奥崎裕司引用在清康熙朝做过县令的江西人黄六鸿的说法,将乡绅定义为对具有官僚身份的人乡居时的称呼,举人以下不具有官僚身份的监生、生员等为士人。② 张仲礼按照科举功名的高低将士绅分为上、下两个阶层,官员、进士、举人和正贡为上层士绅,非正贡(捐买为贡生的)、监生和生员是下层绅士。③ 瞿同祖研究清代地方政府的制度和运作,认为清代的士绅阶层,包括了以正途或捐纳而得的现职、退休、罢黜官员,以及从生员到文武进士等未出仕者,并指出官员具有双重身份,在任职地时为官员,在家乡则为士绅。④ 与此相似,萧公权将有官衔的现任官员归为"绅"类,举人、监生等有功名而尚没有出仕者归为"士"类。⑤ 何炳棣在对明清社会上、下行流动的研究中,把官员与有任官资格者列为士绅,就明代而言包括现任、退休、候补官员及有资格任官者的吏员,进士、举人及正途与非正途贡生、监生。清代的监生基本不

① 傅衣凌:《明清封建各阶级的社会构成》,《中国社会经济史研究》1982 年第 1 期。
② [日]根岸佶:《中国社会に于ける指导层——耆老绅士の研究》,平和书房,1947年。[日]奥崎裕司:《中国乡绅地主の研究》序章《乡绅の条件》,汲古书院,1978年。黄六鸿在康熙初年曾任山东郊城、直隶东光等地的知县,曾有言:"本地乡绅,有任京外者,有告假在籍者,有闲废家居者。"([清]黄六鸿:《福惠全书》卷四《待绅士》,康熙三十八年刻本,《官箴书集成》第三册,黄山书社,1997 年,第 263 页。)
③ 张仲礼:《中国绅士——关于其在 19 世纪中国社会中作用的研究》,李荣昌译,上海社会科学院出版社,1991 年。
④ 瞿同祖:《清代地方政府》,范忠信、何鹏、晏锋译,法律出版社,2003 年。
⑤ Hsiao Kung-ch'uan, *Rural China*: *Imperial Control in the Nineteenth Century*, Washington: University of Washington Press, 1960. (中译本萧公权:《中国乡村:论 19 世纪的帝国控制》,张浩、张升译,台北联经出版社,2014 年。)

再有直接任官的资格,故被排除在外。① 山根幸夫按照做官与否的标准进行划分,认为现任官、退任官以及被免官僚,与官位直接相关,也可作是上层士绅;举人、贡生、监生、生员与官位有较近的关系,是有志于做官的人,可看作下层士绅。② 寺田隆信则直接把"乡绅"看作明末时的用语,乡绅乃凡具有生员、监生、举人、进士等身份乃至资格,居住在乡里之人的总称。③ 刘翠溶提出,凡是与科举、捐纳和仕宦有关的人群,大致都可以属于中国传统社会所习称的绅士阶层。④

本书的研究涉及庶民大地主和科举入仕者,为呈现这两类人群在市镇不同发展阶段中的作用,下文在比较狭窄的意义上使用"士绅"一词,即限于正途科举出身的人群。有时也会将两类人群合称为"地方力量"。

与士绅阶层关系密切的江南家族史研究,多围绕家族自身的发展变化,探究家族的类型、制度结构、组织、人口、婚姻关系、人际网络、兴衰变迁,以及族中著名人物的仕宦生涯、政教成就、文化传

① Ho Ping-ti, *The Ladder of Success in Imperial China*: *Aspect of Social Mobility in China*, 1368–1911, New York: Columbia University Press, 1962. (中译本见何炳棣:《明清社会史论》,徐泓译注,台北联经出版社,2013 年。)

② [日]山根幸夫:《河南省商城縣の紳士層の存在形態》,《東洋史研究》第 40 卷第 2 号,1982 年。

③ [日]寺田隆信:《明代郷紳の研究》第一章《郷紳の登場》,京都大学学术出版会,2009 年。

④ 刘翠溶:《明清时期家族人口与社会经济变迁》,台北"中研院"经济研究所,1992 年,第 38 页。

承等,并结合社会历史各因素阐述其对家族发展的作用。① 这些研究对江南的家族史来说内容丰富而全面,但家族经济活动对聚落发展的影响并未得到充分关注。②

对明代江南士绅家世和经营活动的探讨,以滨岛敦俊用力最多。他经过对诸多士大夫家族资料的解读,归纳出明代中后期士大夫家世的三种类型。第一种是耕读之家。他们居住在乡村,祖先从事江南三角洲的水利开发,拥有大量土地,除出租给佃农收租之外,也役使奴仆直接进行农业经营。在乡村社会中,这些家庭往往被签派有粮长的职务。同时他们多招聘塾师培养子弟读书,待子弟考取功名,便晋身士大夫阶层。这类家族,是江南三角洲士大夫家族的"主流"。第二种是祖先从事商业或金融方面的生意而发

---

① 兹简要列举。潘光旦:《明清两代嘉兴的望族》,商务印书馆,1947 年,后编入《潘光旦文集》第三卷,北京大学出版社,1995 年。陈支平:《近 500 年来福建的家族社会与文化》,上海三联书店,1991 年。郑振满:《明清福建家族组织与社会变迁》,湖南教育出版社,1992 年。徐扬杰:《宋明家族制度史论》,中华书局,1995 年。吴仁安:《明清时期上海地区的著姓望族》,上海人民出版社,1997 年。江庆柏:《明清苏南望族文化研究》,南京师范大学出版社,1999 年。吴仁安:《明清江南望族与社会经济文化》,上海人民出版社,2001 年。蔡静平:《明清之际汾湖叶氏文学世家研究》,岳麓书社,2008 年。吴仁安:《明清江南著姓望族史》,上海人民出版社,2009 年。徐茂明:《明清以来苏州文化世族与社会变迁》,中国社会科学出版社,2011 年。赵红娟:《明清湖州董氏文学世家研究》,中国社会科学出版社,2011 年。王玉海等著:《江南文化世家研究:以无锡秦氏和昆山徐氏为例》,知识产权出版社,2011 年。吴建华:《姓氏文化与家族社会探微》,苏州大学出版社,2014 年。[美]周锡瑞:《叶——百年动荡中的一个中国家庭》,史金金等译,陕西人民出版社,2014 年。

② 陈春声关于粤闽交界的韩江流域的研究,指出明代中叶以降,在动乱的局势中,地方豪强和乡绅主导的筑城建寨运动,改变了韩江流域乡村聚落的形态。见陈春声、肖文评:《聚落形态与社会转型:明清之际韩江流域地方动乱之历史影响》,《史学月刊》2011 年第 2 期。不过江南与华南的地域环境大不相同。

财,成为富民,后代有了充裕的条件读书科考,获得功名,上升为士大夫家族。像吴宽《匏翁家藏集》中便收录了许多出身商人家庭的士人资料。第三种,是以嘉兴支大纶家族为代表,出身城市中下级平民,从事胥吏、塾师、讼师,有时也做些生意,但这一类型,非常少见。①

其中,主流的耕读之家,在明代中叶面临江南低地开发接近尾声的局面,直接的农业经营变得愈加困难,出现了乡居直营地主兼营商业的现象,不少乡居地主一度前往华北、长江中上游和福建等地进行客商活动。这些远距离的贸易活动发生在徽州商人大规模上台活跃之前。② 在成功入仕之后,士大夫的家庭经济情况如何?滨岛敦俊利用明末南浔镇人庄元臣的《庄忠甫杂著》,对其日用和赋役支出,桑地的经营和土地的诡寄等进行了深入的分析。③

在上述士绅和家族史的诸多研究基础上,对士绅及其家族的生活空间似可再作更精确化的定位与分析。明清江南士绅的研究中,无论士绅生活在县城、市镇还是乡村,对于士绅活动发挥影响力的地域,一般以州县空间为单位展开讨论。晚清民国,在乡镇自治的趋势和基层组织结构的重构下,以市镇为空间分析士绅、绅商的作为和影响,才变得普遍起来。

---

① 详见[日]滨岛敦俊:《明代中后期江南士大夫的乡居和城居——从"民望"到"乡绅"》,载《江南与中外交流》(复旦史学集刊第三辑),复旦大学出版社,2009年。[日]滨岛敦俊:《从〈放生河规约〉看明代后期江南士大夫家族》,《明代研究》2011年第17期。
② [日]滨岛敦俊:《土地开发与客商活动——明代中期江南地主之投资活动》,载《第二届国际汉学会议论文集》,台北"中央"研究院,1989年。
③ [日]滨岛敦俊:《明末江南乡绅的家庭经济——关于南浔镇庄氏的家规》,《明史研究》第二辑,1992年。

　　然而,江南市镇中一直生活着大量的士绅家族。最为人所熟知的恐怕是南浔镇"九里三阁老,十里两尚书"之语,晚明的南浔镇中,相继走出了朱国祯、温体仁、沈㴶、董份和沈演五位中央级高官。樊树志曾统计过江南市镇中进士和举人的数量,只以明代而论,双林镇有进士 16 人、举人 27 人,同里镇有进士 18 人、举人 46 人,朱泾镇有进士 17 人、举人 31 人,唯亭镇有进士 6 人、举人 24 人,菱湖镇有进士 8 人,南翔镇有进士 10 人。[①] 这些士绅人群或者祖居于镇中,或者几代之前从乡村迁至市镇,或者仕宦发达后从市镇移至县城。他们凭借政治、经济和文化的优势,对市镇内、外都产生很大的影响力。即使已从市镇迁出,但他们的田产、族人仍在,家族宗祠也可能很长一段时间依然留在镇中,故这些士绅依然可以与市镇保持休戚相关的联系。这也是本书能将士绅群体与市镇做结合讨论的事实条件。

四、本书的研究范围与主旨

　　本书研究时段以晚明为主,根据讨论的具体问题,时间前后略有伸缩。樊树志曾从全球化的视角提出"晚明历史大变局"的观点。[②] 的确,晚明是近世中国历史上一个非常重要的时期,尤其经济的繁荣发展,给社会带来巨大的变化。同时,晚明也是江南市镇开始稳定生长和以士绅为代表的精英力量表现极为突出的时代。
　　研究的地域,集中在明代苏州府、松江府、常州府、嘉兴府和湖

---

① 樊树志:《江南市镇:传统的变革》,复旦大学出版社,2005 年,第 419—423 页。
② 详见樊树志:《晚明史》,复旦大学出版社,2003 年。

州府,统称江南地区。历史上"江南"的区域是变动的,即便在明清两代,范围与边界也十分模糊;今天的学术研究中,依不同课题的需要,"江南"的范围也多有不同,如有五府、六府、七府、八府,甚至十一府等。① 本书选择紧邻太湖的苏、松、常、嘉、湖五个府为研究的地域范围。这是学者所普遍认为的明清江南最核心的区域,其内部地势平坦,基本都是交通发达的水乡—圩田地带。② 16 世纪之后市镇最发达和士绅力量最明显的地区也正是这五个府,可以满足研究的地域需要。

在全国经济、文化最发达的江南地区,晚明时代的历史进程有诸多转变,如地域经济商品化,工商业发达;士绅阶层壮大,地方社会"非正式"权力影响日重;社会风俗奢侈化,休闲逸乐内容丰富;同时,开国时设计的制度规范,经过百余年的发展,弊窦丛生,以赋役改革为代表的补救措施在江南地区重点推进。而市镇的普遍生长,与江南三角洲的政治、经济、文化等各方面的历史进程融合在一起,构成这片地方社会独特的发展生态。镶嵌于江南社会中的市镇聚落,将全方位、多层面地影响地域历史的发展。

本书仅以地方力量为切入点,一方面深入市镇内部,揭示在带有明显人为"创市"痕迹的市镇中,权势群体的形成与变化,其中,地方力量的"士绅化"是一个关键节点;另一方面从外部环境的视角,分析市镇这一大规模发育的聚落形态给晚明江南地区原有社会秩序带来的冲击与变动——市镇内普遍存在的士绅群体又在其中扮演着重要角色。

---

① 周振鹤:《简论"江南地区"的界定》,《中国社会经济史研究》1991 年第 1 期。
② [日]滨岛敦俊:《明代江南农村社会の研究》,东京大学出版会,1982 年。

　　概言之，普遍生长于江南三角洲的市镇，其规模之大与功能之强在全国范围内几乎是独一无二的。本书力图在经济意涵之外，更多元、立体地理解这一规模性存在的、非建制性的聚落形态，即追寻市镇形成、发展中核心权势群体的活动与变化，并揭示在地方力量的推动下，市镇对晚明江南基层社会秩序的冲击与影响，从而推进对近代化转型到来之前的江南社会历史发展状态的认识。

第一章　家族与市镇

市镇是明中叶之后江南地域结构中的一类重要聚落空间。若从地方力量的视角切入对市镇的理解,一组如傅衣凌很早即列举过的、冠以姓氏的市镇格外值得关注。在它们的形成、发展和演变的历程中,地方力量如影随形。

第一节　"创市"现象

一、因人成市

人文地理学家金其铭在分析影响农村聚落的社会文化环境时,提出个人意志与能力对聚落变迁的影响:"个人的作用不是主要的,更不是决定性的。尽管如此,但无论是古代还是近代,个人意志和能力都曾对农村聚落产生过影响。封建社会和半封建半殖民地社会的旧中国,由于某种个人能力和机遇而升官发财的人,常购置田地以为产业,而在田地的某一部位兴建一座庞大的地主庄园,周围居以佃户或奴仆,构成一个聚落。或以经商而致富,也使所在的村庄面貌产生较大变化。"①卜正民在《剑桥中国明代史》(下卷)中更直接地指出,市场不会自然出现,必须有人设立。他们往往由个人或家族建立,为的是能跻身于获利的商业网络之中,而建立集市的家族一定能收获丰富的利润。②

具体到江南地区,人烟集聚、贸易展开的过程中,亦常可以见到个别家族主导的身影。耳熟能详者如濮院镇的濮氏家族,周庄镇的沈氏家族。盛泽镇,聚落历史与盛氏的聚居密切相关:

> 宋南渡后,临安盛章以建都之所,第宅丛集一廛,月数十金,遂迁吴江之二十都,后论功封章为吴江开国伯,食邑于此,土田第宅在在有之。一都为盛庄,二都为盛家舍,四都为盛乌田,十七都为盛墩,其地若盛家田、盛家廊、盛家汇,不一而足,而二十都其旧居也。东西连大泽,遂名盛泽。……明成化间,居民附集,商贾渐通,后遂成镇。③

再如,太仓州杨行镇,因宋时"有杨垕从高宗南渡,卜居于斯,工于会计,代客卖买,诚一无伪,商民共信而咸集,就成市焉。因名

---

① 金其铭:《农村聚落地理》,科学出版社,1988 年,第 84 页。

② 〔英〕崔瑞德、〔美〕牟复礼主编:《剑桥中国明代史》(下卷),杨品泉等译,中国社会科学出版社,2006 年,第 625 页。

③ (清)仲沈洙纂,仲枢增纂,仲周需再增纂:《盛湖志》卷上《舆地·沿革》,清乾隆三十五年刻本,《中国地方志集成·乡镇志专辑》第 11 册,上海书店,1992 年,第 374—275 页。

杨家行"①。吴江县莫舍镇，最初称石舍，后来因为莫姓在此繁衍，人数众多，才更名为莫舍。② 上海县东部杜家行，"明永乐时杜勉夫之子自然从杜浦迁此，后子孙繁、科第盛，多建第宅廛舍，商贾辐辏，遂成市镇"③。苏州府嘉定县南翔镇，还有"先有陆家厅，后有南翔镇"的谚语。④

上海县东的奚行镇，由奚氏家族聚居而成，但在正德年间又因奚氏的不法活动引发变乱，导致市镇湮灭：

> 邑东昔有奚行镇，市肆繁盛，奚氏聚族而居，称素封焉。前明正德初，有奚三锡者，擅作威福，喜怒自恣，乡里侧目无敢忤。尝占曹姓邻田，结讼后，奚暮夜入金赂官，逮曹转急，曹惧而遁，又株及亲党。镇人大不平，阴为联络，纵火焚奚居。奚复鸣于上官，当事率兵捕曹党，村人鸣鼓聚众以拒，至伤武弁，事闻于朝，枉死者百人，而其镇亦因之遂减。⑤

当然，记述也不总是如此肯定。松江府华亭县张泽镇，在清代追溯市镇起源时，没有了确切的证据，于是以镇名推测："我郡当

① （清）黄程云：《杨行志》"凡例"，南京图书馆藏抄本，《中国地方志集成·乡镇志专辑》第 4 册，第 165 页。
② （清）柳商贤纂，孔陟岵续补：《横金志》卷四《舆地四·村聚》，苏州博物馆藏抄本，《中国地方志集成·乡镇志专辑》第 7 册，第 274 页。
③ 光绪《南汇县志》卷一《邑镇》，光绪五年刻本，《中国地方志集成·上海府县志辑》第 5 册，上海书店出版社，1991 年，第 562 页。
④ 转引自吴仁安：《明清时期上海地区的著姓望族》，第 617 页。
⑤ （清）毛祥麟：《墨余录》卷十二《奚行镇》，毕万忱点校，上海古籍出版社，1985 年，第 197 页。

元、明之世,地多以姓得名。吕巷以吕良佐而名,干巷以干希顾而名,此名张泽,意必有张姓居此,因张宅而呼而文之为张泽,未可知也。"①

不仅是整体的市镇会因族姓聚居而形成,地域社会中的小空间,也会因之而命名。嘉靖年间,礼部尚书、晟舍镇人闵如霖到双林镇一条巷子中构屋建房、开设市廛,后来此地便得名为闵家巷。② 清初常熟士人王应奎记载常熟县三处小地名的由来:"元末吾邑富民,有曹善诚、徐洪、虞宗蛮三家,而虞独不见于邑乘,故知者绝少。今支塘之东南有地名贺舍、花桥、鹿皮弄者,皆虞氏故迹。贺舍者,相传宗蛮家有喜事,特筑舍以居贺者,故曰贺舍;花桥为其园址;鹿皮弄者,杀鹿以食,积皮于其地,弄以此得名。"③

事实上,许多研究都关注到这类市镇并作出类型归纳。如日本学者山根幸夫曾考察过华北地区市集形成与绅士的关系,指出绅士豪民在市集建立、管理等方面的主导作用,也揭露了他们牟利的行为。④ 傅衣凌在解释明清江南市镇长期处于封建经济附庸地位的原因时,列举了常熟、嘉定、南汇和太仓等地由巨姓大族创立

① (清)章末初稿,徐复熙增纂:《张泽志稿》"镇市",姜汉椿、王毅标点,《上海乡镇旧志丛书》第9册,上海社会科学院出版社,2005年,第4页。
② (清)蔡蓉升原纂,蔡蒙续纂:《双林镇志》卷四《街市》,民国六年上海商务印书馆铅印本,《中国地方志集成·乡镇志专辑》第22册下,第503页。
③ (清)工应奎:《柳南随笔》卷三,王彬、严英俊点校,中华书局,1983年,第52页。
④ [日]山根幸夫:《明及清初华北的市集与绅士豪民》,载《日本学者研究中国史论著选译》第六卷,中华书局,1993年,第341—370页。

的众多市镇。① 蒋兆成提出市镇与地主经济之间不可分割的关系。② 陈学文在对王店镇的研究中指出江南市镇的发展除了本身（如环境、交通、物产等）所具备的条件，士绅家族人为地投资工商业是一个很重要的因素，而这种情形在江南市镇发展史中是一个显著特色。③ 吴仁安以明清上海地区的城镇为例，将由世族巨室聚居而嬗变成的市镇单列为一类。④ 陈忠平对太湖流域市镇名称形成、演变的特点及其规律的介绍中，也列举了势家大族聚居和官僚、地主、商人的创市情况。⑤

这些研究提示了市镇发展史中特定人群活动的影响，还有一些个案研究具体揭示了这一历史过程。如唐力行从家族迁徙与融入的角度，揭示广泛活跃于江南市镇的徽商进入并立足于巷镇的经历。⑥ 谢湜以太仓璜泾赵市为中心，将明代粮长制度的变化、市镇历程和家族发展结合起来，探寻明代中期以前江南社会的变迁。⑦ 下文聚焦江南"高乡"地区分析这类市镇发育过程中个别家族的作用与形象。

---

① 傅衣凌：《明清时代江南市镇经济的分析》，原载《历史教学》1964 年第 5 期，收入氏著：《明清社会经济史论文集》，中华书局，2008 年，第 238—239 页。

② 蒋兆成：《明清时期杭嘉湖地区乡镇经济试探》，《中国社会经济史研究》1986 年第 1 期。

③ 陈学文：《明清时期王店镇的社会经济结构》，《浙江学刊》1991 年第 3 期。

④ 吴仁安：《明清上海地区城镇的勃兴及其盛衰存废变迁》，《中国经济史研究》1992 年第 3 期。

⑤ 陈忠平：《太湖流域市镇名称形成、演变的特点及其规律》，《南京师大学报（社会科学版）》1985 年 3 期。

⑥ 唐力行：《徽商在上海市镇的迁徙与定居活动》，《史林》2002 年第 1 期。

⑦ 谢湜：《十五至十六世纪江南粮长的动向与高乡市镇的兴起——以太仓璜泾赵市为例》，《历史研究》2008 年第 5 期。

二、"创市"概况

明代中叶前后,江南市镇开始进入稳定成长期。一方面,市镇数量迅速增加,大批市镇在村落的基础上逐渐形成。另一方面,江南三角洲古冈身与盐铁塘以东区域的市镇已明显多于以西地区,且多沿几条东西向水运干道如梅李塘、白茆塘和刘河等向周遭作面状散布,展现了地域开发向东拓垦的趋势。①

三角洲古冈身与盐铁塘以东区域,在地理空间的视野下,属于文献中所称的江南"高乡",即太湖以东沙嘴冈身与碟缘外高地,包括江阴、常熟、太仓、嘉定、上海等州县的部分地区。一批有特定家族深入参与"创市"②的市镇从明代中叶起在这一"高乡"地域集中出现,其中大部分市镇还被冠以了家族姓氏。如常熟县的老徐市、何家市、归家市、奚浦市(钱氏)、吴家市,嘉定县的罗店镇、娄塘镇(王氏),太仓州的赵市、穿山市(刘氏),上海县的张江栅市、杜村市,昆山县陶家桥市,等等。这些地域中强宗大族的动向与基层市场发育息息相关,构成明清江南市镇大发展中的一个重要类别。

明末崇祯年间所撰的《常熟县志》中有言:"邑之东,唐市、李

---

① 范金民:《明清地域商人与江南市镇经济》,《中国社会经济史研究》2004 年第 4 期。范毅军:《传统市镇与区域发展:明清太湖以东地区为例,1551—1861》,第 443—552 页。
② 管见所及,谢湜的研究最早提出和阐述了明代江南地区特定家族"创市"的意涵与过程,参见氏著《十五至十六世纪江南粮长的动向与高乡市镇的兴起——以太仓璜泾赵市为例》(《历史研究》2008 年第 5 期)。

市、何市、归市、东徐市、张市(即双浜市)、吴市,各有主姓焉。"①细察这些市镇的发育过程,尤其家族的经营于其中的角色(下文将详述),与太仓、上海、嘉定、昆山及常熟其他区域——如县志所言"邑之西"的奚浦市、田庄市、西徐市等一系列市镇是基本相同的。故本书结合前辈学者的类型归纳,以及此类市镇发展中的共性,将县志中"主姓"一词的使用范围加以推广,认为:在明清江南地区,深入参与从自然村落到市镇发育过程的家族(有些会直接以姓氏冠名市镇),可以被称为一镇之"主姓",相应的市镇当然就是"主姓市"或"主姓镇"。

关于"市"和"镇"的区分,一般而言,"镇"的人口、经济规模比"市"大,但已有学者研究指出,二者在具体的历史情境中并不完全对应聚落规模和功能的大小,而常有混用的情况。② 从史料记录来看,这些"主姓"市镇在明代多以"市"为通名,为便捷计,下文统一用"主姓市"来代表所讨论的市镇。

这些市镇(见表1)之所以可以被归为一类进行讨论和研究,不仅仅因为其在生成发育过程中,与特定家族的经营活动有密切的关联,而且它们拥有相似的经济驱动力,地域分布也形成集中之态。据目前统计,存在于明代的"主姓市"超过三十个,形成了一定的规模。

---

① 崇祯《常熟县志》卷一《疆域·市镇》,民国五年抄本,第7页 a。
② 参见樊树志:《江南市镇:传统的变革》,第169—170页。

表1　明代江南"主姓市"统计表

序号	县份	市镇名称	创市时间	主姓/人物	明代的状态	清代的状态
1		唐市	明正统初年	唐氏	居民三四百家,有商舶	居民数倍于前
2		李市	明正统初年	李氏	—	街道五六条,居民六七百家
3		奚浦市	明正统年间	钱氏	居民三百家,中有甃衢,有商舶	甃石为通衢,近江可通商舶
4		徐家新市(西徐市)	明弘治年间	徐恪	居民三百家,中有甃衢。	清末街三道,居民百余家
5		双浜市(张市、东张市)	明弘治年间	张氏	由朱氏增建	居民二百余家
6		杨尖市	明弘治年间	杨氏	居民二百家,中有衢路	—
7	常熟县	归家市	约明弘治、正德年间	归椿	居民三百家,中有衢	因白茆塘淤塞,渐衰落
8		归家城	明嘉靖年间	归雷、归谟	—	街一道,长半里许
9		李墓市(老徐市,里睦市)	明嘉靖年间	徐栻	一邑富区,商贾骈集,居民万灶	渐衰,清末街道三条,居民四百家
10		何家市	明嘉靖年间	何墨	—	清末街二道,居民三百余家
11		新徐市(董浜新市)	明万历年间	徐昌祚	—	清末街一道,居民百家
12		管家市	明万历年间	管一德	—	—
13		花桥市	明万历年间	朱氏	市主因事论斩,市遂废	—
14		薛家市	明嘉靖到万历间	薛汴	薛汴死于狱中,市寻废	—

序号	县份	市镇名称	创市时间	主姓/人物	明代的状态	清代的状态
15		鹿苑市(鹿园市)	明嘉靖至万历间	钱氏	有黄泗浦巡检司	市街三道,居民五百多户
16		田庄市(恬庄市、里庄市)	明嘉靖至万历间	钱氏	—	纵横四条市街
17		吴家市	明嘉靖到万历间	吴天宪	—	街道横一纵二,居民三四百户
18		新吴家市	明嘉靖到万历间	吴子化	—	街两道,居民百余户
19		陆家市	明嘉靖到万历间	陆氏	—	—
20		李家市	明嘉靖至万历间	李敏行	万历末年已废	—
21		周家市	明嘉靖到万历间	周氏	万历末年俱寥落	—
22		大河市	明嘉靖至万历间	范氏	—	街三道
23		萧家市	明嘉靖至万历间	不详	—	—
24	太仓州	璜泾市(赵市)	明成化年间	赵壁	聚居益盛	嘉庆以来酒肆四五十家,茶肆倍之

续表

序号	县份	市镇名称	创市时间	主姓/人物	明代的状态	清代的状态
25	上海县	周浦镇	明正德、成化间	姚坝	三林巡检司驻地	街道回复，绵亘四五里。其东西街夹盐塘，南北街夹周浦塘。居民稠密，为南邑巨镇
26						
27		张江栅镇	明隆庆年间	张江	创建市舍	居民廛肆二百余家
		杜家行镇	明代前期	杜氏	多建第宅廛舍，商贾辐辏，遂成市镇	街沿王家浜西出黄浦二里许
28	华亭县	东新市	明嘉靖年间	宋贤	—	—
29	嘉定县	娄塘镇	明正德年间	王士昌、王璿	居民稠密，广各二里	南北一里半，东西二里余，大小商店百数十家
30		罗店镇	明正德年间	罗升	东西三里，南北二里，徽商辏集，贸易之盛几类南翔	邑之首镇，水陆绮交，商民堵聚
31		杨家行镇	明万历年间	杨垦	东西二里	东西二里
32		徐家行镇	明万历年间	徐冕	南北一里	南北约一里，商店二十余家
33		诸翟市（紫隄村）	明万历年间	沈氏	自西而东，无不稠密	南北约半里，东西一里余
34	江阴县	长泾市	明成化年间	夏希明、良惠父子	自西达东，连亘数里	道光时南北俱有街，河北较盛

资料来源:弘治《常熟县志》卷一《乡都·镇》,《四库全书存目丛书》

27

史部第 185 册,第 23—24 页。嘉靖《常熟县志》卷二《市镇》,《北京图书馆古籍珍本丛刊》第 27 册,第 984—985 页。万历《常熟县私志》卷一《叙县·市镇》,《中国华东文献丛书》第 1 辑《华东稀见方志文献》第 10 卷,第 35—36 页。崇祯《常熟县志》卷一《疆域·市镇》,第 7 页 a。康熙《常熟县志》卷五《市镇》,《中国地方志集成·江苏府县志辑》,江苏古籍出版社,1991 年,第 21 册,第 83—84 页。雍正《昭文县志》卷二《市镇》,《中国地方志集成·江苏府县志辑》第 19 册,江苏古籍出版社,1991 年,第 211—213 页。光绪《常昭合志稿》卷五《市镇志》,《中国地方志集成·江苏府县志辑》第 22 册,江苏古籍出版社,1991 年,第 49—59 页。沈秋农、曹培根主编:《常熟乡镇旧志集成》,广陵书社,2007 年。《徐市镇志》编纂委员会:《徐市镇志》第十六编《氏族》,上海三联书店,2001 年,第 617—630 页。光绪《南汇县志》卷一,《中国地方志集成·上海府县志辑》第 5 册,上海书店出版社,2010 年,第 561 页。施若霖:《璜泾志稿》卷七,《中国地方志集成·乡镇志专辑》第 9 册,上海书店,1992 年,第 181、131 页。陈曦:《娄塘志》卷一,《中国地方志集成·乡镇志专辑》第 3 册,江苏古籍出版社,1992 年,第 407 页。王树荣、潘履祥:《罗店镇志》卷三,《中国地方志集成·乡镇志专辑》第 4 册,上海书店,1992 年,第 229 页。光绪《宝山县志》卷一,《中国地方志集成·上海府县志辑》第 9 册,上海书店出版社,2010 年,第 35 页。万历《嘉定县志》卷一,《四库全书存目丛书》史部第 208 册,齐鲁书社,1996 年,第 690—691 页。光绪《嘉定县志》卷一,《中国地方志集成·上海府县志辑》第 8 册,上海书店出版社,2010 年,第 723、725 页。茅应奎:《东西林汇考》卷二,《中国地方志集成·乡镇志专辑》第 22 册,上海书店,1992 年,第 760 页。

从上述统计的市镇县域分布来看,常熟县中的数量最多,并呈现出一定的序列感。借由它们可以一窥"主姓市"的总体发展态势。

常熟县,隶属明代苏州府。弘治十年(1497),境内东部双凤乡被划出,并入新成立的太仓州。① 从自然环境看,常熟地处太湖东北,北临长江,境内盐铁塘呈西北—东南方向穿过,整体地势北高南低,河网密布,南部湖荡尤多。

排比明代弘治、嘉靖、万历、崇祯时期编纂的县志中有关市镇的内容,并参考清代康熙年间的县志,可以统计有明一代常熟县市镇的数量变化,并展现其整体的发展态势。下面即据此作一简要勾勒。

弘治《常熟县志》记载,其时,境内有庆安、福山、梅李、许浦、涂松和常熟共6个镇。其中,涂松镇在弘治十年被划入新置的太仓州,常熟镇是县治所在地,为统计方便,将这两镇排除在外。故弘治年间,常熟县内已有4镇。此外,还有杨尖市、河阳市、奚浦市、徐家新市、唐市、李市、支塘市、练塘市、双浜市共9市。② 嘉靖时,常熟县内镇的数量没有变化,市则增加了2个,即归家市和李墓市。③ 万历年间,镇的数量依然没有变,市则比嘉靖时增加了15个,分别为新徐家市、何家市、管家市、李家市、花桥市、吴家市、新吴家市、薛家市、张家市、陆家市、周家市、萧家市、里庄市、鹿苑市和大河市。④ 到明末崇祯年间,支塘市变为镇,使得常熟县内镇的数量增加到5个。但崇祯县志对"市"的记载并不明确,故再参考

---

① 康熙《常熟县志》卷一《建置沿革》,清康熙二十六年刻本,《中国地方志集成·江苏府县志辑》第21册,江苏古籍出版社,1991年,第13页。

② 县志中还载有双凤市、直塘市、沙溪市、甘草市、璜泾市5个市,因它们后与涂松镇共同划入了太仓州,此处不计算在内。见:弘治《常熟县志》卷一《乡都·镇》,上海图书馆藏清抄本,《四库全书存目丛书》史部第185册,第23—24页。

③ 嘉靖《常熟县志》卷二《市镇》,嘉靖刻本,《北京图书馆古籍珍本丛刊》第27册,书目文献出版社,1997年,第984—985页。

④ 万历《常熟县私志》卷一《叙县·市镇》,万历四十六年原刊、民国二十三年抄本,《华东稀见方志文献》第10卷,学苑出版社,2010年,第35—36页。

康熙《常熟县志》这部入清后的第一部县志加以了解。康熙时,支塘镇又重新被称为市,且存在于万历志中的管家市、李家市、花桥市、新吴家市、薛家市、陆家市、周家市、萧家市、鹿苑市未再出现,而是增加了一个文村市。①

从整体趋势看,自弘治年间开始,常熟县市镇蓬勃发展,像西徐市、杨尖市、东张市、归家市都是弘治时出现的,并且,这些市镇与嘉靖之后成长起来的更多的市镇,绝大部分分布在三角洲冈身以东及北部濒江的高乡地带。(见图1)总体呈现密度高、规模小的特点②,反映出明中叶之后江南"高乡"地域开发速度的加快。

嘉靖到万历年间,是常熟地区市镇发展的高峰期,主要表现在"市"的大幅增加上。这一时期,有17个新兴"市"出现在县志中,而且这17个市无一例外都有家族创市的记载。弘治时即已存在的市中,奚浦市、徐家新市、唐市、李市、双浜市这5个市有家族参加创市的显著痕迹。以万历年间,常熟县市镇的最大值(镇4,市26)30计,23个主姓市,比例超过75%,由此可知明代常熟县市镇中,家族创市现象之普遍。

常熟县的"主姓市"创市时间,较早者有正统年间,大部分集中在弘治到万历这一时段。从空间分布来看,除了唐市、李市,大部分地处三角洲冈身及以东的高乡。另外,有一姓创两市者,如归家市和归家城分别由归椿、归雷父子所创,老徐市和新徐市分别由徐杚和徐昌祚祖孙二人所创。同时,也有创市者前后相继,致力于市

---

① 康熙《常熟县志》卷五《市镇》,《中国地方志集成·江苏府县志辑》第21册,江苏古籍出版社,1991年,第83—84页。

② 范金民:《明清时期苏州市镇的发展特点》,《南京大学学报》1990年第4期。

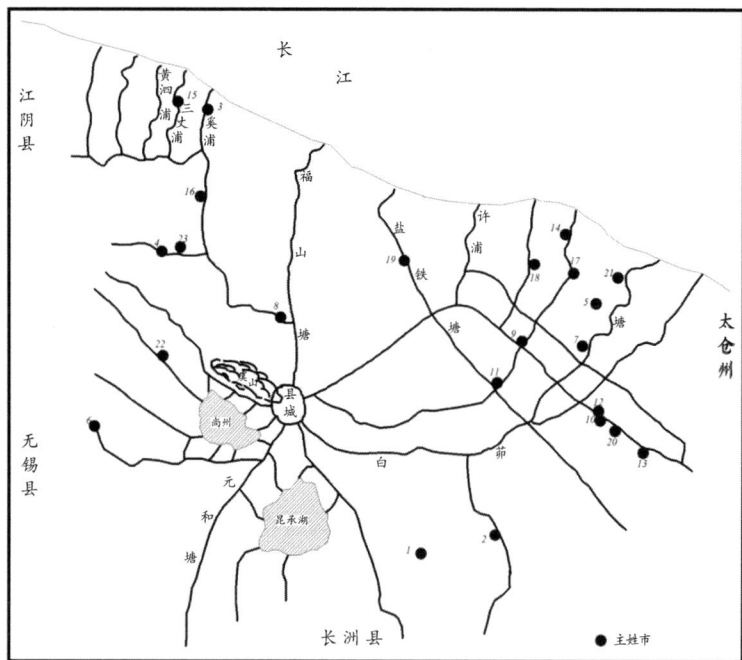

图 1　明代常熟县"主姓市"分布示意图
（据光绪《常昭合志稿》附图"常昭全境图"改绘）
说明：图中数字所代表的市镇与表 1 中的序号对应

镇的发展。如双浜市，最初由张氏在弘治时创建，到嘉靖时朱氏进
一步增建，使市能够继续发展。①

---

① 嘉靖《常熟县志》卷二《市镇》，《北京图书馆古籍珍本丛刊》第 27 册，第 984 页。

第二节　创市者的形象

一、"主姓"形象建构

上述市场中心地如何生成、从自然村落到市镇的发展情形，史料记载大都语焉不详，往往是一笔带过。如在清代发展成为常熟、昭文两县四大镇之一的唐市，形成过程仅有"正统初居民唐氏招致商人交易，遂以成市"的描述而已。自明代弘治时即已出现的李市，创市经历也是仅有一句话的记载："正统初居民李氏兴创。"①至于规模更小的市，如周家市、花桥市、大河市，更是如此，均为"某氏所创"的记载模式。从这样简略至极的记载方式，难以了解在基层市场发育的过程中"主姓"究竟做了何种贡献、扮演了怎样的角色，以及"主姓"的形象又是如何建立起来。

所幸如老徐市（包括衍生的新徐市）、归家市（包括衍生的归家城）、奚浦市（包括衍生的鹿苑市、田庄市）和何家市的创市者或者后裔，一度是那个时代的文人、显宦，故而保留有一些家族早期历史和生活地域开发的记载。但士人"讳言利"的话语系统，使我们也很难对家族参与商业勃兴的有关过程做出精准和环环相扣的复原。因此，只能尽力做相对粗线条的归纳与考证，尝试对特定时空下集中出现的与市镇发育息息相关的家族动向进行勾画。

老徐市，又称里睦市或李墓市，据载由徐栻创。此前，这一带

---

① 弘治《常熟县志》卷一《乡都·镇》，《四库全书存目丛书》史部第185册，第24页。

乃自然村落,唐代以前无考,唐代时称黄村或黄茅,并有一座智林教寺建于当地。五代为吴越地,也属常熟县,后名将李开山葬于此,因名李墓镇。市中官塘亦以"李墓"为名。① 元代,徐氏家族来到常熟谋生,明代前期已定居在李墓塘边。这里地势相对较高,田地"上亢而确",水稻种植多遭苦旱,当地百姓纷纷打算弃地而走。约弘治到嘉靖年间,以徐栻为代表的徐氏父子,召募农人,"多方抚留",组织修整土地,筑路通河,开沟掘渠,改善了农业环境。于是"居者安堵",且"众日以聚,田日以辟,而李墓之域遂以成市"。② 据考,明代的老徐市曾商贾骈集,居民万灶,缙绅巨室之田以亿计,粮以万计。③

归家市,地临近白茆塘,处于江海交汇之地,地势高仰,且有海水倒灌,土壤肥力欠缺,以旱地为主。生活在成化到嘉靖年间的归椿(见图 2),娶常熟福山镇曹氏女子为妻。曹氏"镇重敦厚,智虑不形",婚后"夫妇晨夜力作",勤勉于家业。曹氏家资丰饶,在福山为巨室,孙辈回忆起这位祖母时,特意强调了曹氏来归实是"培植归氏厚矣"。④ 由此推断,曹氏不仅与丈夫同心力作,极有可能还带来不菲的嫁妆,为归氏的土地经营奠定物质基础。这一时期,归椿

---

① (清)顾崇善:《里睦小志》卷上《地理志·方域》,抄本,《中国地方志集成·乡镇志专辑》第 11 册,第 1—2 页。

② (清)顾崇善:《里睦小志》卷下《艺文志补一》"征仕郎怀隐徐翁墓志铭",《中国地方志集成·乡镇志专辑》第 11 册,第 110 页。

③ (清)顾崇善:《里睦小志》卷上《地理志·方域》,《中国地方志集成·乡镇志专辑》第 11 册,第 1 页。

④ (明)归漠:《明散官昧兰归公室曹孺人二尊像》,《常熟碑刻集》,上海辞书出版社,2007 年,第 31 页。(明)归有光:《震川先生集》卷十九《归府君墓志铭》,周本淳点校,上海古籍出版社,2007 年,第 482 页。

图 2　归椿图像赞

（据《归世氏谱》，清道光二十四年纂修、重刻本）

因地制宜，通溪置闸，着力于旱地农田的大规模经营。尽管江南以水田为多，但归椿所治"独以旱田"，且他不无得意地说："顾吾力可不可，田无不可耕者。"①随着土地获得开发，归氏家族生活的区域，逐渐吸引了更多人群的集聚。归椿有三子，次子归霆生于弘治三年(1490)，继承父亲的经营成果，继续土地开垦，还着重增加了商业投入，在当地"创市肆，而与民贸易"，同时主持规范市场交易，

①（明）归有光：《震川先生集》卷十九《归府君墓志铭》，第481—482页。

"戒之勿欺"。农作物生产中则"训民树艺",广种经济作物。① 经过归椿一代的开发垦殖和归霆一代的商业经营,这片区域渐被视为"乐土",聚居规模扩大、市场发展,被称作"归家市"。②

奚浦市,据载由吴越钱氏创。奚浦的这一支钱氏家族尊吴越钱氏的第十七世钱琛(或称钱珍)为本支始祖,实际创市者为其孙子钱广、钱宽和钱洪兄弟。奚浦河流域,同样不是肥沃的低乡水田,只宜番薯、豆类等作物生长,且北临大江,渔户为多。③ 据钱氏家谱所载,宣德、正统间,钱氏看重了此地"舟舆交会"的便利交通条件,相地浦上,经营规划。后通奚浦河,建广利桥,方便水陆往来。又设市招商,主要从事布丝、鱼盐、蜃蛤等物的贸易,据称规模达到"数以万计"。其时,钱氏兄弟生活经营的浦上之地,"海舶江樯,日过其宿下。旗亭列椽,殷然为邑巨镇"④。

鹿苑市中的钱氏族人,尊与前述钱琛同辈的钱镛为本支始祖,实际为创市打下基础的是其长子钱德。钱德生于元末至正五年(1345)。随着家族繁衍,人口增多,钱德选择从祖居的奚浦迁居至西边的三丈浦鹿苑生活。在新的聚居地,钱德躬耕力播,勤俭持家,同样从事鱼、粮等物的贩卖贸易活动,逐渐设肆百椽,家埒素

① (清)归令望纂修:《归氏世谱》卷六《处士南庄公暨继配陆孺人合葬墓志铭》,第21a—22a页。(清)归令望纂修:《归氏世谱》卷六《南庄公暨继配陆孺人行略》(归谟撰),第24页a。
② (清)归镛、归衡等:《归氏世谱》卷四《图象赞》,清道光二十四年纂修、重刻本。
③ (清)钱谦益:《牧斋晚年家乘文·族谱后录上篇》,载《牧斋杂著》上,(清)钱曾笺注,钱仲联校标,上海古籍出版社,2007年,第138页。
④ (清)钱谦益:《牧斋晚年家乘文·族谱后录上篇》,载《牧斋杂著》上,第141页。

封,鹿苑一地也开始形成基层市场。①

何家市,嘉靖年间由何墨创。何墨少习举子业,后弃科考,专事农业生产。里中多有荒田废弃不治,何墨则"相原隰、辟污莱",整修荒田,且杂植嘉木,充分利用土地。在此基础上,筑廛庐、集商侩,数年之间,使荒芜的乡村"膏腴日拓,生聚日藩",这一带也随之被称为"何市"。②

以上基于地方志、传记和墓铭为主的记载中,市镇"主姓"家族们的作用似乎是独一无二、决定性的。事实当然不是如此简单。回到更大的历史背景和时代发展仔细剖析,其中奥秘或可窥探一二。

比如,文献中常出现的某"主姓"家族"通溪置闸""开沟掘渠"的水利行为,似是将工程完全归诸个人和家族身上。而实际上,这批市镇集中生成的15至16世纪初,正是江南水利大修的时期,明王朝先后派周忱、徐贯、姚文灏、李充嗣等大臣至江南治水。奚浦市在兴起的过程中,家谱中有钱氏"先浚奚浦,甃石为广利桥"的说法,此为创立市场的重要基础条件之一。细察奚浦,在常熟县北,南通浪澄塘,北通长江,是常熟西北区域一条重要的蓄泄通道,灌溉田亩一千八百多顷。明初开浚后,随时间推移,至正统年间,河道淤积严重,民力大困。周忱此时巡抚江南,兼理江南水利,主要处理太湖流域下游排水问题。这一过程中便有周忱和地方官府主

---

① 钱昌运等主修:《海虞禄园钱氏振鹿公支世谱》,民国十九年石印本,第2页。(清)钱谦益:《牧斋晚年家乘文·族谱后录下篇》,载《牧斋杂著》上,第170—171页。

② (明)顾存仁:《湖广布政司都事南池何君暨配周孺人合葬墓表》,(清)吴卓信:《桂村小志》不分卷,《常熟乡镇旧志集成》,第436—437页。

导的挑浚奚浦塘的工程。工程结束后,邑人陈瓒撰写了《常熟县重浚奚浦碑记》,从这一相对客观的第三方记录来看,著姓钱氏的家族中,有钱宽、钱洪两人"为里中倡,上记周公,请更浚浦,且愿输资饷役夫。公可之。水部郎郑公颙讫其事,民赖以饶"①。由此言可以发现,所谓钱氏浚奚浦,只是以民间富户的力量,配合周忱主持的官府水利事业。区域性的大河道,也绝非单凭一姓之力即可浚治的。

归家市所临的白茆塘,情形更应如此。归樁个人传记中有"通溪置闸,用以灌溉"的功绩。然而白茆塘是太湖水下泄入海的重要通道,关系到太湖平原的水利大势。在归樁生活的成化至嘉靖年间,明王朝至少有两次大规模的白茅治理工程:弘治七年(1494)徐贯开浚白茆;正德十六年(1521)李充嗣清理入海口涨沙,疏浚成渠。②

可见,后世文献,尤其家谱的记载,实质上是将明代中叶朝廷主持的江南水利工程与功效简单化地集中在了聚落中的权势家族身上,突出和强化了他们的力量与贡献,即这些市镇主姓家族的"创市"角色存在一个"建构"的过程。

此外,众所周知,明代中叶,江南"高乡"的经济发展与市镇的增长,得益于棉花的种植和棉业的发展。自南宋以来,棉花被引入长江、淮河流域,新变种亚洲棉有很大的适应性,可以在各种性质的土地上种植。棉花及棉布的生产技术也发生了突破性的改进,

---

① (明)陈瓒:《常熟县重浚奚浦碑记》,(明)张国维:《吴中水利全书》卷二十五,《景印文渊阁四库全书》第 578 册,台湾商务印书馆,1986 年,第 947—948 页。
② 康熙《常熟县志》卷二《水》,《中国地方志集成·江苏府县志辑》第 21 册,第 31 页。

使得棉布的相对成本大幅度降低，很快就发展成最重要的衣被原料。江南地区原本的主要作物是稻米，然而江南仍有部分田地位置太高，供水不足，有的土地沙或者黏土成分过高，有的是滨海土地，盐分太高，都不适宜种稻。但这些劣等田地皆可植棉。①

元明以来，江南东部地区即已开始种植耐旱的棉花。正如《南村辍耕录》中所反映的松江府东部乌泥泾的耕作模式："闽广多种木棉，纺织为布，名曰吉贝。松江府东去五十里许，曰乌泥泾。其地土田硗瘠，民食不给，因谋树艺，以资生业，遂觅种于彼。"②西岛定生对中国经济史的研究中，也指出江南地区只有东部地区形成了植棉区，西部地区也就是以松江府城为中心的华亭县地区少量种植棉花。原因在于当时种棉的收益，东乡和西乡中间是有收益差的。清人毛祥麟指出，上海东部靠海的区域，"多沙地，棉花实所宜种。以此作布，又利倍于粟，真美利也"③。也就是说，由于在东乡种植棉花比种植水稻有利，而在西乡则种植水稻比种植棉花有利，因此种植棉花只在东乡进行。④ 当然，还有以周忱为代表的江南田赋折征的改革，也进一步加强了江南地区棉布生产的普及与发达。⑤

上述几个市镇的兴创过程描述，虽然并没有明确提及棉花的种植，但根据老徐市中的"田则上亢"、归家市中的"江海之壖，高仰

---

① 参见赵冈、陈钟毅：《中国棉纺织史》，中国农业出版社，1997年，第32—34页。
② （元）陶宗仪：《南村辍耕录》卷二十四《黄道婆》，李梦生校点，上海古籍出版社，2012年，第270页。
③ （清）毛祥麟：《墨余录》卷一《土产》，毕万忱点校，第10—11页。
④ ［日］西岛定生：《中国经济史研究》，冯佐哲等译，农业出版社，1984年，第534页。
⑤ 可参考郁维明：《明代周忱对江南地区经济社会的改革》，台湾商务印书馆，1990年。

瘠卤"和"旱田"、何家市中的"里有荒田"、奚浦市中的"地宜稌菽"等字句,可以得知这些区域的田土乃不利于水稻种植的"劣等田地"。能够在这些土地上开发垦殖,并大有收获,最有可能的便是选择植棉。

在以棉业种植为基础和动力的同时,市镇的开创者们佐以土地的修整与拓垦,如开浚河流、完备灌溉,从而扩大种植,招聚人群,共同延续地区开发。奚浦、鹿苑两市,还借助"舟舆交汇"的海陆环境,从事贩卖鱼盐、蜃蛤等特产的商品贸易。经营地主在土地开发的同时,着手展开商业营利活动,在明代中期的江南三角洲亦属于普遍现象。[1] 此外,市场基础设施的投资与建设也是必不可少的环节:兴筑桥梁以利交通往来,建造房屋以供市场交易,直接地促进地域中以棉业交易为大宗的商品经济的发展。

总而言之,尽管更为详细的从村落到市镇初兴的过程难以再加还原,但其要素已基本呈现。一是以棉花种植为主的高亢土地的进一步开发,构成村落发展升格的物质基础。二是市场的建设与商业贸易活动。然而在这一过程中,个别家族的主导与贡献,在后世的记忆与地方历史的表述中,显得非常地重要与突出。这不由得让人好奇这些家族的家业背景,是什么类型的家族在这·时期的市镇发展史中扮演了如此重要的角色。

---

① 可参考[日]滨岛敦俊:《土地开发与客商活动——明代中期江南地主之投资活动》,载《第二届国际汉学会议论文集》,台北"中央"研究院,1989 年。[日]滨岛敦俊:《明代松江何氏之变迁》,载陈支平主编:《相聚休休亭:傅衣凌教授诞辰 100 周年纪念文集》,厦门大学出版社,2011 年,第 109—129 页。

二、家族背景与经营渠道

就常熟县域目前所见材料,"主姓"家族的发展与财富积累过程,大致有三个方向。

其一,借助宋元以来积累下的家业,在明代早期创市。较早出现的奚浦市,其主姓钱氏,家族积累自宋元以来一直延续着。钱氏始迁祖千一公,相地奚浦之后,经过一番"剪荆食田,诛茅蔽雨"的披荆斩棘和开发经营后,家声大振。四世之后,昌宗公(字通宝)于元末通过"输粟补都官",并且还有能力在元末动乱之际,在乡间"捐仓练丁勇",守卫乡井。① 昌宗公有二子,即分别被视为鹿苑市和奚浦市支祖的钱镛和钱琛。奚浦支的钱琛,在易代之际短暂离乡逃亡,回到家乡后,很快即业复隆起,成为乡村社会中的富户、大户。明初钱氏很自然地被签派为粮长。两代之后,便有了钱广兄弟的创市之举。②

其二,通过入明之后的土地开发积累财富,继以创市。西徐市的创市者徐恰,在其父亲徐讷一代时,"率其僮奴服劳农事,家用再起"。此后,徐恰于成化二年(1466)中进士,其兄长徐忕则早在正统年间成为举人。③ 功名仕途必然可以进一步促进财富的积累。

① 钱昌运等主修:《海虞禄园钱氏振鹿公支世谱》"吴越钱氏海虞谱世表",民国十九年石印本,第1页。
② (清)钱谦益:《牧斋晚年家乘文·族谱后录上篇》,载《牧斋杂著》上,第139—141页。
③ 康熙《常熟县志》卷十一《选举表》,《中国地方志集成·江苏府县志辑》第21册,第223、227页。

值得注意的是,这里的"家用再起",指向徐家曾经的富有。的确,徐讷的高祖,名珵,据载为"元海道万户,佩金虎符",元至正年间还曾"倾赀集乡兵御乱,居民赖之"。① 滨岛敦俊曾有分析,"万户""金虎符"应是指代漕运万户府所辖的官职,从事海运实务。② 也就是说,徐氏像朱清、张瑄一样,在元代依靠海漕和海外贸易,获得了大量财富与土地。不过,这一巨大的财富并没有长久延续。元末,徐珵的儿子避乱于外,两代人之后才又返回常熟,这时刚出生的徐讷所面对的已经是"田庐荡然"的局面了。因此可以说,徐家虽然有元代海漕时代的兴盛,但到正统年间创市时,所依凭的只是徐讷、徐恪父子土地开发打下的基础了。

同"西徐"起家方式类似的是创老徐市的"东徐"。"东徐"奉徐立为常熟始祖。徐立于元代定居常熟县城保安里门外的庄前街,当时这个地方"海舶骈臻,商贾毕集"。徐立的儿子徐澄"治生尤勤,开拓市衢",向东拓展了庄前街的规模。③ 显然"东徐"早期的家业也与元代的海外贸易有密切的关系。但到徐栻兄弟因土地开发而得以创市前的几代人时,又是一幅家世沉寂的景象。徐栻的祖父徐鲲、父亲徐天民都只是在乡间"有隐德,乐义而好施"④,仅为一般富民罢了。

---

① (明)吴宽:《家藏集》卷五十八《徐南溪传》,《景印文渊阁四库全书》第 1255 册,第 546 页。

② [日]滨岛敦俊:《明清江南农村社会与民间信仰》,厦门大学出版社,2008 年,第 98—99 页。

③ (清)顾崇善:《里睦小志》卷上《地理志·村坊》《人物志·耆硕》,《中国地方志集成·乡镇志专辑》第 11 册,第 2、32 页。

④ (清)钱谦益:《牧斋初学集》卷六十五《南州徐氏先茔神道碑铭》,(清)钱曾笺注,钱仲联标校,上海古籍出版社,1985 年,第 1523 页。

归家市的创市者归椿的家世与上述"两徐"又略有不同。据归有光考证,归氏祖先中有名"罕仁"者,在南宋咸淳年间官湖州判官。[1] 其孙称"荣四"(或"荣始")者,迁居至常熟白茆浦,荣四的孙子名叫道澄,被奉为"归墅支"始祖。又经三世即为生活于明成化到嘉靖年间的归椿。[2] 这期间看不到与东、西二徐氏相类似的元代海漕与贸易的积累痕迹。归氏另一支系"昆山支",在成化、弘治年间势力颇盛。归有光即属于昆山支,曾言"明有天下,至成化、弘治之间,休养滋息,殆百余年,号称极盛。吾归氏虽无位于朝,而居于乡者甚乐。县城东南,列第相望。宾客过从饮酒无虚日,而归氏世世为县人所服。时人为之语曰:'县官印,不如归家信。'"[3]归椿创市亦在弘治之后,可以想见,"归墅支"系这一时期可能也如昆山支一样,家族财富与势力均有大幅积累。而积累的方式,不外乎土地的占据与开发,记载称,归椿在白茆浦沿岸的"浚浦辟田"[4],达致"富甲于邑"[5]。

借土地开发而致富,在明代中期并不是个例。最有名者,如吴人"谈参"对农田的多种经营:

> 谈参者,吴人也,家故起农。参生有心算,居湖乡,田多洼

---

[1] (明)归有光:《震川先生集》卷十九《归府君墓志铭》,第 481 页。

[2] 归兆[香宵]:《京兆归氏世谱》二《虞山六世发源谱》,民国四年义庄木活字本。

[3] (明)归有光:《震川先生集》卷二十八《归氏世谱后》,第 638 页。

[4] 光绪《常昭合志稿》卷五《市镇志》,清光绪三十年活字本,《中国地方志集成·江苏府县志辑》第 22 册,第 55 页。

[5] (明)瞿汝稷:《瞿冏卿集》卷九《太学道南归公传》,明万历三十九年张养正刊本,《四库全书存目丛书》集部第 178 册,第 234 页。

芜,乡之民逃农而渔,田之弃弗辟者以万计。参薄其直收之, 佣饥者,给之粟,凿其最洼者池焉,周为高塍,可备坊泄,辟而 耕之,岁之入视平壤三倍。池以百计,皆畜鱼,池之上为梁为 舍,皆畜豕,谓豕凉处,而鱼食豕下,皆易肥也。塍之平阜植果 属,其污泽植菰属,可畦者植蔬属,皆以千计。鸟凫昆虫之属 悉罗取,法而售之,亦以千计。室中置数十匦,日以其分投之, 若某匦鱼入,某匦果入,盈乃发之,月发者数焉。视田之入,复 三倍。[①]

朱国祯也讲过通过筑堤改善灌溉条件对低乡、高乡田地的重 要性,并指出因之而"致富厚"甚至"万金"的现象:

　　堤之功,莫利于下乡之田。余家湖边,看来洪荒时,一派 都是芦苇之滩。……明农者因势利导,大者堤,小者塘,界以 埂,分为塍,久之皆成沃壤。今吴江人往往如此法,力耕以致 富厚。余目所经见,二十里内,有起白手致万金者两家。此水 利筑堤所以当讲也。然尤莫利于上乡之田。辛丑,余南归,经 磁州,遍野皆有水沟,深不盈二三寸,阔可径尺,纵横曲折,随 地各因其便,舆马可跨而过,禾黍蔚然。异之,问舆夫:"水何 自来?"遥指西山曰:"此泉源也。"又问:"泉那得平流?"则先 任知州刘徵国从泉下筑堤障之,高丈许,堤高泉与俱高。因地

---

① (明)李诩:《戒庵老人漫笔》卷四《谈参传》,魏连科点校,中华书局,1982 年,第 153 页。

引而下,大约高一尺,可灌十里,一州遂为乐土。①

其三,由商业投资赚取财富。市镇的发展,本身即商业贸易发达的结果。各市的市主能够创市,都离不开一定的商业活动。所见材料中,表述最为明显的为何家市。市主何墨,在其父亲何辉时即已经开始了"刻意货殖",随后"家道日益昌"。② 何墨继承家业传统,一意治生,在开发荒田的同时,"因民之来集也,为庐以居之,而日征其廛息"③,即在投资市场基础设施的同时,收取租金。生活在海陆交接地带的钱氏,如前文所及,依地利之便,多从事布丝、鱼盐、蜃蛤等物的贸易活动。此外,西徐市创市者徐恪,其父亲徐讷也从事商业贸易。滨岛敦俊分析认为,徐讷能够在荒年"遣人籴麦江北,得六百石",必然不是单纯的地主,而是有客商活动的经历,如此才会有能力短时间内长距离输送大量粮食。④ 显而易见,坐商或客商等商业活动带来的财富,是创市的另一重要财力来源。

对生活在明代的"主姓"们来说,上述第二、三两个方向的经营不是非此即彼的,地主在土地开发的同时,展开商业贸易活动,在明代中期的江南三角洲高乡与低乡属于普遍现象:"乡落大姓,居

---

① (明)朱国祯:《涌幢小品》卷六《堤利》,王根林校点,上海古籍出版社,2012年,第114—115页。

② 中国文物研究所、常熟博物馆编:《新中国出土墓志》江苏[壹]常熟·下册《明何(墨)母朱孺人(素英)合葬夫(何辉)墓铭》,文物出版社,2006年,第175页。

③ (明)严讷:《南池何君墓志铭》,(清)吴卓信:《桂村小志》不分卷,《常熟乡镇旧志集成》,第444页。

④ [日]滨岛敦俊:《土地开发与客商活动——明代中期江南地主之投资活动》,载《第二届国际汉学会议论文集》,台北"中央"研究院,1989年,第107页。

货而贾者,数不可纪。"①像前述的归椿之子归霆在父辈的开发成果上,继续"辟土田、创市肆",才使得原本习称"白茆浦"的乡村聚落正式更名为"归家市"。② 徐氏除大力发展农业种植以外,亦"善忖度时事,若烛照数计,乡里视为指南,投无不中",可见其商业投资活动。③ 何家市所在的地域,最初多有抛荒旱地,何墨"相原隰、辟污莱",且杂植嘉木,于农田经营亦有成效。④ 创建璜泾市的赵氏家族,也至迟在成化初年已经兼营土地与商业活动。⑤ 因此,参与市镇草创的"主姓"家族,一般兼有土地开发和商业经营的双重属性,是乡间拥有大量财富的豪强。

总体而言,从经营方式上看,"主姓"家族与同一时期的豪强家族并没有明显的不同,然而佐以天时、地利等其他因素,他们因缘际会地成为某个经济中心地形成过程中的显耀力量。家族的命运与市场的生长交融在一起,构成明代中叶江南市镇大发展背景下一个重要类型。

---

① 嘉靖《江阴县志》卷二《市镇》,《天一阁藏明代方志选刊》第 13 册,上海古籍书店,1981 年,第 13 页 b。有关明代中叶江南乡居地主经营活动的研究,可参考滨岛敦俊《土地开发与客商活动——明代中期江南地主之投资活动》(载《第二届国际汉学会议论文集》,台北"中央"研究院,1989 年)和《明代松江何氏之变迁》(载陈支平主编:《相聚休休亭:傅衣凌教授诞辰 100 周年纪念文集》,第 109—129 页)两文,以及刘懿萱《家族经营与地方社会:以明代湖州归安茅氏为例》(台湾暨南国际大学硕士论文,2013 年)中的分析。
② 《归氏世谱》卷四《图象赞》,清道光二十四年纂修、重刻本,第 9 页 b。
③ (明)徐栻:《仕学集》卷六《叔兄征侍郎怀隐先生行实》,万历三年序刻本,第 24 页 a。
④ (明)顾存仁:《湖广布政司都事南池何君暨配周孺人合葬墓表》,(清)吴卓信:《桂村小志》(不分卷),《常熟乡镇旧志集成》,第 436 页。
⑤ 谢湜:《十五至十六世纪江南粮长的动向与高乡市镇的兴起——以太仓璜泾赵市为例》,《历史研究》2008 年第 5 期。

三、人为力量的凸显

从地理分布来看,古冈身沿线及以东的"高乡"一带,自明代中叶之后市镇密集出现,且兴起的过程,多有个人、家族明显的活动痕迹。但正如前文分析,史料中所言的个人、家族对市镇兴创的建设和贡献,其实很多是依附在官府的公共工程上。而棉业经济的基础,更是时代发展所赋予的。

尽管如此,与太湖平原"低乡"市镇相比,"高乡"市镇的发展史,在突出人的意志和力量方面的表现更为明显。这一倾向,或许可以从太湖流域的开发进程中得到一些解释。一般来说,太湖流域西北部和沿今江南运河一线开发较早,而冈身以东沿海地区开发较晚。东部沿海地区,六朝以前以盐业生产为主,农业则不发达。唐、五代时期农业开始有了较大规模的开发,除种植水稻以外,杂种旱作。入元以后由于棉花的传入,遂形成了全国棉纺织业生产的中心。① 分布在西部低地的众多市镇,如平望、震泽、王江泾、新市、南浔、乌镇等,凭借水陆交通的便利、经济的较早发展、军事驻地等优势,明代中期之前已经形成聚落甚至大型市镇,经过明代中后期商品经济的刺激,得以在原有基础上继续发展。

相对于低地来说,"高乡"经济兴起较晚。滨岛敦俊分析,江南"低乡"圩田开发走向尾声,在 15 世纪中叶,即江南三角洲最早于 15 世纪中叶开始进入水乡圩田开发的最后阶段——分圩。这意味

---

① 魏嵩山:《太湖流域开发探源》,江西教育出版社,1993 年,第 81 页。

着自唐代末年以来江南低地圩田开发历程即将结束。此后,江南开发的重心转移到三角洲东部的微高地,人口也存在向这一区域迁移的趋势。① 范毅军在市镇与区域发展的研究中,也指出"到1550年止,(江南)区域内部的发展,其实仍富有浓厚的向境内边际效益低的土地拓殖的色彩"②。在向江南东部微高地的垦殖中,经营地主在不适宜水稻生长的沙壤高地广泛植棉,棉业在这一区域推广,商品经济迅速发展。但这里并没有更好的交通优势,也不是传统的经济发达地带,聚落形成与发展中,乡间"有力者"的相关努力便显得更为重要。再佐以后世的回忆与附会,"主姓"们的贡献在创市的过程中更加地强烈和突出。

市镇是复杂的聚落综合体,影响其兴衰起落的因素非常多,本节不是去讨论江南市镇起源这一虽关键但太过宏大且极度复杂的问题,也无意将"主姓"家族的人为力量看作市镇生成的决定因素,而是希望通过对市场开创带来的村落向市镇发展过程的进一步揭示,以及对"主姓"们创市之前家业累积的分析,并结合社会、经济的时代背景,给予这些集中出现的"创市"现象更为细致和全面的展现,对明代中叶前后,乡间豪强士绅们的活动与市镇生成之间的具体关联做出更进一步的解释。

简言之,从元末到明代,"创市"的主姓们通过多种渠道获得巨额财富,在江南三角洲逐步向微高地拓垦的大趋势中,开发土地、

---

① [日]滨岛敦俊:《农村社会——研究笔记》,复旦大学历史学系,复旦大学中外现代化进程研究中心编:《近代中国的乡村社会》,上海古籍出版社,2005年,第261页。
[日]滨岛敦俊:《明代松江何氏之变迁》,陈支平主编:《相聚休休亭:傅衣凌教授诞辰100周年纪念文集》,第109—129页。
② 范毅军:《传统市镇与区域发展——明清太湖以东地区为例,1551—1861》,第9页。

刻意货殖,于商业化的时代下,迎合社会历史的变化,促成市场的形成与聚落的发展,并在地方社会和家族的记忆、感觉中,强化了个人意志的力量与贡献。

另外需要注意的是,这些与强宗大族活动有关而形成的市镇中,存在不少规模较小、延续时间短的"小市",发展极不稳定,不成气候。像李家市、周家市,兴起于嘉、万之际,到万历末年却已衰落荒废了。再如陆家市、新吴家市、大河市、萧家市等,其市况一直模糊不清,应当只是乡间满足农民日常生活交换的小墟市。再有,因人而兴的小市,常会因人而败,花桥市、薛家市,即因创市者分别"论斩"、入狱而很快荒废。

第三节　家族扩张与新市镇

细察前述所列的常熟县"主姓市",能够发现,有些市镇共同拥有一个"主姓",即钱氏主导下的奚浦市、鹿苑市和田庄市,归氏主导下的归家市、归家城,以及徐氏主导下的老徐市、新徐市(见表2)。这些由同一家族主导形成的市镇,前后继起,与家族发展中的析产、迁居有密切的关联,既推动了地域的开发进程,又反映了商品经济迅速发展的面貌。

表 2　拥有相同"主姓"的市镇表

市镇类型	钱氏	归氏	徐氏
祖居市镇	奚浦市	归家市	老徐市
次生市镇	鹿苑市 田庄市	归家城市	新徐市

　　新徐市,在老徐市西南方向,临贵泾,距县城约四十里。① 此地在唐代已称长箔(亳)村。宋代建炎年间,村附近置有烽火墩,称长亳墩。元末,据称有曾任行省参政的董逃溪隐逸在村中。董氏淡泊人生,"晚景桑榆安隐逸,故园松菊伴栏栅",建楼置宅于村旁,俗呼"尚书楼",久而久之,这一带便被叫作董家浜,简称董浜。后来,一度改名为陈家墅。直到万历年间,徐栻的长孙徐昌祚迁居至此地,设产经营,才被称为新徐市。② 这一系列更名的过程,反映了这一小地域逐步发展的历程,而祖父开发老徐市的经验,以及丰厚的财力,应当使得徐昌祚在董浜的经营相对顺利。据雍正年间所撰县志载,新徐市在明代还曾有城墙拱卫。③

　　奚浦流域,是海虞钱氏最初在常熟的聚居地,因而奚浦市也最早形成。至海虞第十七世,钱镛、钱珍兄弟析产分家时,钱镛与儿子选择了向西迁移,在同样靠近海陆交接处的三丈浦一带定居经营。这里相传为吴夫差豢鹿处,所以称鹿苑。④ 三丈浦与奚浦相距并不远,地理环境亦相类,经过几代人的拓垦,逐渐贸易繁荣,市场大兴。田庄市,亦在奚浦流域,位置偏南,原本是钱氏所设的收取田租之庄,嘉靖年间钱兑建有一口义井,钱泮也置宅于此,后慢慢人群集聚,贸易增长。⑤

---

① 万历《常熟县私志》卷一《叙县·市镇》,《华东稀见方志文献》第10卷,第35页。
② 《董浜镇志》,方志出版社,2001年,第86页。
③ 雍正《昭文县志》卷二《市镇》,清雍正九年刻本,《中国地方志集成·江苏府县志辑》第19册,第211页。
④ 光绪《常昭合志稿》卷五《市镇志》,清光绪三十年活字本,《中国地方志集成·江苏府县志辑》第22册,第50页。
⑤ (清)杨希漯:《恬庄小识》,杨庆恩堂义塾藏板,张家港市党史地方志办公室、凤凰镇人民政府编,广陵书社,2007年,第2、13、53页。

　　徐、钱两族，在子孙析居时，基本仍在祖居地附近选择新的定居点，而归氏家族的新、旧两市却相隔甚远。明代中叶常熟县高乡区域家族析居而促进新市场中心形成的局面，恰好可以用归氏家族为例做一更详细的窥视。

　　据地方志中"市镇"部分的记载，归家城（或称归家堡市）在常熟县城西北约十八里的九浙塘北岸，其兴建之由来为："明嘉靖中居民归雷筑堡备倭，故名。"①归雷是归家市的创立者归椿的长子。归家市地处常熟县东境边缘，与九浙归家城一东一西，且中间隔着县城，相距甚远（见图3）。归雷到距祖居地如此遥远的地方筑堡、经营，仅仅是因为官府的"一纸命令"和抗倭的需要吗？

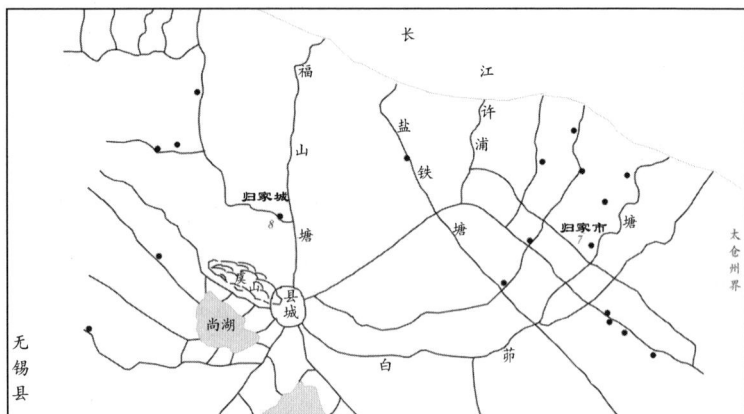

图3　归家市(7)与归家城(8)相对位置示意图

---

① 万历《常熟县私志》卷一《叙县·市镇》，《华东稀见方志文献》第10卷，第36页。民国《重修常昭合志》卷二《疆域志·市镇》，上海社会科学出版社，2002年，第30页。

其实,归雷(见图4)向祖居地外发展的意图由来已久,绝对不是一时之意。在抗倭筑堡之前,他早已在九浙占地开发。

图4　归雷像

(据《归世氏谱》,清道光二十四年纂修、重刻本)

最初归雷跟随父亲在归家市垦殖,积累下丰富的土地治理经验。随着家族开垦的推进,归雷逐渐感觉到归家市周围"里多豪,未易拓也"。① 事实也确实如此,在弘治到嘉靖初的这段时期内,归家市附近还有老徐市、东张市等日渐兴起,这一高乡地域的拓殖步

_____

① (清)归令望纂修:《归氏世谱》卷六《鸿胪归君暨配郁孺人墓表》,清光绪十四年刻本,第34页b。

入密集阶段。归雷应是意识到了当地资源环境的压力,于是把目光投向县境内的其他地域。

嘉靖十六年(1537),县城西面虞山脚下尚湖岸边的一片低洼水田被归雷占有。这片水田,在尚湖西北,因堤防崩坏,田遭弃置。归雷出巨资,借修堤的机会,将水田占为己业。归有光专门有记:

> 虞山之下,有浸曰尚湖。水势湍激,岸善崩。湖埂之人,不能为田,往往弃之以走。有司岁责其赋于余氓。而赵段圩当湖西北,尤洼下,被患最剧。宋、元时故有堤,废已久。前令兰君尝与筑之。弘治间,复沦于大水。嘉靖丁酉,予宗人雷占为己业,倾赀为堤。堤成,填淤之土,尽为衍沃。①

此后,归雷继续寻找扩大家业的基地。嘉靖二十五年(1546),他向北越过虞山,在九浙塘边的感潮荒地大加治理。几年后,其子归谟回忆道:

> 自嘉靖二十五年我父(雷)始有九浙之地。时海潮为患,河湮水涸,荆棘布野,而居民寡酬与,数里无三四举火之家,有之亦不备矣。屡与蛇畜为伍云耳。土荒无所供赋,虽官司亦岁病械系之烦也。吾父为之力开浚,以办经理,察远近以创民居,宽财惠以肆招徕。②

---

① (明)归有光:《震川先生集》卷十六《常熟县赵段圩堤记》,第408—409页。
② (清)归令望纂修:《归氏世谱》卷七《归氏新桥记》,第84页a。

归雷在父亲和家族财力的支持下,修整九浙塘北岸的农田水利,"大出镪募贫人,授以畚锸,俾广诸渠,多为陂池,引渠而潴之水以备旱",自己也冒风霜雨露亲临督促。但最初三年,土地产出并不高,所幸归雷并不沮丧,坚持经营,终于大获丰收,情势好转,许多人慕名而来,九浙之地渐渐有了烟火相望之气。①

嘉靖三十三年(1554)前后,倭寇骚扰不断,县令王钺积极防备。② 九浙之地在县城外围,也许是县令王钺命令已在九浙经营数年的归雷筑堡以拱卫县城,也有可能是归雷主动向县令请缨筑堡抗倭,从而借此获得官府对自己经营九浙之地的认可。最终,在官府的许可下,九浙之堡筑成,其规制"高如县城,东西有门,南有水门"③。并且,此堡竟然真的在抗倭中发挥了一次作用:

> 公乃大起土浚濠,身自操板筑其间,伐薪治埏埴,周垣悉甃以甓,共若干丈,当成,而寇适大至,公树栅其冲,内并力治楼橹,而外绥辑流民,用以为城守。计料丁壮,与米若干,老弱与若干,数日远近辐凑,悉遣授兵登陴,贼候者望见崇墉屹然,又属与大城,势相应援甚壮,竟宵遁。④

① (清)归令望纂修:《归氏世谱》卷六《鸿胪归君暨配郁孺人墓表》,第34页b。

② (明)徐复祚:《花当阁丛谈》卷八《倭寇纪略》,《丛书集成新编》第85册,台北新文丰出版公司,1981年,第609页。(明)李诩:《戒庵老人漫笔》卷四《常熟倭变》,第129页。

③ (清)归令望纂修:《归氏世谱》卷七《址里》,第80页a。

④ (明)赵用贤:《松石斋集》卷十四《归鸿胪传》,明万历刻本,《四库禁毁书丛刊》集部第41册,北京出版社,1997年,第208页。

归雷之子归谟,接替父亲成为主导九浙发展的人。归谟继续招募人力,开沟设渠、规制生产:"视地形稍潴下处,决纵横渠各一,其傍为小渠数支,用资畜泄。略仿古沟洫制,历数亩,辄为屋十余楹,以舍耕者居者,鳞次栉比。岁旱,乡民能以车挽致水,每车受粟若干,当春举事,民无资为潗者,受粟若干,皆有差。所垦地,一年秋麻,中年秋菽,三年始秋之稼。"一番整治之下,九浙的农田种植渐有起色,岁获每亩约达一斛。伴随着居民日多,房舍密集,商货出于其中,这里发展成为一小型商业聚落,"百里之内,往往视为都聚焉",俗称归家城或归家堡。①

此后,归雷及子孙主要生活在九浙归家城,为了与留在归家市的二弟归霆相区分,按地理方位分别称归墅西支和归墅东支。归家城也称归家堡,归家市又称归家墅。

---

① (明)赵用贤:《松石斋集》卷十四《归鸿胪传》,《四库禁毁书丛刊》集部第41册,第208—209页。

第二章　市镇权势的士绅化

明代中叶之后,拥有科举功名的江南士绅在地方社会中的数量越来越多,影响力也越来越大。尤其那些有较高的功名和官职的人,他们拥有的政治、经济和文化优势,仕宦的背景,以及遍布朝野上下的社会网络,远远超越了没有功名和官衔的布衣大地主。在这一社会变迁的过程中,市镇的权力格局也相应发生变化。科举正途出身的士绅更多地成了市镇的权势人群。

第一节　从"赀郎"到"制科官"

在市镇初立的明中叶,科举功名或仕宦经历,并不是这些家族普遍拥有且必要的条件。巨额的家业已能够使他们在基层地域获得强大的权势与力量,前一章所讨论的市镇,大都是如此情况。

如钱氏家族中,钱琛的第三个儿子,名祥五,被乡里人称为"五大人"。这位"五大人",在宣德时任粮长。明初,朝廷签派大户为粮长，负责填粮征收与解运，同时还陆续赋予了粮长拟定田赋科则、编制鱼鳞图册、申报灾荒，甚至乡村裁判等职权，因而宣德之前，粮长身份优越，权威亦高。① 其时常熟便广泛流传着"常熟知县印，不如钱五大人信"的说法。② 到正统、景泰间，朝廷设捐纳，为地主大户开启了通过财富换得荣誉性身份甚至出身和任官资格的捷径。③ 此后，钱氏族人有一些选择走苦读科考之路，有些则更青睐捐纳。如正德间，第二十二世钱庠行捐纳，且深以为是，并不看好科举正途："他家学进士业，辛苦场屋，刺促拜除，岂若我家儿子，裁能书记，银带绿绶，比二千石，年未及艾，宦成告老？且吾行天下，制科官不及赀郎多矣。"④《戒庵老人漫笔》中也记载了一件类似的案例，正德初年，常熟钱氏某人，通过捐纳得到一传奉官之职，他向同为常熟人的礼部尚书李杰求字，进士出身的李尚书大笔一挥写下："来时尚着儒生服，归去俄乘使者车。唾手功名如此易，白头才子动长吁。"⑤李诩没有写明钱氏名何，但其反映出的"赀郎"得官之易的现象，暗合了此时海虞钱氏的心态。

归氏兴起晚于钱氏约半个世纪。归椿和他的三个儿子，都没有科举或捐纳的功名。如前所述，长子归雷，除经营家族生活所在的旱地以外，还兼治低乡水田：嘉靖初年占据常熟尚湖最低下的赵段圩，倾赀筑堤。这段圩堤，延亘数里，一千多丈，成化十年（1474）地方官府大规模修整时，所费浩大，据称有"木以万计，竹倍差于

① 梁方仲：《明代粮长制度》（校补本），中华书局，2008年，第1—2页。
② （清）钱谦益：《牧斋晚年家乘文·族谱后录上篇》，《牧斋杂著》上，第147—148页。
③ 参见伍跃：《中国的捐纳制度与社会》，江苏人民出版社，2013年。
④ （清）钱谦益：《牧斋晚年家乘文·族谱后录上篇》，《牧斋杂著》上，第143页。
⑤ （明）李诩：《戒庵老人漫笔》卷五《嘲赀衔传奉》，第229页。

木,石以舟计及二千艘,钱谷之需累巨万有奇,工役则五万三千有奇"①。后归雷、归谟父子在九浙垦荒治理,并筑堡。这一切都需要雄厚的财力作为支持。归有光则记载了成化、弘治年间归氏豪势于乡的盛况:"吾归氏虽无位于朝,而居于乡者甚乐。县城东南,列第相望。宾客过从饮酒无虚日,而归氏世世为县人所服。时人为之语曰'县官印,不如归家信'。"还称其高祖与"诸昆弟并驰骋,因为武断者,或有也。高祖与诸弟出,常乘马,行者为之避道。其后县令方豪,年少负气,士大夫多为所陵,然曰:'惟归氏得乘马,余人安可哉?'"②当然,归有光所言情况以归氏"昆山支"为主,生活于常熟的乃"归墅支"。此一阶段家族以财富致盛的状态可相较参考。

何家市中,何墨早年尝试走科考之路,还曾捐纳入太学,不过乡试屡考不中之后,遂放弃此路,继承父辈的"刻意货殖"之道,在家乡着力经营治生。③ 老徐市中的徐栻后来经科举官至封疆大吏,但作为兄弟中最小的一个,嘉靖间老徐市最初形成时,他和兄长们都是布衣。

这一形势,在晚明发生了转向。钱氏、徐氏、归氏和何氏家族纷纷向科举、仕宦转型,家族性质从以财富致盛的"货郎"豪强变为科举日重下的"制科官"士绅集团。

嘉靖朝之后,钱氏科第连绵。鹿苑支尤其兴盛:钱籍,中嘉靖

---

① (明)黄体勤:《常熟县赵段筑围记》,(清)张国维:《吴中水利全书》卷二十五,《景印文渊阁四库全书》第578册,第914页。
② (明)归有光:《震川先生集》卷二十八《归氏世谱后》,第638页。
③ (明)严讷:《南池何君墓志铭》,(清)吴卓信:《桂村小志》(不分卷),《常熟乡镇旧志集成》,第444页。

十一年(1532)进士,这是海虞钱氏进入明朝之后,进士登科的开始;随后,钱泮中嘉靖十四年(1535)进士,嘉靖三十四年(1555)为抵抗倭寇而殉难于常熟;钱庶,举嘉靖二十九年(1550)进士,官行人司行人;钱岱,乃隆庆五年(1571)进士,官拜湖广道监察御史,其子时俊,是万历三十二年(1604)进士。① 此外,还有钱达道、钱裔肃分别是万历元年(1573)和万历四十三年(1615)的举人。②

奚浦支中,钱汝明考中正德十一年(1516)举人,任乌程县令。其孙仲贞,为嘉靖十年(1531)举人,曾任顺天府推官、潮州同知。钱顺时、顺德两兄弟分别中嘉靖三十八年(1559)、四十四年(1565)进士。③ 万历三十八年(1610),大文学家钱谦益高中探花。

归氏分为东、西两支之后,开始努力走向科举宦途。西支以在九浙筑堡的长房归雷为始,其子归谟,隆庆初以国子监生短暂任鸿胪寺序班。④ 归谟长子学颜,曾入太医院为职。幼子学周,乃恩贡生。⑤ 再下一代的绍庆、绍隆分别是万历十九年(1591)和三十七年(1609)的举人。绍隆在天启、崇祯年间从翰林院孔目升迁至云南按察司副使。⑥ 东支以仍生活在祖居地归家市的二房归霆为始。

---

① (清)钱谦益:《牧斋晚年家乘文·族谱后录下篇》,《牧斋杂著》上,第159、162、173、177、180—181页。

② 康熙《常熟县志》卷十一《选举表》,《中国地方志集成·江苏府县志辑》第21册,第246、251页。

③ (清)钱谦益:《牧斋晚年家乘文·族谱后录上篇》,《牧斋杂著》上,第142、159、162页。

④ (明)赵用贤:《松石斋集》卷十四《归鸿胪传》,《四库禁毁书丛刊》集部第41册,第207—209页。

⑤ 《归氏世谱》卷四《图象赞》,第11页b、第12页b。

⑥ 《归氏世谱》卷六《霁乔府君行略》,第55页a。

归霆次子归训为太学生。① 归训的曾孙起先,是崇祯十年(1637)举人,十六年(1643)进士。起先子允肃,入清之后中康熙十八年(1679)状元。② 尽管宗族分为两支,但居地靠近,联系紧密。西支的归谟和东支的归训,辈分相同,年龄亦相仿,少年读书时,父伯们对二人寄予了厚望,延名师教之,指为"能亢吾宗者"。③ 从中可以看出,约正德之后,归氏族人已开始将读书做官作为支撑家族发达的重要途径。

徐氏家族中,继徐栻于嘉靖二十六年(1547)考中进士后,万历二十九年(1601),其从孙待聘亦中进士。④ 此外,徐栻嫡孙昌祚得恩荫,历官刑部郎中。⑤ 徐栻的子侄辈如尚德、懋德,均以监生获授低级官职。⑥

何墨的两个儿子中,何矿是万历二年(1574)进士,何钫乃嘉靖三十四年(1555)举人。⑦

这几个权势家族身份性质转移的现象,与明代江南基层社会权势变迁的大趋势相一致。即正途出身,特别是有世代仕宦背景

---

① 《归氏世谱》卷四《图象赞》,第 10 页 b。

② 康熙《常熟县志》卷十八《邑人》,《中国地方志集成·江苏府县志辑》第 21 册,第 444 页。

③ 《归氏世谱》卷六《附监生廉泉归君暨配季孺人合葬墓志铭》,第 39 页 b。

④ (明)管一德:《皇明常熟文献志》卷五《科第志下》,万历三十三年刻本,《华东稀见方志文献》第 9 卷,第 296—297 页。

⑤ (明)管一德:《皇明常熟文献志》卷九《本官得赠志》,《华东稀见方志文献》第 9 卷,第 340 页。

⑥ (明)管一德:《皇明常熟文献志》卷九《恩纶志》,《华东稀见方志文献》第 9 卷,第 338 页。

⑦ 康熙《常熟县志》卷十一《选举表》,《中国地方志集成·江苏府县志辑》第 21 册,第 243、247 页。

的士绅阶层更多地成为地域社会中的主导力量。① 这与明代选官途径从最初的荐举到荐举、科举两途并用,最终专用科举的过程②,以及明代中期日益严重的赋役征派畸变③等政治、经济领域的变化所造成的社会流动通道单一、庶民地主衰落、乡绅中大土地所有者盛行和士绅威权扩张的局面相始终。功名、仕宦造就的士绅集团,"威权赫奕"④于地方,以致明末达到"无一事无衿绅孝廉把持,无一时无衿绅孝廉嘱托,有司惟力是视"⑤的境地。

科举几乎成为推动家族向上流动或维持士绅阶层地位的决定性因素:"缙绅家非奕叶科第,富贵难于长守。"⑥而富贵难守的原因,不只在于政治地位的下降,更在于至晚明愈演愈烈的无政治身

---

① 有关明代士绅力量的壮大以及其与地方社会的关系,可以参考吴晗、费孝通等:《皇权与绅权》,观察社,1948 年;伍丹戈:《明代绅衿地主的发展》,《明史研究论丛》(第二辑),1984 年,第 9—25 页;[日]宫崎市定:《明代苏松地方的士大夫和民众》,载《日本学者研究中国史论著选译》第六卷,第 229—265 页;[日]奥崎裕司:《中國鄉紳地主の研究》,汲古書院,1978 年;[日]寺田隆信:《明代鄉紳の研究》,京都大学学术出版会,2009 年。
② 白钢主编,杜婉言、方志远著:《中国政治制度通史》第 9 卷,人民出版社,1993 年,第 422—425 页。
③ 明代赋役制度的施行与变革的研究,可参见梁方仲:《明代赋役制度》,中华书局,2008 年;[日]川胜守:《中国封建国家的支配構造:明清赋役制度史の研究》,东京大学出版会,1980 年;伍丹戈:《明代绅衿地主的发展》,《明史研究论丛》第二辑,1984 年;张显清:《明代官绅优免和庶民"中户"的徭役负担》,《历史研究》1986 年第 2 期;[日]森正夫:《明代江南土地制度研究》,伍跃、张学锋译,范金民、夏维中审校,江苏人民出版社,2014 年。
④ (明)顾公燮:《消夏闲记摘抄》卷上《明季绅衿之横》,《丛书集成续编》第 96 册,上海书店出版社,1994 年,第 689 页。
⑤ (明)刘宗周:《刘宗周全集》文编上《奏疏四》"责成巡方职掌以振扬天下风纪立奏化成之效疏",浙江古籍出版社,2007 年,第 209 页。
⑥ (明)王士性:《广志绎》卷四《江南诸省》,吕景琳点校,中华书局,1981 年,第 70 页。

份保护下贪吏的侵渔、乡绅的吞并、赋役的转嫁。为避免此运,"百姓之富者争出金钱而入学校,百姓之黠者争营巢窟而充吏胥"。① 能带来巨大政治、经济优势的正途入仕,无疑成为晚明所有家族的首要追求。

第二节　经营与困境

从庶民地主到科举士族,是一步巨大的跨越。实现这一质的飞跃,往往需要家族多代人在经济、文化上不懈努力。然而,家族从富户到士族的转型过程,必然不会一帆风顺、水到渠成。如前述归氏西支的归谟,在家境平稳的环境下,努力培养儿子们争取科举功名,但长子学颜从医,仅谋得一个尚医太仆的小官;四子学周,以恩贡入国子监;三子道传则靠捐赀才入国子监。连续两代人的低级功名和品阶,尚不足以实现家族的阶层跨越,以致道传曾慨然投笔曰:"是命也夫? 命也夫!"②下文从若干侧面呈现在追求科举功名的过程中,家族为保持地位在社会层面所作的经营努力,以及遇到的困境。

① (清)侯方域:《壮悔堂文集遗稿·正白姓》,清顺治刻增修本,《续修四库全书》第1406册,上海古籍出版社,2002年,第105页。
② (清)归令望纂修:《归氏世谱》卷六《太学生宗鲁归君墓志铭》,第45a—46b页。

一、睦族与义行

1.族谱编修及睦族活动

海虞钱氏的族谱,由第十九世的钱洪首撰,但未完成钱洪便去世,其子钱泰以父志为业,"于暇日谨录先世家谱图序,及先伯稽勋公诰命,与夫所藏名公钜卿诗文汇而成",并以"家乘"命名。其时为成化十六年(1480)。① 初修族谱,这一版"止收遗文而略宗裔"。②

嘉靖年间,第二十一世钱椿年,第一次续修族谱。这时,他的儿子钱学已经于正德十一年(1516)考中举人出仕,孙子钱兑刚刚于嘉靖十年(1531)再中乡试。钱椿年晚年无忧,专心"取宗裔及累世文字叙次而谱之,以续竹深公(即钱洪)之绪"③。这时海虞钱氏的族人已经有七百余人,族谱开始真正重视"宗裔"。④

嘉靖末,第二十二世钱体仁在儿子顺时高中进士后,再一次汇纂族谱。⑤ 之后,便是第二十五世、隆庆五年中进士的钱岱所修的万历二十九年(1601)版的《海虞钱氏家乘》。

钱岱致仕归田后的十五年间,致力于族谱的编撰,"汇访故老,翻

① (明)钱岱:《海虞钱氏家乘》卷一《累世修谱序》,明万历刻本,第9b—10a页。
② (明)钱岱:《海虞钱氏家乘》卷一《累世修谱序》,第23页b。
③ (明)钱岱:《海虞钱氏家乘》卷五《列传一》,第66页b。
④ (明)钱岱:《海虞钱氏家乘》卷一《累世修谱序》,第12页a。
⑤ (明)钱岱:《海虞钱氏家乘》卷六《列传二》,第1页b。

阅卷册","集诸宗人家藏旧谱,凡若干帙缄以见遗再加翻阅"。① 而钱岱的此次修谱,最大的贡献在追溯家族起源和早期历史方面,从而构成新的家族历史叙述。

其一:

> 旧谱断自武肃始,而今由武肃以上至让公为江东之祖,由让公以上至少典为始出之祖,大都本书僖公庆裔图而推委溯源,至详且晰。

其二:

> 千一公之世为宋开庆间人,而订其扈跸南渡之讹。②

钱岱在家乘凡例中对这两点均做了进一步说明。关于第一点:

> 海虞谱初纂于柳溪竹深公,次友兰,次虚菴公。凡四纂矣,而皆断自武肃始。及岱稽武肃大宗谱,文僖庆系谱,则咸肇自少典。夫祖武肃而逸武肃之所祖,可乎?况当时创谱必有考据,为子若孙者,一旦违背先旨,弁髦而废置志,非理也。今谱追少典,爰及孚公、冲公、让公,以迄英显,一仍武肃

---

① (明)钱岱:《海虞钱氏家乘》"谱叙乞言附"。
② (明)钱岱:《海虞钱氏家乘》"世谱续编序"。

之旧。①

经过追溯,海虞钱氏祖先得到重新的厘定:"尊少典为生民之祖,彭祖为始封之祖,孚公为受姓之祖,让公为居浙之祖,武肃为开国之祖,千一为海虞之祖,而通九府君镛为禄园之祖,通十府君珍为奚浦支祖。"②

关于第二点,千一公为海虞始祖一直是没有争议的,但其身世情况在钱岱的考订下,有了更清晰的认定:

　　公讳元孙,字亨父,通州公有子六人,公居长,次思孙、宪孙、奕孙、文孙、诒孙。……通州公自台来守州,余子留台,独公从焉。会父没于官,虏骑充斥道路,沮涩不能还浙,乃渡江相常熟志奚浦居焉,是为海虞之始祖。……台之人竟不知公去向矣,故今浙谱止载宪孙等五子之名,而无公名。而海虞之谱,亦不载有五子之名,殊为缺典,万历丙申始得浙本参合焉。③

万历二十二年(1594),钱岱亲赴浙江绍兴,参考绍兴钱氏的族谱加以校订,最终确定上述千一公迁常熟的始末,并写入家乘中。④ 由此,钱氏与那个时期的众多士人家族一样,将自己与"遥遥

---

① (明)钱岱:《海虞钱氏家乘》"修谱凡例",第1页a。
② (明)钱岱:《海虞钱氏家乘》"修谱凡例",第2页a。
③ (明)钱岱:《海虞钱氏家乘》卷五《列传一》,第51页a。
④ (明)钱岱:《海虞钱氏家乘》"谱叙乞言附"。

华胄"连接了起来,构建出辉煌的远世世系。

体例上,钱岱也一改此前族谱仅有世谱和列传的方式,着意模仿郡县志中记载人物和艺文等内容的编纂体例:

> 今谱仿郡邑志体,先之以累世锡命曰恩纶考,其于列传外,有德行、文学可以分门者款,而列之曰忠孝考,曰节义考,曰文学考,曰科目考、封爵考、仕宦考、戚畹考。列祖鸿笔后人名篇有关世风者录之曰文苑内集考,历代名公赠遗曰文苑外集考,鹤归之表曰茔阡考,春秋缋祀之所曰祠庙考。①

钱岱特意强调,此举"非以夸前侈后也,家之谱即郡邑之志,其体裁自应尔尔"。事实上,传统时代的地方社会中,能被"郡邑之志"记载,对个人和家族都是一种极大的荣耀。想方设法使家族中有更多的人被收录进县志中,是扩大家族影响和抬升家族地位的重要方式之一。钱岱此举,意图明显,即"为今后县志编纂对本族人物进行'采撷'提供了方便"②。

综观钱氏家族在明代的四次修谱,尽管钱氏后人均把家族谱牒的最初版本追溯至成化年间,但如前所述,钱洪、钱泰父子所纂的"家乘"是"止收遗文而略宗裔",这种不以世系为重点,甚至可能根本没有世系内容的家族文献,很难被视作真正意义上的谱牒。此后嘉靖年间钱椿年所续修的"重宗裔"的家乘,才应该是海虞钱

---

① (明)钱岱:《海虞钱氏家乘》"修谱凡例",第3页a。
② 张爱华:《清代县志与族谱编纂中的官民互动——以安徽泾县样本为中心》,《清史研究》2015年第3期。

氏家谱的真正开端。

从时间节点上看，钱椿年和钱体仁先后续修家乘时，家中都有子弟考中举人或进士，再接下来钱岱的编纂家乘，更是在自己科举入仕之后。钱椿年在逢子孙连中乡试、家声大起时，除了续纂家乘，还于家族历史上"首修先人祠墓，置圭田，立茔规，井井有法"①。编纂族谱、规范祠墓都是宗族建设的代表性举措。井上彻在讨论"宗族的形成"问题时，发现了乡绅主动建立宗族组织的普遍性，并认为这是出于对官僚身份"非世袭和均等继承"所产生的危机反应，即乡绅希望用宗族建设的方式保障科举功名在子弟中的持续，进而维持宗族的社会地位。同时，在十五六世纪商品经济的背景下，投资手工业、商业和农业的乡绅，获得了巨额财富，有能力设置家族公有财产、聚合族人。② 有从事商业贸易活动背景的海虞钱氏，在正德、嘉靖年间，开始获得科举突破，各项宗族建设活动也正是从这一时期逐渐展开。

如嘉靖末、万历初，禄园支钱洽、钱邵父子，创立家族义田，共二千亩，用以救济无力承担赋役的宗人。③ 钱岱在所撰家乘中，编订有条目众多的家训，从各个层面规范行为、教化族人，包括父子、兄弟、夫妇、朋友、治家、立教、勉学、婚媾、丧葬、赋税、邻里、仆从、立嗣、嫖赌、争讼、称贷、异端、产业、祠堂、坟墓等丰富的内容。许多重要的条目，钱岱还附有"格言"加以阐释，如针对祠堂，言："祠

---

① (明) 钱岱：《海虞钱氏家乘》卷五《列传一》，第 66 页 a。
② 参见井上彻：《宗族的形成与构造》，《西南民族学院学报 (哲学社会科学版)》1990年第 3 期。
③ 不过，截至明末，未再见有族人捐献义田的记载。参见 (明) 钱岱：《海虞钱氏家乘》卷六《列传二》，第 11 页 a、第 29 页 a。

堂乃子孙报本敬先志所,为屋三间,缭以周垣,务在坚朴。中奉神主,出入必告。正朔望必参,俗节必荐时物。四时祭祀,其仪式并遵文公家礼。子孙十岁以上,凡有事,祠堂必令其诣祠观礼,每月朔望随众作揖。"①

海虞钱氏很早即建有祠堂,析分奚浦、鹿苑两支时,第十七世钱珍和儿子友义认为家族祠堂"湫隘",打算"展辟以宏制",不过未能实现。至钱珍孙辈钱宽、钱洪,才切实加以扩建,"营为六楹,轮奂载新"②。嘉靖年间,钱籍中进士,钱氏终于迈入仕宦之家行列。钱籍于是建祠祭祀高祖以上的祖先,借常熟县西的一处道观之地,建堂五楹,绘钱氏五位先祖的画像于其中供奉,命名为"五王祠"。万历三年(1575),由钱岱的父亲主持,易像为祖,并将祠中供奉的"五王"更换为与海虞钱氏关系更为紧密的祖先,其中包括海虞始祖千一公,从而可以"追海虞所自出""所自始"。二十九年,钱岱所撰家谱即将完成,"谋诸族老增入"五王祠中,遂更名为"世恩祠",并且安排奚浦、禄园族人祭扫活动相间而举,禄园祭于春、奚浦祭于秋。③

五王祠建立之前,各支族人的祭祀活动一般分别进行,五王祠设立之后,尤其经过钱岱父子的"改造",世恩祠成为奚浦、禄园后裔共同祭祀先祖、敦亲睦族的场所。钱岱还希望"子孙世世遵行之,毋废毋忽",如此才有机会"称世家矣"。可见他对家族绵延的渴望与努力。的确,嘉靖到万历间,钱氏两支中,科第兴盛,实有向

---

① (明)钱岱:《海虞钱氏家乘》卷八《家训考》"附录格言",第21页a。
② (明)钱岱:《海虞钱氏家乘》卷七《文苑外集一·祠堂记》,第24页a。
③ (明)钱岱:《海虞钱氏家乘》卷六《祠庙考》,第34b—35a页。

世代仕宦之族发展的势头。五王祠，或者说世恩祠，建于县城，也显示了钱氏意欲从偏于县域西北一隅的滨海贫瘠之地，向地域政治、文化中心转移。

归氏西支在归谟、归道传父子两代时，尽管仍然科举不售，但家族建设却获得一次规范化的发展。道传为家族立宗约，"有额戒曰：凡我诸父昆弟，将被襫力田是务，无捍文网以劳长吏，岁所收粟，自输赋外，宗人实共有之"。这一举措可以为家族的持续发展提供物质保障。同时，道传也刻意维护姻亲关系，"即食必祝曹、陆家姑举火，日月输奉布粟有常。当是时，诸宗子姓、若母氏诸郁，无不人人自以叔子哺我。岁时伏腊，为具牛酒，往复三党姻娅间，于是三党姻娅无不人人以叔子为家人"。对待家族的佃户，道传也十分友善，向他们许诺："若等生无以为娶若嫁，有则以告，告则助羞。若等死无以为殓若葬，有则以告，告则助赗。"道传的种种作为，遍及家族内外，为归氏的进一步发展营造了良好的环境氛围。他还在九浙修园林，名曰"十亩之间"，附庸文人风雅。[1]

2.乡间义行

乡里社会是家族赖以生存的环境，无论出于自愿的道义，还是官府的佥派，持续的义举是获得乡间声誉和支持的重要方式。

海虞钱氏自约南宋起开始在常熟西北部一带繁衍、生活，经营致富的同时，多有益于当地社会的举动。尤其逢灾年，钱氏族人常

---

① （清）归令望纂修：《归氏世谱》卷六《太学生宗鲁归君墓志铭》，第45a—46b 页。

参与救济乡民：

> 钱宽：景泰甲戌，岁凶，公捐五百斛助官，奉例补一级。而又亲为黔敖之义，为食于路，以待饿者。旁有殍，槥而瘗之。①
>
> 钱洪：(景泰)甲戌乙亥，岁饥，与兄宽，共为义，设糜散米，三月不懈。沿浦诸浮尸为虫鱼食，公恻然，为之主以瘗之。②
>
> 钱颐：乡民赖以质平，有颠危困乏告者，不惮财力，务跻之安；岁疫则疗以药。③
>
> 钱亨：吴中饥，诏免田租，府君亦免田者租。④

　　常熟北部面向长江，水路往来人员密集。从常熟福山港到扬州的航道，遭遇大风大浪时，江中极易发生翻船、溺亡事故，幸存者有时会沿江漂流到福山以西的奚浦一带，钱氏"命善泅者，拯得若干人，为具舍，供朝夕安，而后遣"⑤。

　　便利的交通，也使环境相对复杂。正德年间，曾有流贼顺长江而下，到奚浦附近，第二十二世钱校"闻之匹马驰至江口，谕以利害，盗立散去，其不然者，奋挺大呼，为乡民倡，俘其酋，一方赖以安堵焉"⑥。尽管记载描述有夸大之嫌，不过作为长期生活、经营在当地的钱氏大族，护卫家族、乡邻的安全，当是应尽之责。不仅如此，

① (明)钱岱：《海虞钱氏家乘》卷五《列传一》，第59页b。
② (明)钱岱：《海虞钱氏家乘》卷五《列传一》，第61页b。
③ (明)钱岱：《海虞钱氏家乘》卷五《列传一》，第62页b。
④ (明)钱岱：《海虞钱氏家乘》卷六《列传二》，第34页a。
⑤ (明)钱岱：《海虞钱氏家乘》卷五《列传一》，第60页a。
⑥ (明)钱岱：《海虞钱氏家乘》卷五《列传一》，第79页a。

钱氏在壮大自身实力的过程中,也多有参与地方社会发展和基础设施建设,可谓:"筑梁浚河、凿池开市,凡所义举,争为之先。"①嘉靖年间,第二十二世钱体仁见"里中人应掌赋之徭,鲜不倾产",于是倡议设立"公田",一年收租数百石,用以助徭役之费。② 钱鲋则筹办义塾,教授乡邻中的"忠信儿"。③ 对于生活所赖的奚浦、鹿苑两条河流疏浚和治理的工程,钱氏接连几代人积极出钱出力,多方谋划,后文将详述。

嘉靖年间,倭寇频繁骚扰江南。钱氏积极捐钱筑城,保卫家乡。④ 在与倭寇的对战中,还曾死难数人。嘉靖朝实录记载:"倭寇常熟县,知县王𬭚率兵乘城御之。贼屡攻不克,移舟泊三里桥。𬭚及乡宦参政钱泮,率耆民、家丁追贼及于上沧港,为贼所掩击,俱死。"⑤

这里的乡宦钱泮,来自钱氏第二十三世、禄园支,嘉靖十四年(1535)中进士,历官知县、刑部主事、山西按察副使等职,后丁忧居乡。嘉靖三十四年五月,倭寇在无锡劫掠数万关税,装载二十余船,打算过苏州,取道齐门,入常熟县,由华荡下西湖、过墅桥,经三丈浦入海。县令王𬭚得到消息,一时激愤,言"虏乃欲寄径吾地耶,吾在而坐视其扬扬去,何羞也"。乡居于三丈浦的钱泮,也支持王县令剿灭这支倭寇的船队。于是王𬭚征调军民兵丁,与钱泮一起,乘船追击。不料倭寇探得情报,设伏围困了王𬭚一行。王与钱仓

---

① (明)钱岱:《海虞钱氏家乘》卷五《列传一》,第62页b。
② (明)钱岱:《海虞钱氏家乘》卷六《列传二》,第2页a。
③ (明)钱岱:《海虞钱氏家乘》卷五《列传一》,第74页b。
④ (明)钱岱:《海虞钱氏家乘》卷六《列传二》,第28页b。
⑤ 《明世宗实录》卷四百二十二,"嘉靖三十四年五月丁巳"条。

促登岸逃命,又陷入泥沼中,最终遇难。一起遭遇不测的,还有耆民徐察、钱铸、钱班、钱锡、宋涛及兵丁五百余人。①

此后,朝廷对王、钱二人加以表彰追赠。钱籍被追赠为光禄寺卿,荫一子为锦衣卫世系百户,并设坛立祠以纪念。② 文征明撰钱籍的墓志,称"公非有守土之责,徒以激于义愤,与顽敌抗至以身殉难"③。

然而,关于这次追击倭寇,地方社会中也有不同的声音。同邑老徐市的徐复祚写有一篇嘉靖三十二年至三十四年(1553—1555)常熟县的《倭变纪事》,其中记载道,县令王钛此前曾有几次小规模击退倭寇的功绩,所以此次"未免有骄心",而钱泮自诩"善射",且"家近三丈浦,惧贼劫掠,故怂恿邑侯出剿,实自卫也"。一起参与的耆老钱班、宋涛等人,"皆浅躁懦夫也,冀邀利或可濡染,亦力怂恿之"。因此徐复祚认为这一次的追击是由钱泮主导的,主要目的是护卫家乡三丈浦一带的安全,而对王县令来说,倭寇只是取道常熟,"即纵之去,亦不谓怯",是以追击之事完全没有必要。④

二、赋役之困

明代的江南地区赋役繁重,常有大户因此而破家的情况。尤其明中叶之后,没有族人科举入仕的庶民家族,一般没有抗拒官府

① (明)徐复祚:《花当阁丛谈》卷八《倭寇纪略》,《丛书集成新编》第85册,第609页。(明)李诩:《戒庵老人漫笔》卷四《常熟倭变》,第129页。
② 《明世宗实录》卷四百二十二,"嘉靖三十四年五月丁巳"条。
③ (清)钱谦益:《牧斋晚年家乘文·族谱后录下篇》,《牧斋杂著》上,第173页。
④ (明)徐复祚:《花当阁丛谈》卷八《倭寇纪略》,《丛书集成新编》第85册,第609页。

侵夺的能力,往往成为被佥派重役、勒索盘剥的对象。

明初设粮长制,佥派田多者为粮长,督办赋税。① 钱氏是地域中的富裕大户,许多代族人曾被编为粮长。如,第十七世、奚浦支始祖钱琛,入明之后即开始任粮长。鹿苑支第二十一世钱谨"治第于浦之西,望之如云",在天顺朝之后,也开始在乡间做粮长。② 同为第二十一世的奚浦支钱元祥,担任粮长期间,曾替受灾中的贫民缴纳税粮。③ 到嘉靖年间,第二十四世钱立,仍然在做粮长领乡税。④ 嘉靖十四年(1535)钱泮高中进士时,其父亲仍然在"役籍",任粮长。⑤

从明代粮长职役的发展演变来看,宣德年间之前,粮长有着特殊的地位,除了催粮征收、解运任务,还陆续增加了拟定田赋科则、编制鱼鳞图册、申报灾荒,甚至乡村裁判的职权,身份位置相当优越,地主大户多以得充粮长为荣。一些粮长还借职务之便,征解过程中上下其手,中饱私囊。因此,这一时期的粮长实乃"美差"。然而正德朝之后,随着官绅优免的扩大、民户的逃亡,作为税粮征收基础的里甲制逐渐解体,田赋征解愈加困难,大量的亏欠都责纳到粮长头上,这时的粮长唯赔累不迭,再也没有宣德之前的威权,成为公认的重役。⑥

粮长之外,随着王朝统治的延续,基层社会中包括里甲、均徭、

---

① 《明史》卷七十八《食货志二·赋役条》,中华书局,2011 年,第 1899 页。

② (明)钱岱:《海虞钱氏家乘》卷五《列传一》,第 65 页 b。

③ (明)钱岱:《海虞钱氏家乘》卷五《列传一》,第 71 页 b。

④ (明)钱岱:《海虞钱氏家乘》卷六《列传二》,第 36 页 a。

⑤ (明)钱岱:《海虞钱氏家乘》卷五《列传一》,第 74 页 b。

⑥ 参见梁方仲:《明代粮长制度》(校补本)。

杂役在内的各类赋役不断增加、变形。钱氏族人也深受其困。如第十九世的钱衡，年轻时"应租役重，为有司所困"，其妻子含着涕泪抱怨丈夫无能："公身长七八尺，魁梧有其表……为盲官长作磨下驴，不亦伤乎!"①弘治、正德年间，第二十一世、奚浦支钱元祯，"厌苦徭役，以多田为重累"，甚至做起散田的事，"问人欲得田几何，探箧中券徒手与之"，很快分去大量土地。不过，后逢灾年，元祯仍然被陷害承担救灾"巨役"，"官吏捶搒，叫号隳突"，致使元祯无力应役，愤懑而终。② 第二十二世钱廷佐，少年时接替父亲承办徭役，历尽艰辛，勉强维持家业不坠，直到儿子钱籍高中才摆脱困境。③ 第二十三世、后官至山西按察副使的钱泮，在县学读书时，一度"几踬于役"，靠一名族弟捐助的三亩腴田才得以应付。④ 应役中，钱氏还要面对贪婪衙役明目张胆的勒索，如第二十三世钱昇，有一次服役中直接被奸吏索要"钱千缗"。⑤

三、家族内外冲突

除了来自州县的赋役重担，区域间的家族矛盾和家族内讧也是常见的挑战。这些冲突会影响家族自身的发展，同时也能反映地域社会的历史进程。

① （清）钱谦益：《牧斋晚年家乘文·族谱后录下篇》，《牧斋杂著》上，第171页。
② （清）钱谦益：《牧斋晚年家乘文·族谱后录上篇》，《牧斋杂著》上，第153页。（明）钱岱：《海虞钱氏家乘》卷五《列传一》，第70页b。
③ （明）钱岱：《海虞钱氏家乘》卷五《列传一》，第73页a。
④ （明）钱岱：《海虞钱氏家乘》卷六《列传二》，第9页b。
⑤ （明）钱岱：《海虞钱氏家乘》卷六《列传二》，第16页b。

何家市的何氏家族,在明末遭遇了其他家族的冲击。何氏最兴盛的时期为何钫、何矿兄弟中举入仕的嘉靖、万历年间,此后,子弟科名不继,家族呈衰落之态。至何矿的孙辈,只有何君立一人,他性格骄纵,少习举业未有成。何家市中此时有杨氏家族崛起,家资日渐雄厚,已经与何家不相上下。"一山难容二虎",两大家族互相"不悦",恰逢杨氏中一名役夫因故死去,这名役夫恰好曾经是何家的奴仆,这一渊源被有心人利用,制造谣言,故意激怒何君立。何君立果然一激即起,"集人姬队执械往",抢砸了杨家。杨氏诉诸官府,何君立最终"不胜,走四千里"。[1]

钱氏的家乘中常可以看到族人被"诬"的记载。如第二十二世钱校,即"尝为仇家所中,被逮,榜笞惨毒,见者股栗"[2]。第二十三世、钱泮的三弟钱洽,也曾被"里中少年"诬告,但告状之人很快得病而死,便没有了下文。[3]

嘉靖年间,钱岱的祖父钱昇,因为支持县令捕盗,得罪了豪宗,而遭陷害致死:

> 嘉靖中,濒江之里盗窃发,而依豪宗为城社,里中喋莫敢谁何。邑大夫孟公白之当道,请诘盗而以属公。公抗言曰:"治盗易耳,奈盗主何?"孟公曰:"主为谁。"公曰:"不意今者近出巨族。"孟公始难之,既而张目向公曰:"子不庇奸而我何

① (明)冯舒:《何慈公小传》,(清)吴卓信:《桂村小志》不分卷,《常熟乡镇旧志集成》,第532页。
② (明)钱岱:《海虞钱氏家乘》卷五《列传一》,第78页b。
③ (明)钱岱:《海虞钱氏家乘》卷六《列传二》,第11页b。

容纵冠。"公于是廉盗之主使、羽翼,及出入往来,悉籍记之以上孟公。孟公披籍索盗,盗无脱者,而豪卒腐心于公,思有以中公矣。会奸民负租者,公往征之,而与其子溺,会豪曰:"此足以死公也。"遂以诬公。①

不久,钱昇的季弟钱庶,中嘉靖二十五年(1546)举人,遂为兄长"倾身求解"。也许因为刚刚考中,且举人的资格尚不够强大,所以并没有将兄长解救出来。四年后,钱庶考中进士,力图再次斡旋鸣冤,但钱昇忽然去世。②

这些"诬陷"的记载,均出自钱氏一方的记录,很遗憾另一方的资料如今已难以获得。暂且搁置"诬陷"的真实性到底如何,这些记载确已提示了一个事实,即在明代中叶之后的地方社会中,相邻、相近区域间不同家族之间常常存在各种矛盾、冲突。

中岛乐章曾研究过明代徽州地区茗洲吴氏宗族遭遇的诉讼纠纷,其中发现吴氏与其他家族的纠纷频繁起来是在16世纪以后,嘉靖年间尤为显著。中岛认为"明代后期乡村秩序的全盘性混乱之中,宗族间的对立,恐怕也因而日趋深刻化了吧"③。除了成化、弘治以降整体社会风气的变化和秩序的混乱,江南三角洲并发的历史进程,应当也影响了钱氏的生存环境。如前所述,相关研究已经指出,15世纪中叶之后,江南三角洲的开发重心向东部高乡转

---

① (明)钱岱:《海虞钱氏家乘》卷六《列传二》,第17页a。
② (明)钱岱:《海虞钱氏家乘》卷六《列传二》,第19页a。
③ [日]中岛乐章:《围绕明代徽州一宗族的纠纷与同族统合》,《江淮论坛》2000年第2、3期。

移,人口也有向这一区域迁徙的趋势。虽然有蓬勃发展的棉业经济为基础,但集中的开发情势下,环境资源、生活空间的争夺当是不可避免的。如第二十二世、禄园支钱祀,意图从祖居的奚浦市向南发展,至横塘河一带,置办土地、扩大经营,却引发居住在横塘一带的大族的不满和抵制,令钱祀不得不强行开垦:

> 横塘诸豪禁诸疆,以不得相籍,力以持公(指钱祀),公暮夜抵诸父兄所,语之故,期旦会横塘。明日耦耕千人,耰锄棘镵千具,牛百头,一朝而原隰释释。豪乃咋舌罢去。

尽管借助父兄的力量,很快完成了土地的垦殖,但横塘的大族没有善罢甘休,他们合谋不支持钱祀的粮长工作,双方一度械斗:

> 公(指钱祀)为田赋长,豪相约不输一钱。公乃悉召会父兄襜衣大帽,乘怒马,人持银铛,收捕诸不偿国赋者。豪闻之,亦集里中暴子弟以御我。我数行数止,豪不支,日醵饮。费意小懈,公袭而驰之,缚渠魁六人诣郡县。六人向公叩头,约请输为众先,愿勿系送郡县吏。公乃罢,遣之。余豪尽戢输恐后。①

生活在横塘的大族极力排斥新迁入的家族力量,很大可能便是出于维护自身生存空间的目的。所幸钱氏人丁、财力雄厚,才最

---

① (清)钱谦益:《牧斋晚年家乘文·族谱后录下篇》,《牧斋杂著》上,第177页。

终帮助钱祀站稳脚跟。

区域间的家族矛盾,有不同的导火线和表现形式,其中的原因自然多样复杂,但这一时期三角洲高乡地域的密集开发背景,不应被忽视。濑川昌久便有研究指出,宗族间的对立或纠纷,毋宁说是起因于开发已经有一定程度进展的地区,围绕有限资源展开的社会性竞争的激化。[1]

家族内讧方面,最为严重和戏剧性的,当属徐氏家族中徐昌祚、徐鼎祚兄弟。这一家族悲剧还被徐复祚写进自己的戏曲中,更平添了知名度。学界对此事的来龙去脉已有基本的梳理。[2] 事情经过大致如下。

老徐市的"市主"徐杕,与同邑望族瞿氏关系密切,遂将女儿嫁给了瞿景淳的长子汝稷。不料,女儿在瞿家行为不检。隆庆三年(1569),瞿景淳去世,在汝稷为父亲守丧期间,瞿徐氏与汝稷之弟汝夔发生了叔嫂不伦之事,几年后被瞿家休,返回徐家。因祖母的疼爱,被休的瞿徐氏,在徐家别院而居,且颇有私财。徐杕只有一子尚德,尚德共生六子,其中徐昌祚、复祚为妾周氏所生,鼎祚最幼,为继室安氏所生。徐复祚有言:"吾母以宽,安母以严,性行既若冰炭,而宵小辈复各诪张其闲,以幸博笑,由是而嫌隙稍开矣。"[3]可见,嫡庶之分、正妾之别,早已埋下了兄弟之间攻讦的根由。

---

[1] 参考[日]濑川昌久:《中国人の村落と宗族:香港新界農村の社会人類学の研究》,弘文堂,1991年,第214—217页。

[2] 参见徐朔方:《徐复祚年谱》,载氏著《晚明曲家年谱》第1卷,浙江古籍出版社,1993年,第321—345页。

[3] (明)徐复祚:《家儿私语·亡姊周宜人状》,丙子丛编本,《丛书集成续编》史部第29册,台北新文丰出版公司,1988年,第163页。

　　昌祚年纪最长，又独得祖父的恩荫，入仕为官，但他性情不善，"为人忮懥多欲，而又狎匪人。每对人辄盛气，稜稜岳岳，锋利而岸削，即处卑幼，未尝不凌轹其长上，及小便利则又含垢以趋之，以故都不得宗族乡党誉"。万历十九年（1591），昌祚夫妇贪图被休姑母瞿徐氏的财产，以另立媒约相骗，制造姑母私奔的假象，并残忍地命人将姑母沉河淹死。此丑事一出，民间便传言纷纷，甚至有人撰写《徐姑传》《杀姑传》《沉姑传》等文，四散于乡里。至万历三十八年（1610），昌祚已罢官居乡约五年之久，其时逢分家析产，异母弟鼎祚为争夺家产，欲陷害长兄，于是"借口于杀姑，又罗致十二大罪，揭之当道"。

　　至此，徐家兄弟的同室操戈开始愈演愈烈："鼎祚欲重兄罪，乃摭第三兄杀父隐恶，并证入昌祚案中。昌祚称冤不服。鼎祚与诸族人怨家交相诬引，构成大狱。"同年八月，昌祚被逮入狱。鼎祚又派人到狱中行刺，昌祚最后自刭。复祚为替同母兄报仇，"有书评鼎祚，刻送通邑"，用舆论的力量和因果报应的说辞反评。鼎祚不胜压力，精神恍惚，于万历四十二年（1614）亦死。[1]

　　徐家的这一桩兄弟相煎，给家族声誉带来十分负面的影响。民国年间昆山藏书家赵诒琛在刊刻徐复祚的《家儿私语》时，仍然微词于徐氏家族："复祚之兄弟，其行如此。当时之戚族亦凶人多，而善人少。成人之恶，唯恐不力。……此三子者，实为无德行之人

---

① （明）徐复祚：《家儿私语·亡兄刑部河南清吏司郎中暨敕封亡嫂王氏宜人行略》，《丛书集成续编》史部第29册，第164页。（明）钱希言：《狯园》卷七《徐氏兄弟冤报》，清抄本，《续修四库全书》第1267册，第644页。

耳。"①万历末年徐昌祚死在狱中后,徐姓家人也逐渐搬离新徐市,到清代前期,连"徐"姓也被从市中抹去,更多的时候以旧有的"董浜"为名,称董浜新市。②

第三节　士绅化历程

一般认为,家族的经济基础,是影响族人能否科考成功的重要因素:稳定、雄厚的经济实力下,子弟无须为生计分心而可心无旁骛地读书应考。赖惠敏的研究曾表明,长洲申氏、太仓王氏、海宁查氏和陈氏这几个在明末清初鼎盛一时的望族,在发展的早期都抓住了 15 世纪以降商品经济活跃的良机,兼营土地与工商业,赖氏故此提出家族的经济成长带动了士族的崛起。③ 上文的几个家族显然在经济实力上占据优势,不过,如前节所示,在等待飞跃的漫长过程中,家族还要应对时刻变动的自然、社会环境造成的机遇或危机。因资料所限,前面两节无法清晰还原各家族的士绅化过程,此处引入一个新的家族——浙江嘉善县丁氏,从而对身处村、镇环境的家族的士绅化历程作一更详细的揭示。

---

① (明)徐复祚:《家儿私语》后跋,《丛书集成续编》史部第 29 册,第 167 页。
② 雍正《昭文县志》卷二《市镇》,《中国地方志集成·江苏府县志辑》第 19 册,第 211 页。
③ 赖惠敏的研究中还有一个北方家族的案例,即山东新城王氏,而王氏早期发展中经营工商业的情形并不如其他四个地处江南沿海地区的家族突出,这恰好与明中叶以降,最早受到经济繁荣影响的沿海地区士绅人数大为增加的现象相一致。详见赖惠敏:《明末清初士族的形成与兴衰——若干个案的研究》,《明清之际中国文化的转变与延续研讨会论文集》,台北文史哲出版社,1991 年,第 380—382 页。

一、定居与荐举

丁氏生活在浙江嘉善县北部的沉香湖（见图5）畔，因明隆庆五年（1571）中进士的丁宾而闻名，堂号称香湖。丁宾活跃于隆庆末年至天启初年的官场，官至南京工部尚书，致仕后在家乡又生活了十余年。[①] 漫长的官宦生涯中，丁宾一向"清谨任事"，同僚叶向高、海瑞、朱国祯等多有推崇之语，是"素有清望"之人。[②] 在嘉善县中，丁宾一生"倾赀赈施"，为善乡里，广受好评。[③] 晚明时代，嘉善县内涌现出多位熠熠生辉的文人士大夫，如袁黄、钱士升、魏大中、陈龙正等，他们在人文荟萃的江南社会，占有一席之地。丁宾入仕时间稍早，是他们在官场中的前辈，也是在乡间倚重的对象。

因丁宾的入仕带动起的家族兴盛，他们生活的沉香湖畔的生活空间得到更多的经营建设，丁氏族人在四周河道置水栅，按时启闭以保障安全，渐渐形成一个名为"丁家栅"的小聚落，及至晚清，丁家栅进一步发展成具有明显"主姓"色彩的自然集镇。[④] 虽然丁

---

① 《明史》卷二二一《丁宾列传》，第5829—5830页。

② （明）丁宾：《丁清惠公遗集》卷四《二品给由谢恩乞休疏》《衰病三恳放归田里疏》，明崇祯刻本，《四库禁毁书丛刊》集部第44册，第119、124页。（明）叶向高：《苍霞续草》卷十八《答丁敬宇》，明万历刻本，《四库禁毁书丛刊》集部第125册，第290页。（明）海瑞：《备忘集》卷三《赠丁敬宇父封君寿诞序》，《景印文渊阁四库全书》第1286册，第90页。（明）朱国祯：《朱文肃公集》第八册《救荒略》"再启丁敬宇操院"，清抄本，《续修四库全书》第1366册，第321页。

③ （明）赵维寰：《焚余续草》卷一《随笔类·武塘》，明崇祯刻本，《四库禁毁书丛刊》集部第88册，第620页。

④ 嘉善县志编纂委员会编：《嘉善县乡镇志》，生活·读书·新知三联书店，1992年，第205页。

图 5　今天的沉香湖一角
（笔者摄）

家栅镇的形成时间较晚,但丁氏的士绅化过程却在晚明时代。

　　像江南大部分家族的迁徙记忆一样,香湖丁氏对祖先的追忆也是从随宋室南迁开始:"吾宗自宋高宗时,扈驾南渡,宗系数人,散居浙之各郡。"至宋理宗时(1224—1264),他们中的一支迁徙至当时两浙西路嘉兴府的沉香湖附近定居。① 这里靠近太湖流域的淀泖低地,河流芦荡密布。被香湖丁氏奉为始迁祖的人称"五三公"。(见图6)

---

① （清）丁桂芳、丁策定:《香湖丁氏家乘》(以下简称《家乘》,并省略著作者)卷六《丁公祠碑记》,乾隆三年刻本,第1页 a,《中国国家图书馆藏早期稀见家谱丛刊》,线装书局,2002 年。

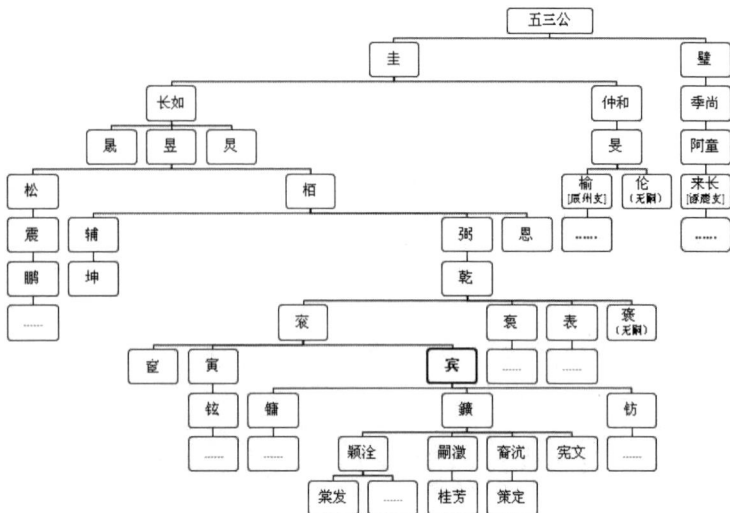

图 6　香湖丁氏世系图(部分成员)

　　子孙口耳相传的家族记忆中,这位五三公被描绘成一位"葆藏噩浑,尊尚古风"的人。初到新的生活环境,五三公似乎并没有经历筚路蓝缕的艰辛,他的家宅门前置有两尊石狮,至明清时代依然保存着。[①] 仅从这一点便可看出,南宋末时的丁宅已不是贫苦人家的小门小户,而应是那个时代广泛出现的"富户""富室"阶层中的一员。现有研究已基本探清,中唐以来,特别是宋代以来崛起的这一新的社会阶层,主要依靠乡村中的土地经营致富,同时也包括一

[①]《家乘》卷六《丁公祠碑记》,乾隆三年刻本,第 1 页 a,《中国国家图书馆藏早期稀见家谱丛刊》。

些以工商业等其他途径致富的情况。①

　　这一时期的丁氏具体从事何种生业而致富,已难以得知。不过丁氏所生活的江南三角洲,经历魏晋以来的不断开发,至南宋时期,农业生产能力大为提高,成为全国的"粮仓"。② 宋代江南乡村经济的另一个重要发展,是商业性农业和经济作物种植面积的扩大,面向市场的家庭手工业有了显著的发展。③ 丁氏先祖就生活在南宋末这样一种经济发达而活跃情形下的江南乡村中。

　　五三公有二子。长子名圭,生于元代初年。他居于乡间,但对家业生产并不十分感兴趣,反而更像一个文人,"日亲图史,湖畔观澜,花前得句,有吟风弄月之思"④。丁圭的长子,名长如,别号海鹤,自小聪颖,得父亲教导,一心向学,"日手一编,与古昔圣贤相质对",善于作文,尤长于诗赋。(见图7)长如性格内敛,待人朴诚,常以孝悌、和睦之理教导家人。明洪武年间嘉兴知府遵从朱元璋网罗人才的政策,从地方富户中选用官吏充实各级官僚机构。丁长如因"能诗、容止端谨"被荐举为"人材",后被授予湖广黄州府通判一职,分掌一府的粮运、督捕、水利等事务,位列六品。丁长如在任上兴水利、课农桑、平狱讼,算得上勤勤恳恳。任满一期后,丁长如主动辞官返回了家乡。明初刑罚严苛,致什乡绅大多谨慎,恪守本分。丁长如居乡后,督令儿子们按时完纳国课,自己则以学问诗

----

① 参见林文勋:《中国古代"富民社会"的形成及其历史地位》,《中国经济史研究》2006 年第 2 期。

② 参见洪焕椿、罗仑主编:《长江三角洲地区社会经济史研究》,南京大学出版社,1989 年;魏嵩山:《太湖流域开发探源》,江西教育出版社,1993 年。

③ 参见漆侠:《宋代经济史》(上),上海人民出版社,1987 年。

④ 《家乘》卷三《二世祖焕章府君暨祖妣马孺人传》,第 2 页 a。

赋的交流为消遣,"日惟与后生辈辨析六经,间结诸耆英赓吟花月"。郡邑长官"多有式庐求教",但终不得一见。①

图7 丁长如(海鹤公)的丁公祠
(据《香湖丁氏家乘》卷六《祠墓宅舍》附图)

明洪武年间丁长如短暂入仕,是家族定居沉香湖畔后的一个小高潮。丁圭的次子仲和,在洪武初年迁徙至湖广辰州府,后代称辰州支。丁长如、仲和还有一位叔父,名璧。丁璧一脉,在第四世

①《家乘》卷三《征君丁海鹤公传》,第3b—4b 页。

阿童时,因罪于永乐八年(1410)被发配顺天府保安州,后代遂称涿鹿支,至七世而绝嗣。[1] 因此,丁氏在早期发展中有两支族人远迁他地,从第四世开始,留在嘉善的便只有丁长如一脉了。

二、压力与发展

丁长如晚年,地方社会有了一次较大的变动,即嘉善立县。明宣德四年(1429),大理寺卿胡㮣巡视嘉兴府,因见当地地广赋繁,遂奏请划增县。于是宣德五年,嘉兴县东北境的迁善、永安、奉贤三个完整乡和胥山、思贤、麟瑞三乡的部分被析出,另置嘉善县,隶嘉兴府。[2] 丁氏所居为永安乡,遂入嘉善县,属永八北区。

新县伊始,百事待举。许多耗费人力、财力的事务,除了官方的支给,还需大量依靠民间。当时县中"募民供役甚亟,众多推避,且有浮言",而无论正役的签派,还是额外的需索,县邑大户都不可避免地要承担更多。比如宣德八年(1433)兴筑县学文庙中的礼殿,官府经费有限,但考虑"工巨费繁,不欲征诸细民",于是"召邑之巨姓"征派。家境富饶的陆氏被推向官府,捐银三百多两,助文庙礼殿落成。[3] 陆氏乃大地主,在县北境汾湖一带拥有数千亩肥沃

---

① 《家乘》卷二《世系》,第 2 页 a。

② 详参光绪《重修嘉善县志》卷一《区域志一·沿革》,清光绪十八年重修、民国七年重印本,《中国地方志集成·浙江府县志辑》第 19 册,上海书店,1993 年,第 275 页;嘉善县志编纂委员会编:《嘉善县志》,生活·读书·新知三联书店,1995 年,第 40 页。

③ 正德《嘉善县志》卷四《嘉善儒学记》,明正德十二年修清抄本,第 3b—4a 页。

的湖田。①

　　再如,正统五年(1440),全国"修预备之政",广建义仓。仓储来源,除了售卖"官司收贮诸色课程、并赃罚等项钞贯杂物"换得稻谷米粟,便是寄希望于当地"丁多田广及富实良善之家,情愿出谷粟于官以备赈贷"。② 在嘉善县,地方官员"召区、里之长,及乡之耆民,群聚于庭,谆切训饬",最终达到了使"邑中富羡之家仰聆玉音,感激奋励,愿出谷输于官"的效果。不足十天,大户捐谷米麦共一万四千七百三十石。官府再许以这些大户一些荣誉性嘉奖。③ 这实际上意味着在从中央到地方的压力下,民间大户被迫捐输。在此基础上,嘉善县于正统六年(1441)建立起了自己的太平仓与便民仓。④

　　这便是设县之初丁氏要面临的情势。有明确记载的,是丁氏在县治衙署建设中的贡献。嘉善县的县治设于魏塘镇,为补费用之不足,首任知县郑时广借"乡间好义之士"之力。⑤ 筑县衙谯楼时,石料不足,丁长如曾"拆祖基旧岸"来补充。宣德七年(1432)时,长如又"撤所居建明伦堂",而明伦堂一度成为县学中唯一的正式建筑。⑥

　　此时的丁长如已经八十多岁,儿子中只有次子丁昱留下了后嗣。由于长兄丁晟体弱多病,丁昱很早便辅助父亲承担家业。立

---

① 正德《嘉善县志》卷四《汾湖义塾记》,第 37 页 b。
② 《明英宗实录》卷六十九,"正统五年秋七月辛丑"条,第 1325 页。
③ 正德《嘉善县志》卷四《嘉善义仓记》,第 20 页 a。
④ 正德《嘉善县志》卷一《公署》,第 19 页 b。
⑤ 正德《嘉善县志》卷四《嘉善县记》,第 1 页 b。
⑥ 《家乘》卷三《征君丁海鹤公传》,第 5 页 a。

县后签派的诸役和需索,耄耋之年的丁长如自然难以亲力亲为,故一切"捐资赴役"的任务实际上都落在丁昱身上。丁氏"拆祖基""撤所居"的行为,很明显地反映出特殊时期的一系列签派对家族生存造成的压力。设立新县这一地域社会中的重大变动,给丁氏家族的稳定发展带来了挑战。在不利的局面下,除了经济上的营生,恤宗睦族的家族建设被提上日程。

丁昱修祖墓、恤宗党,力求在没有族人继续出仕的情况下,家族向上发展的趋势不因丁长如的去世而迅速回落。[①] 家谱的初步撰修,则由丁昱的次子丁栢实现,谱内"上列祖妣,下列宗支,中详徭籍户帖"。从实际的记载来看,香湖丁氏没有将祖先与遥远华胄相连接,家族的历史记忆一直始于五三公。尽管没有出仕,也没有科举身份,但丁栢总是以士大夫、儒士的形象在乡间生活,"动遵礼法,每燕贺必衣深衣、巾幅巾,步履折旋"[②]。

丁栢有三子,其中幼子无嗣,长子辅生坤,后绝嗣。家族传承主要由次子丁弼承担。丁弼生于天顺三年(1459),他"禀性坦易,与人不设城府",但遇事有自己的原则和坚持,厌恶"一切浮狷刻薄之态","不为奇邪侥幸之事",总体给人"长厚"的印象。时值明代中叶,远离了易代时的战乱,江南经济在近百年相对稳定的环境中不断发展。归有光即有观察:"自洪熙至于弘治,六七十年间,适国家休明之运。天下承平,累世熙洽,乡邑之老,安其里居,富其生殖。"[③]丁弼同样抓住了这一发展时机,专心于生产经营,大获成功,

① 《家乘》卷三《曾祖考德昭府君暨妣祖妣陆孺人传》,第 9 页 a。
② 《家乘》卷三《显祖考叔端府君传(附伯考汝忠公)》,第 11 页 a。
③ (明)归有光:《震川先生集》卷十八《蒋原献墓志铭》,第 494 页。

摆脱了宣德立县以来的压力，最终"式廓先业之遗"①。

正德初年，全国普遍遭遇天灾，五年（1511）春，嘉善大水，"水涨滔天，及树杪"，冬天又极冷，"冰坚旬余"。第二年春夏之际，县域疫病流行，死者枕藉。两年的灾情中农业减产，第三年百姓普遍"乏食"。② 但是丁氏在这场大灾中基本无虞，后人将其归功于家中老夫人、丁柏妻子方氏的提前预备、储粮应荒，但其基础应该是丁弼主持家业时经济实力的大幅提升。③

三、徭役与竞争的危机

丁弼只有一子，名乾，是个早产儿，其母怀孕仅七个月便分娩。因此丁乾一直身体羸弱，但身为独子，且叔伯均不济的情况下，不得不一人肩负起家业。成年后的丁乾常常需要一大早召集家中仆人，安排一日的生产生活，然后只身划一小舟，行二十余里水路，从沉香湖至县城，亲身应付县中的种种徭役，至日落后才能回到家中，还需再检查询问早晨安排给诸仆的事务是否已尽数完成。除了在本地承役，丁乾还担任着粮长的职务。同时，嘉善所处的江南地区，有明一代一直有"白粮"民运入京的重役，丁乾必须定期前往北京和其他交税之地，输送一区之税粮。④

①《家乘》卷三《显曾祖考梦椿府君暨姚方氏孺人传》，第 13a—14a 页。

② 光绪《重修嘉善县志》卷三十四《祥眚》，《中国地方志集成·浙江府县志辑》第 19
册，第 674 页。

③《家乘》卷三《显曾祖考梦椿府君暨姚方氏孺人传》，第 14 页 a。

④《家乘》卷三《累赠资德大夫正治上卿太子少保南京工部尚书显祖考梅隐府君传》，
第 18 页。

正是在这一时期,丁氏家谱资料中频繁出现苦于徭役的信息。明初设置的赋役制度,经过百余年的发展逐渐变形,赋役沉重、签派不均成为基层社会中的一大弊病。松江人何良俊就亲身体会到了赋役环境的变化。他的父亲在明代前期曾担任粮长达五十年之久。那时"公税八月中皆完",粮长可归家平坐,既没有逋负之累,也无其他差役侵扰,而百姓被签派的劳役也不多,能够安心务农生产。但正德、嘉靖以来,"赋税日增,徭役日重,民命不堪"。同时,作为赋役编派基础的里甲制度渐趋崩溃,若以"十分百姓言之,已六七分去农",原本每甲十户,现今"一甲所存无四五户,复三四人朋一里长",承役基数减少,导致"公家逋负日积,岁以万计",而"差役沓至,征租索钱之吏,日夕在门"。①

这一切的变化,对于庶民大地主来说,是沉重的打击。江南地区普遍出现"大户轮役既频,加以他故,其家鲜有不亡"的景象。② 成化、正德年间的丁氏家族,距离丁长如的出仕已过去了四代人,早已无所庇护。

丁乾有四子,长子名衮,生于正德五年(1510),是丁宾的父亲。其余三子要么无嗣,要么两代之后绝嗣。丁乾早逝,家中人丁零落,丁衮接续父亲,仍然担任着收粮解粮的重役,压力与日俱增,疲劳不堪。③ 此时,县城城池建设的任务又签派下来。嘉善设县后,一直没有筑起完整的城池。嘉靖年间,江南倭乱频发,为守卫百

① (明)何良俊:《四友斋丛说》卷十三《史九》,中华书局,1959 年,第 109—112 页。
② 嘉靖《江阴县志》卷五《徭役》,明嘉靖二十七年刻本,《无锡文库》第 1 辑第 1 册,凤凰出版社,2011 年,第 364 页。
③ 《家乘》卷三《封文林郎句容令怀梅丁翁墓志铭》,第 24 页 a。

姓,嘉善在地方大员的主持下开始修建完整的城池。修筑工程浩大,从嘉靖三十三年(1554)十月持续到第二年的三月,建有城墙、城壕、水门、陆门、月城、望楼、墩台、窝铺等。所耗费用部分出自公帑,剩余超过三分之一的花费"照丁田派征诸民以助役"①。丁衮则被征以最繁重的修筑水门之役。

除赋役的重担以外,生存环境的竞争也日渐严峻。各类欺压和纠纷不断发生,所幸丁衮性情严峻、强硬,极有性格,"生平喜赴义,一饭之恩不敢置之,然亦不能忘睚眦",有一股敢作敢为、不畏强权的豪气。丁乾在世时,同邑中便有闾左豪户与丁氏为难。丁衮当家之后,这些人意图再次发难:

> 谋起狱窘公,所讼牒后先且三十六纸。公挺身出而直之,诸少公者咸服,而一族子独嚣,以公故腴田九百亩为赝券,浅直投余姚之贵人某。贵人来行田,公长揖曰:贵人故贵耳,不能加桑梓,即某欲事贵人,不敢以先人之饘粥为贽。贵人无以应,日与之邑庭质之。公请摄诸佃户与族子对,呼曰某某。其族子不能识也。取券而验其迹,族子迹也,乃以其田归。②

豪户们首先试图发起官司诉讼,将丁衮送进监狱,被丁衮抵御住了。然而仍有一位族人不甘心,指摘丁衮目前所拥有的九百亩肥沃土地的凭证为假,并拉来余姚县的一位有权势的贵人为奥援,

---

① 光绪《重修嘉善县志》卷二《区域志二·城池》,《中国地方志集成·浙江府县志辑》第 19 册,第 55 页。
② 《家乘》卷三《封文林郎句容令怀梅丁翁墓志铭》,第 23 页 a。

欲抢夺这九百亩良田。丁衮态度坚决,不肯白白送出大面积田产。当庭对质中,丁宾招来租种土地的佃户,最终揭露了族人所设的骗局。纠纷平息后,丁衮将这九百亩土地分给弟弟们,嘱咐他们:"善有之,毋以饱他人腹也。"

又一次,有人试探丁衮,想将自己应担的徭役转嫁到丁衮身上,丁衮道:"役吾役,为义;代他人役,为不义。且某非贵人家马牛也。"秉直守分的丁衮言辞凿凿,丝毫不让,那人只好作罢。[1]

其实,丁衮早年的经济状况一度不太好,夫妻二人备尝劬苦。丁衮苦心经营多年,才有了好转。[2] 除了经营土地,丁衮可能还投身了商业。他对金钱的态度显示了一个经商之人的思维:"钱者,泉也,宜流通,硁硁吝守,为造物所忌。"[3]

除了在经济上持续坚守,丁氏也不断找寻增强家族在文化、社会层面影响力的途径。如前述丁昱、丁栢父子所进行的敦亲睦族的宗族建设。在丁乾、衮父子两代面临徭役的危机时,仍然如是。丁乾坚持每逢节令和父亲丁弼寿辰,在家中一连数日大摆筵席,每次"治供具饮,诸觞者留连日夜"。这其实是彰显家族孝行、财富,以及扩大声望的一种方式。丁乾在这方面做了很多努力。丁氏祖宅中有一株始祖五三公亲手所植的黄梅(见图8),这株黄梅"历宋元明阅四百年,古干盘结,花开时金蓓傲寒,蜜脾吐馥"。据传元末时,倪瓒和杨维桢都曾题咏过。丁长如致仕后,写有《对故园黄梅

---

① 《家乘》卷三《封文林郎句容令怀梅丁翁墓志铭》,第23页 b。
② 《家乘》卷三《累赠夫人显妣吕夫人传》,第30页。
③ 《家乘》卷三《累赠资德大夫正治上卿太子少保南京工部尚书显考怀梅府君传》,第27页 a。

图 8　丁氏黄梅图

(据《香湖丁氏家乘》卷六《祠墓宅舍》附图)

诗》:"三年薄宦走尘埃,解组还歌归去来。才到草堂先一笑,不将冰雪付黄梅。"①丁乾则对这株黄梅进行了"再发现",他"挹花香、怀祖德",为自己取号"梅隐"。② 四个儿子则分别以怀梅、思梅、忆梅、慕梅为号,再次强化了黄梅这一意象。梅花向来是文人喜爱之

---

① 光绪《重修嘉善县志》卷三《区域志三·古迹》,《中国地方志集成·浙江府县志辑》第 19 册,第 66 页。

② 《家乘》卷三《梅隐丁公墓表》,第 15 页。

物,丁乾父子们以这样一个文学意象颇浓之物来自号,附庸风雅的意图不言而喻。"黄梅"自此成为嘉善香湖丁氏家族的一种象征。在丁乾的这些文化经营下,他与文征明以及同邑名士袁仁(袁黄之父)都有了交集。①

综观来看,丁氏自始祖五三公起,到明代中叶,每一代的子嗣都不算兴旺,最多不超过四子,并且常有早夭或绝嗣的情况。从实际的传承来看,呈现出接近每代单传的样态,避免了一代代析爨时的诸子均分,减轻了家业的稀释,有利于财富的持续积累。但是,几代人的累积,依然逃避不掉明代中叶庶民富户普遍面临的"家苦徭役"的宿命。丁宾的祖父丁乾和父亲丁衮,都疲于应对。丁衮将九百亩田产分给弟弟们的行为,除了显示问心无愧和无私,用减少自己户头名下持有土地的方式来减轻赋役的负担,也极有可能是一种考虑。

因此,如果大胆做一推断,身处这样一种严峻的生存环境中,没有下一代人丁宾的科举成功,丁氏只依靠财富的积累,不仅无法推动家族发生质的飞跃,还很有可能不久即在赋役重压和激烈竞争下走向衰落。何炳棣通过对明清时代社会流动的长期观察,已经有总结:一个家族在几代之内,如果没有新的科举成功,向下流动的进程会进一步加速。②

① 《家乘》卷三《梅隐丁公墓表》,第16页。
② 何炳棣:《明清社会史论》,第203页。

四、科举策略的成功

丁棨在自然环境与社会环境都发生了明显变动的情形下，竭力维护和扩大家业，又精心培养儿子们读书科考。丁棨有三子，长子丁窀（早夭），次子丁寅，幼子丁宾。① 丁寅四岁开蒙，十五岁便"以硕儒自期"。丁寅对自己的读书之路，抱有坚定的意志和决心。他弱不胜衣，常常生病，但异常勤奋，在且病且读中，少年时代的丁寅算得上青年才俊。嘉靖三十一年（1552），丁寅十八岁，参加县学童子试，表现优异。知县陈道基对丁寅寄予厚望，列为第一，并呼之为"小友"。嘉靖三十七年，丁寅第一次参加乡试，自我感觉应试之文十分得意，却没有考中。三年后，丁寅又在嘉靖四十年（1561）的乡试中败北。这时，丁宾已通过了县学的童生考试。也许是经历了丁寅两次乡试不中的失意，父亲丁棨决定把两个儿子送到北京的国子监读书。这是一次具有决定性意义的安排。

丁氏籍贯浙江，丁寅、丁宾二人是嘉善县学的生员，应参加浙江布政司的乡试。明代自宣德朝，正式确立了乡试解额制度，②丁氏兄弟要与整个浙江地区的生员考生竞争固定的录取名额。浙江地区经济繁荣，文化发达，科考竞争激烈，而选择入国子监，便可以在顺天参加乡试，进而能争取更大的科考胜算。

南北两京的国子监在乡试中有"皿字号卷"之例，即取"监"字之"皿"为卷号。两京乡试中，外地籍的国子监生可以不回原籍应

---

① 《家乘》卷二《世系》，第 7 页 a。
② 汪维真：《明洪熙、宣德间乡试解额制度的确立与运行》，《史学月刊》2009 年第 8 期。

考,而选择在就读的顺天府或应天府参加乡试,录取时"皿"字号卷占三十名至三十五名。这一"皿"字号成为乡试配额制度中对两监监生的保障,尤其对于浙江这样的科考大省的士子来说,还提供了一个本籍地以外的竞争机会。① 国子监中的监生出身不一,其中由生员纳赀入监者,称为纳贡监生,不需要依据考试名次选拔。这一途径开始于明景泰四年(1453)。② 丁瓒即以纳贡之例,为两个儿子换取了国子监监生的资格。虽然需要耗费大量财富③,且资格仅限本人、无法世袭,但纳贡之途对外地籍贯的士子生员来说,是最直接、技术性最简单的一条更换乡试地点的策略。

接下来的嘉靖四十三年(1564),又是大比之年,丁寅、丁宾顺利参加顺天府乡试。丁宾一举中式,成为举人,时年二十二岁。丁寅再次落榜。据说,丁寅的卷子已经被考官选中,但最终"因与季弟相联,遂复落选"。丁寅坎坷的科举之路停在了这一刻。④

此后,丁宾参加了三次会试,终于在隆庆五年(1571)进士及第。这一年辛未科的会试中,皇帝钦点吏部尚书张居正和吏部左侍郎吕调阳为正考试官。⑤ 其中,吕调阳在丁宾与兄长做监生时正任国子监的祭酒。这种微妙的关系,显然有益于丁宾的中式。

---

① 林丽月:《国子监生与明代两京乡试——"明代监生的上升社会流动"余论》,《第六届中国明史国际学术讨论会论文集》,黄山书社,1997 年,第 532—536 页。

② 《明史》卷六十九《选举志一》,第 1681—1683 页;王德昭:《清代科举制度研究》,中华书局,1984 年,第 18—19 页。伍跃:《中国的捐纳制度与社会》,第 36—37 页。

③ 据考证,景泰四年五月之后实施的捐纳标准是五百石谷物,至少相当于四千多亩土地一年的税额。参见伍跃:《中国的捐纳制度与社会》,第 39 页。

④ 前述丁寅的科考经历均引自:《家乘》卷四《光禄寺署丞清湖丁公行状》《丁母浦孺人墓志铭》,第 1b—4a 页,第 6b—7a 页。

⑤ 《明穆宗实录》卷五十四"隆庆五年二月己亥"条。

科举考试异常激烈的竞争,以及成功后无可比拟的收益,促使许多读书人除寒窗苦读以外,还竭力利用一切可能的条件、资源。像丁衮为两个儿子捐赀入国子监,参加顺天府乡试便是很重要的一条途径。

再如,有学者分析了嘉善邻县平湖县的科第大族陆氏的策略。陆氏一边同丁氏一样利用捐赀入监的方式,参加顺天府乡试;一边为了后代子孙都能有参加顺天乡试的资格,还借助拥有锦衣卫官籍,但已远至七服的同辈,转换籍贯,入籍顺天府。后者被称为"寻觅同姓,假称宗族",也是当时惯用的一种策略。① 像上述这样,士子们通过合法或不合法的方式在科举考试中趋易避难的现象,在晚明愈演愈烈,有些因此而成功晋身,有些失败,还有些引发出科场大案。②

丁宾中进士时二十九岁,早于那个年代进士中式平均年龄约 3 年,已十分不易,称得上年轻有为。③ 在整体社会环境越来越不利于庶民地主的情势下,丁宾终于不负家族和父亲之望,跻身官僚精英阶层,带领丁氏走上另一条发展轨迹。丁宾入仕高官,他的三个儿子都得到了恩荫,成为南京国子监的监生,其中次子丁镳后来考中副榜贡生。截至明亡,长子丁镛的两子中,一人由庠生得补官生,任江南应天府通判,一子为府庠生。次子丁镳的三个儿子中有

① 参见高寿仙:《社会地位与亲缘关系的交互建构——以明代科第大族平湖陆氏为例》,《北京联合大学学报(人文社会科学版)》2016 年第 1 期。

② 参见张德信:《明代科场案》,《明史研究》第七辑,2001 年。

③ 据郭培贵对自宣德五年至万历三十二年中共 44 科《进士登科录》所载 12661 名进士中式年龄的统计,得知其平均中式年龄为 32.77 岁。参见郭培贵:《明代解元考中进士的比例、年龄与空间分布》,《清华大学学报(哲学社会科学版)》2012 年第5 期。

两人由庠生入国子监,另一人为嘉兴府庠生。丁宾唯一的侄子丁铉,捐得一个监生的功名和光禄寺署丞的官衔。丁铉的两子中,长子为嘉善县庠生,次子以贡生任南直隶常州府通判。入清之后,康熙二十七年(1688),丁宾的曾孙丁棠发再中进士,官至监察御史。[①]

家族科名的普及也使得晚明清初的丁氏家族有机会与嘉善县及江南地区的士族结为姻亲。丁宾的子侄辈、曾孙辈,所娶的女子几乎全部来自品级较高的官宦家庭,包括巡抚和中央官员,而丁氏女子则无一嫁入布衣之家。[②] 香湖丁氏家族终于在丁宾的入仕和广泛影响力的带动下,成为嘉善县的著名士族。

综观香湖丁氏从富户到士族的发展历程,虽然历时长久,但总体平顺。明初丁长如短暂的荐举入仕,没有带来促使家族飞跃的足够动力,正德、嘉靖时徭役的冲击,也没有造成难以挽回的损失。丁氏在丁宾高中之前保持了足够的与外界环境博弈的能力。

无论明初的荐举、弘治朝之前的经济发展机遇、捐赀入国子监的策略,还是包括新县城建设在内的赋役重担,都与王朝的政治统治、经济变迁、地方生态有明显的关联,兼具王朝制度性变化的共性和小地域社会的特殊性,而起决定性作用又竞争激烈的科举考试,也存在捷径的缝隙。

---

① 《家乘》卷二《世系》,第 8—15 页;《家乘》卷四《光禄寺署丞谦所丁君墓志铭》,第 26 页 b。

② 参见杨茜:《从地方到国家:晚明江南士绅丁宾的行政实践与社会活动》第一章,硕士学位论文,复旦大学,2012 年。

第三章　市镇权势的家族兴替

及时实现士绅化转型的家族,能够将在市镇发展初期获得的主导地位延续下去。与此同时,未能实现转型的家族,则面临市镇中后起家族的挑战,权力格局随之发生变动。下文深入两个市镇之中,追踪权势家族兴替的历史过程及其带给市镇的影响。

第一节　长泾市

一、从三泾里到长泾市

长泾市,属明代常州府江阴县(见图9)。宋代此地名为"东城里",到明代更名为"东顺乡"。这里地处江阴县东鄙,"南对胶山为案,北枕砂山为靠,东瞰顾山,西连八字河口,乃江邑达苏水陆交通之境",地处冲要。①

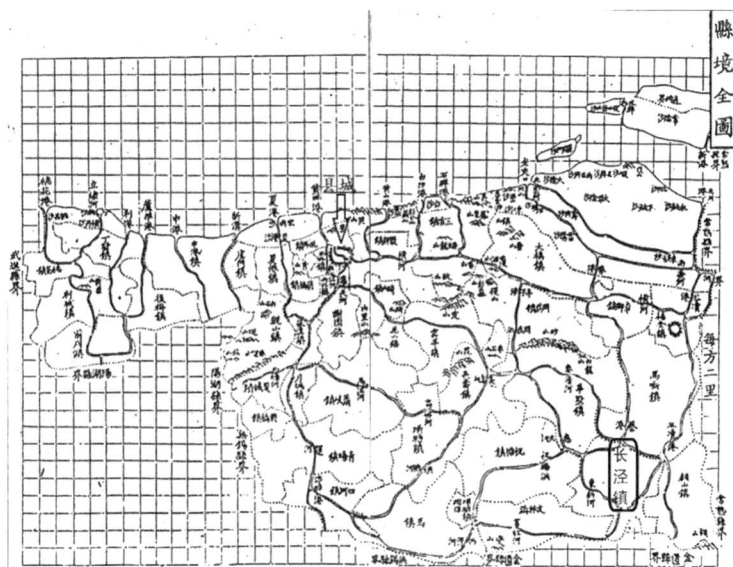

图 9　江阴县境以及长泾镇的位置
(据光绪《江阴县志》,清光绪四年刻本)

江阴县东西部的风俗多有不同,"东南之民多厚殖,喜饰裘马,结交游,重阀阅。西乡最为纤啬"。东南殖业,乡民"皆纺花为布,率三日成一匹,抱粥丁市"。② 从明代中期开始,江阴就是重要的棉布业生产中心。最著名的棉布品种称"苎布":"缉苎为之,其不假染练者谓之真色布,幅狭而铁色颇高丽者,他处重之,名江阴布。"江阴布匹与松江布并称,所谓"棉布,以木棉为之,虽在处皆有,然

---

① (清)程国栋稿,邵灿编订:《泾里志》卷一《形势》,抄本,《中国地方志集成·乡镇志专辑》第 14 册,第 237—238 页。

② 嘉靖《江阴县志》卷四《风俗记》,《无锡文库》第 1 辑第 1 册,第 345、347 页。

举其最盛则概天下莫如松江与江阴,细密称松江,粗壮称江阴"①。

地处江阴县东南的长泾市也以棉布为业,市民"俗务耕织"。当地人认为,虽然长泾地处东乡,风俗与"东南之民"更为接近,但"敦礼让,风气视西北诸乡为雅驯,视东南等处则较朴愿",不过"其间不无浮嚣儇利"。②

长泾成市之前,这一带被称作"三泾里",源于这一大块区域内,有东泾河、西泾河和长泾三条河流。早期,长泾河浅狭,仅是一条不能通舟楫的小渠,沿岸人迹罕至,田地荒芜。元代前期,开始有人筑屋居住在长泾河边。元末,有从江西携家避难而来的姜姓士人到此地,打算垦荒自给。但因地势高亢,河道低狭,无法蓄水,饱受干旱之苦,无力开垦。据传,这位姜姓士人为此专门奔赴南京,请求凿池蓄水。这时已是明王朝初立。在新朝鼓励垦荒、屯田的政策下,姜姓士人的要求得到批准。地方政府截断西泾河,建了三座水坝用以蓄水,土地逐渐得以开垦。此后,长泾一地才慢慢有了人群积聚。③

到嘉靖年间,长泾的商品经济逐渐发展起来,"长泾市"已经与其南北两侧的南角市、北角市和附近的顾山市,并列于江阴县志的诸市镇中。④ 长泾市从自然聚落升格为商业市镇的过程中,当地夏

---

① 弘治《江阴县志》卷二十《物产·货之属》,明正德十五年刻本,《无锡文库》第 1 辑第 1 册,第 203 页。

② (清)程国昶稿,邵灿编订:《泾里志》卷一《风俗》,《中国地方志集成·乡镇志专辑》第 14 册,第 239 页。

③ (清)程国昶稿,邵灿编订:《泾里志》卷一《建置沿革》,《中国地方志集成·乡镇志专辑》第 14 册,第 238 页。

④ 嘉靖《江阴县志》卷二《市镇》,《无锡文库》第 1 辑第 1 册,第 321 页。

氏父子在成化、正德年间的投资、兴建活动,具有开创之功。

鉴于目前所见江南市镇的史料中,极少能够看到关于市镇具体如何兴建的内容,而长泾市在这方面有相对详细的记载,兹录如下:

> 至明成化,有富民夏希明者,伊祖万十公,字石卿,本贯汴梁人,宋靖康时来此,赘于习礼村唐氏,家本素封。九世至希明父孟承,富而好义,始析居。希明于泾里,性倜傥尚义、勇敢有为。既至泾里,见地瘠民鲜,四境荒凉,于是作室居,造器用,集众开市,居民麇至。又以河流浅狭,不堪舟至,乃慨然曰:"是何不凿成深渠,以通往来行旅?"遂捐金由东泾河凿至七房坝,而河流始通。河既成,乃更东泾曰东新,今讹为东青。建一市桥过河,遏河以通南北,名曰兴顺,即今石环大桥是也。自是南北以河为界,稍稍成市。其后,希明嗣子良惠,援例授镇江卫指挥,增其式廓,胥宇西泾河东,造庐舍若干,自西达东,连亘数里,直拒凤凰浜,聚族而居。……又建一桥于市,在石环大桥之东,名兴福,即今木桥是也。……兴福桥上盖一小亭,亭悬匾额曰"良惠世居此",亭匾至康熙时尚存。丁巳,里人程赞公重修,其后撤去矣。而市中民居亦多系夏氏建置,良惠之名至今赫焉。总之,希明经始于前,良惠恢扩于后,而长泾镇遂由之以始。事在成化及正德年间,然尔时四方之人犹但称东顺乡,而不知所谓长泾云。[1]

---

[1] (清)程国昶稿,邵灿编订:《泾里志》卷一《建置沿革》,《中国地方志集成·乡镇志专辑》第14册,第238—239页。

经过明初的垦荒,三泾里得到一定程度的开发。到明成化年间,富民夏希明,从东南不远的习礼村携赀而来,聚众开市。其一项重要工作即将原本狭窄不通舟楫的长泾河,开凿深挖,以便交通往来。同时,佐以"作室居、造器用"和建桥等基础建设,长泾的市场便在长泾河两岸形成。长泾市(见图10),即以此河为界,分为南北两街,俗称河南、河北。此后,夏希明儿子良惠,继续沿河商铺房屋的建设。这时的市场规模已号称"自西达东,连亘数里"。此外,市中的民居也多由夏氏所建,想必是出租给市民,供贸易、生活之用。总而言之,"希明经始于前,良惠恢扩于后,而长泾镇遂由之以始"。

万历年间,里中乡绅袁一骥继续市场建设,促进长泾市进一步发展:

> 建市时,事多草创,民房皆系茅茨,鲜民盖者。至万历时,袁中丞一骥始捐金,尽易民房为瓦,而收其租。自此以后,规模大定,民益庶繁,俨成江邑东南一大市镇矣。①

袁一骥,字德良,号晞我。万历十年举人,十一年中进士。做过湖广按察使、福建巡抚佥都御史、福闽巡抚。② 袁氏亦很早即在

---

① (清)程国昶稿,邵灿编订:《泾里志》卷一《建置沿革》,《中国地方志集成·乡镇志专辑》第 14 册,第 239 页。
② 光绪《江阴县志》卷 16《人物一》,《中国地方志集成·江苏府县志辑》第 25 册,第 459 页。

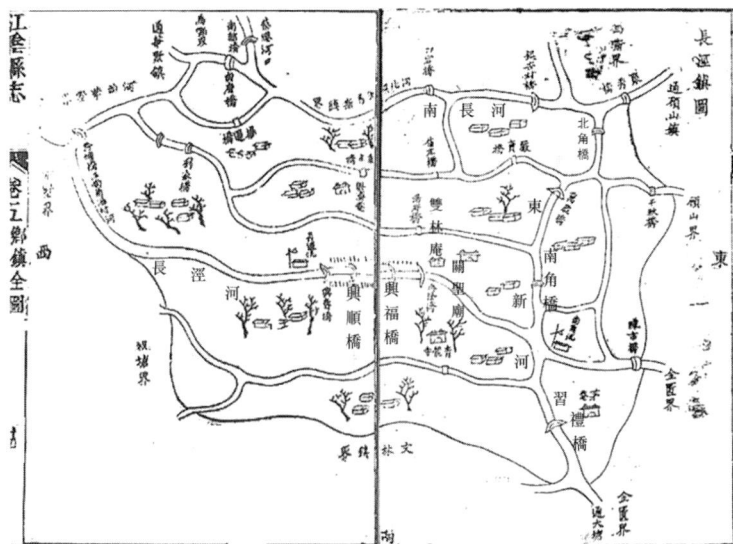

图10　长泾镇图

(据乾隆《江阴县志》卷五《乡镇全图》,清乾隆九年刻本)

长泾里一带定居,明中期开始家族科举渐起。袁一骥将草创时期的民居,更新为坚固的瓦房,继续出租给市中的居民居住和使用。长泾市于是"民居辐辏,两涯烟火星罗;商旅缤纷,百货贸迁云集"①。明末崇祯年间,长泾与华墅、青旸、祝塘三地,并称江阴县乡间的"大集"。②

明清易代之后,长泾镇遭遇两次大规模的盗匪抢掠,"一劫于

---

① (明)夏树芳:《消暍集》卷四《长泾镇浚河募缘疏》,明崇祯元年江阴夏氏原刊本,第42页a。

② 崇祯《江阴县志》卷二《课程》,明崇祯十三年刻本,《无锡文库》第1辑第2册,第113页。

南角巨盗段威,再劫于高山巨盗吴匏山(吴劫在顺治四年三月十四日),合境遂为之一空。长泾之民贫,实缘于此"。因此,入清之后,长泾市衰落,到康熙年间仍然市况凋敝。不过这时的科教文化还算兴旺,所谓"缙绅踵接,科甲相延,凡敦诗书而习礼乐者二三巨族外,指不胜屈,彬彬乎有富教之道",世风延续,所以时有"小苏州"之称。至初次编纂《泾里镇》的雍正时期,长泾市的经济规模略有恢复,"市中民居不下数百户,士民错处"。① 乾隆年间,江阴县排列了三十六镇,长泾位列其中,"廛肆涫列,颇称繁庶",其周边的顾山市,也发展成一个富庶的市镇,南角市则没落为乡村小集,也表明了长泾市的发展对周围地区商业活动的吸引。② 延续至道光年间,县志载长泾镇市"濒河,南北俱有街,河北较盛"③,镇况繁庶情形不得而知。再至光绪年间,县志仅陈述了"长泾镇,水道往常熟所必经"④,亦没有言及市镇的规模、经济发展。实际上,乾隆年间的三十六个镇中,规模和经济状况最好的是华墅镇和青旸镇。长泾镇的发展并不突出,应该仅为江阴县的一般小镇而已。

---

① (清)程国昶稿,邵灿编订:《泾里志》卷一《风俗》,《中国地方志集成·乡镇志专辑》第 14 册,第 239 页。
② 乾隆《江阴县志》卷五《乡坊(附市镇)》,清乾隆九年刻本,《无锡文库》第一辑第六册,第 7 页。
③ 道光《江阴县志》卷二《疆域·镇保》,清道光二十年刊本,《中国方志丛书》华中地方第 456 号,台北成文出版社,1983 年,第 314 页。
④ 光绪《江阴县志》卷二《疆域·镇保》,光绪四年刻本,《中国地方志集成·江苏府县志辑》第 25 册,第 94 页。

二、"主姓"的兴衰

夏氏,本居长泾附近的习礼村,故称习礼夏氏。据夏氏族谱《习礼夏氏宗谱》言,夏氏"其先河南陈州人,宋时七世祖万十府君从思陵南渡,卜居江阴"。这是明清江南士民追溯先世的常见表达,真实与否暂予搁置。

长泾市市主夏希明父子一支(见图11),在元代时,有族人夏祖禹,此后经过仲宾—善信—义愚三代布衣,这一支的夏氏家族发展中出现了一个关键人物,即夏蒙。

夏蒙,生于明洪武二十五年,卒于成化十年,字孟承,号云溪,"自幼有志操,涉猎经史,能通大义",壮年后,干练有才,大大增加了家族的财富,从此"赀累厚富,几甲一邑"。于是,夏氏在乡村社会中开始崭露头角。夏蒙对"族人之弗给者,每春发粟三百斛,发麦二百斛,资其播种,率以为常。乡邻中贫乏弗存孤寡无依者,赒之。婚不能成,丧不能举者,助之。道路之损者修之,桥梁之圮者葺之。设义学以训蒙,立义庄以赡众"。同时,夏蒙也开始与官府打交道。如"郡堂邑厅学宫之建,必捐赀作倡,以相其成",以及在灾年出粟惠民。在明代早期,这样有雄厚财力的富户,一般都会被编为粮长,夏蒙也不例外,被"选督乡赋"。景泰元年元月,因北方战事需要,朝廷下诏令"命舍人、军民有输米豆二百五十石,或谷草二千束,或秋青草三千束,或鞍马十匹,于大同宣府助官者,悉赐冠

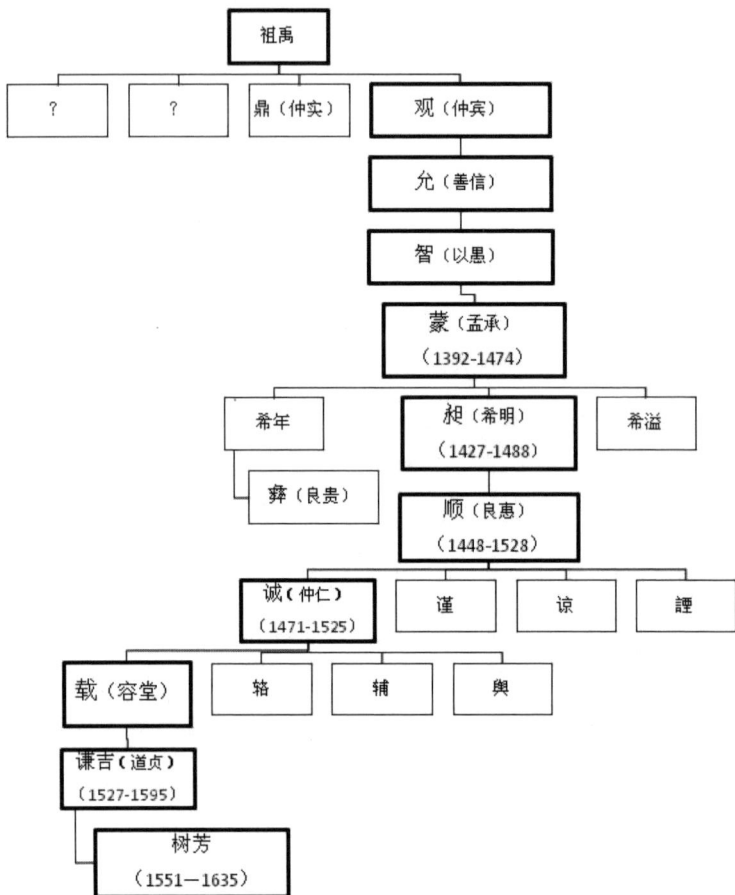

图 11　习礼夏氏长泾支世系图(部分)

(据夏炳等编纂:《习礼夏氏宗谱》,民国十三年纂修;夏树芳:《消
暍集》,明崇祯元年江阴夏氏原刊本)

带以荣其身"①，三月再次下诏，"南北直隶、河南、山西、山东富实人民有继出满梗米四百石，或粟米五百石，或料豆一千五百石，或谷草四千束，或禾草六千束，或堪中鞍马一十五匹，或堪中走递驴连鞍三千头，或牛三十五头，送赴保定府及易州并各驿站缺用去处，愿旌异者请敕旌异为义民，愿冠带者给以冠带"②。夏蒙应诏出鞍马、草料，为祖父赢得义民的旌奖，自己也获授冠带。③

　　夏蒙有三子，分别为希年、希明、希溢。仲子希明，讳昶，少年时本打算走科举之路，专习《春秋》经，后来不得不接替父亲做粮长的职务，遂放弃了举业。夏氏家业在希明的主持下，又继续扩大。当兄弟三人析产时，希明从祖居的习礼村向西北迁居到附近的长泾居住。其时，长泾土地贫瘠，人烟鲜少，希明凭借自身的财力，"建桥梁以通行，作室居以集众，造器用以募耕，平权量以贸易，减息钱以称贷，给服食、施棺椁以资夫贫无告而老无归者"，成为开创长泾之祖。成化初年，希明通过输粟赈饥，捐纳了一个承事郎的功名。生活中，希明也开始向文人雅致风气靠拢，晚年"筑别业于绮山之阳，构亭榭莳花卉以招延宾友"。④

　　夏希明无子，过继兄长希年的一个儿子为嗣子，嗣子讳顺，字良惠，号易轩。夏良惠"才识精敏"，"理家政井然有条，凡所在经画，多出任意表"。可以说，夏氏一家的全盛时期，即在良惠主持家

① 《明英宗实录》卷一百八十七《废帝郕戾王》附录第五，景泰元年正月壬寅条。
② 《明英宗实录》卷一百九十《废帝郕戾王》附录第八，景泰元年三月壬申条。
③ 夏炳等编纂：《习礼夏氏宗谱》卷四十六《墓志铭·云溪公墓志铭》，民国十三年纂修活字本，第13b—14b页。
④ 夏炳等编纂：《习礼夏氏宗谱》卷四十六《墓志铭·承事郎甘隐公墓志铭》，第21b—23a页。

政的时期。跟父辈相似,良惠依然是通过捐纳获得功名,"赈饥输粟千石,例当旌,力辞",后来又输金助边,最终接受了镇江卫指挥使的头衔。江阴县官府也常委任夏氏提供"筑城垣、建水关,以至院署学舍桥梁闸坝之费"。[①] 长泾的市场规模在良惠手中也进一步扩展。

良惠有四子,长子讳仲仁,字元夫,先号西涯,晚年更号为后溪。少年习《易》经,捐资入国子监读书。嗣后,为支撑家业,回乡经营,继续承担粮长一职。宗党中常有逋赋者,"逋至数岁,岁至百斛",连累身为粮长的夏仲仁代为补纳。仲仁生于成化七年,当他接任粮长时,当在弘治到正德年间,这时粮长制度已逐渐崩坏,赔累负担日重,为家族的没落埋下了隐患。此外,官府征派的"筑城垣,刱石闸,建公院"等工程,耗费颇大,仲仁也"罔敢乞免"。这一代的夏氏,文人的生活习气更加明显,仲仁平日生活俭约,唯独喜欢园亭之乐,故"叠石为山,凿池泛艇,竹溪花径,亭榭之构,虽不事奇胜,而皆出自意匠,暇或载酒与二三知己陶然乐饮,醉则援笔赋诗,以寄兴时,出警语清脱有致",颇得林泉诗酒之趣。[②]

仲仁之后,长泾夏氏明显开始了衰落的进程。仲仁有四子,长子容堂,平生"设财任侠,自喜蝉翼千金,又以盛年厌世,多逋遗"。除个人挥霍之外,逋遗主要缘于赋役的征派。嘉靖、隆庆年间,江阴出现库子、斗级的重役,应役者往往破家。夏氏作为县中的大

① 夏炳等编纂:《习礼夏氏宗谱》卷四十六《墓志铭·镇江卫指挥使易轩公墓志铭》,第32b—33a页。
② 夏氏宗谱续修委员会:《习礼夏氏宗谱》卷五十九《后溪公墓志铭》,2008年重修版,第41a—42b页。

户,被迫承役,所谓"以故饶往役"。仲仁的第三子夏辅(字子宜,号晴川),晚年困扰于频繁的赋役,终致家道中落、"先业废坠",加之对倭寇的担忧,于嘉靖三十四年郁郁而终。① 夏氏家世一度到了"几不能举火"的地步。

再下一代的族人夏谦吉,面对县中的重役,虽竭力维持,"倾囊偿之,不足则割督亢田以售",最终不得不"悉废先世箸,以输贱更"。一年之内,夏氏从"田连阡陌,雄跨江表",变得"家若洗,独余五亩宅,池水绕其上,种鱼、树菱芡、植荚菁、灌蔬菜、栽蔬以当仓庾。野冠褐衣、食蔬饭粮以当膏粱,文绣深居简出以当安车"。谦吉自己也从"生长膏粱,出入华屋"的富家子,一落千丈,不得不以"未及半价"的代价,鬻产维生。②

谦吉的儿子树芳(字茂卿,号习池),无心亦无力重走祖先们发迹的旧路,而是专攻举业,兼做塾师贴补生活,终于在考中秀才之后有能力"勉拓故业"。万历十三年,树芳考中举人,此后三番会试均落第,遂"绝意荣途,与东南诸贤,扬挖邹鲁之学术",在江阴、无锡一带授徒著书。他才高博学,名震一时。著名的东林党人,同时也生活在长泾的缪昌期就出自他的门下。夏树芳著有《冰莲集》《玉麒麟》《词林海错》《奇姓通谱》《女镜》《琴苑》《茶董》《香林牒》等书数十种,全部与文人的休闲与艺术生活相关。此外还有文集《消暍集》传世。但这些并未能恢复夏氏长泾市"市主"的地位。

---

① 夏氏宗谱续修委员会:《习礼夏氏宗谱》卷五十九《晴川公墓志铭》,第 65 页 b。
② 夏炳等编纂:《习礼夏氏宗谱》卷四十七《带湖公暨配赵儒人墓表》(史孟麟撰),第 15b—16b 页。(明)夏树芳:《消暍集》卷十一《先父带湖府君行状》,明崇祯元年江阴夏氏原刊本,第 2b—5a 页。

天启初年,夏氏在与里人的争斗中宅第惨被毁,作为长泾创市嫡支的夏树芳搬离长泾市,隐居于毗山东麓,再未返回。① 事实上,夏氏的式微,不是一房一支的情况,而是蔓延了整个宗族。嘉、万年间,"夏氏之业已中微"的认识在江阴士人的意识中已经普遍存在。②

从天顺、成化间,夏希明移居长泾,开始开发长泾,促成长泾市的形成,再到天启年间,百余年的历程中,夏氏由创市者、"市主",演变到被迫迁离长泾,离开了祖辈苦心经营了几代的家族故地,其间不仅有兴衰更迭、世事无常的唏嘘,也有明代社会发展"时移世易"的某种必然。

从长泾夏氏历代传主的资料来看,家族的衰落,最直接的原因,是被迫承担嘉靖、隆庆年间府、县的库子、斗级和筑城的徭役。夏树芳即言:"邑故起大徭,有均徭、库子、斗级、造城诸役,役者若倾金穴铜山应之,江南大户无不以此坐削。"③

所谓均徭,即丁田之役:"以黄白册籍,按丁田多者为上户编重差,次者为中户编中差,少者为下户编下差,或一户编一差或数差或数十差,或数户朋一差。"按照这样的金派原则,江阴县均徭有三大类:第一类是京役,包括直堂皂隶、差薪皂隶、都察院禁子、操江水手、光禄寺厨役、马司弓兵等;第二类是府役,其中的太平仓斗

---

① 夏炳等编纂:《习礼夏氏宗谱》卷四十七《墓表·习池夏公暨配吕李两孺人合葬墓表》,第18b—19b页。光绪《江阴县志》卷十六《人物·乡贤》,《中国地方志集成·江苏府县志辑》第25册,第459页。

② (明)缪昌期:《从野堂存稿》卷五《先母夏孺人行状》,明崇祯十年缪虚白刻本,《四库禁毁书丛刊》集部第67册,第249页。

③ (明)夏树芳:《消暍集》卷十一《先母赵孺人行状》,第13页a—b。

级、丰积库子,为重役。此外府役还包括司狱司禁子、马夫、水夫、民壮、儒学库子、膳夫等;第三类为县役,其中亦有丰仓斗级、库子两役为极重。①

库子、斗级,乃负责看守官府各类仓库的职役,明代中期江阴县主要有丰积库子、儒学库子、丰仓库子、太平仓斗级、丰仓斗级、儒学斗级等。因职务之便,在仓库税粮的收缴和分发过程中,库子、斗级侵盗的现象时有发生,成为地方州县行政中的弊端之一。嘉、万年间的名臣赵用贤即指出"斗级看守不免有盘折之赔"②。且职位常常被人长期霸占,影响很坏:"各处司府州县卫所等衙门主文、书算、快手、皂隶、总甲、门禁、库子人等,久恋衙门,说事过钱,把持官府,飞诡税粮,起灭词讼,陷害良善,及卖放强盗,诬执平民。"③但更多时候,库子、斗级也是被需索的对象,常常与运粮解户并称重役:"今之杂役,亦惟纳户解户、斗级为难,此二役者必须家道殷实、丁口众多、平日有行检者充之,然后上不亏于官,下不破其家也。"④晚明南直隶句容县预备仓"原编斗级二名,包赔折耗,吏胥复索,使用查盘时,复遭罪罟",最终被革去。⑤

嘉靖十一年,江阴县原本只负责看守仓库的"库子",开始被责

---

① 嘉靖《江阴县志》卷五《徭役》,《无锡文库》第1辑第1册,第364页。

② (明)赵用贤:《议平江南粮役疏江南粮役》,收入(明)陈子龙《皇明经世文编》卷三百九十七《赵文毅集》,明崇祯平露堂刻本,《续修四库全书》第1661册,第154页。

③ (明)申时行等修:《明会典》卷一百六十二《律例三·滥设官吏》,万历朝重修本,中华书局,1989年,第833页。

④ (明)丘濬:《大学衍义补》卷三十一《传算之籍》,《景印文渊阁四库全书》第702册,第407页

⑤ (明)陈龙正:《几亭外书》卷三《治句遗迹序》,明崇祯刻本,《续修四库全书》第1133册,第312页。

以供应：

> 县库贮赎纸等项银两物件，每岁于均徭人户内审编，库子收掌。其意不过欲杜架阁库吏侵欺之弊也，不知既以富厚者克之，凡内衙买办、公堂费用，无不责其承当。遇苛求无厌者，竟至莫可程量，于是有万金之家，不能当数月差。一岁之差，累至数年不清者。嘉靖二十九年，巡抚舒汀，深怜其苦，通行革去，仍追原派役银，供应公堂之费，凡支放等项，仍令库吏经收。乃未几，巡按周如斗入赇，又复佥殷实克当，虽云内衙供应毋得仍责库子，然陋规既设，虐取滋多。①

一旦将"内衙买办、公堂费用"的供应加诸承役人身上，官府的需索便常常没有尽头，即使家藏千金，也难以承受赔累之苦。斗级，亦是如此。原本只是"以大户看仓"，后来"渐与库子，同罹差役之害"，且直到万历初年才被通行革除。

至于"造城诸役"，在嘉靖一朝，江阴县城频繁地增修。如嘉靖十二年，知县李元阳增建城楼八座，"各当空缺瞭望相属"。二十八年，知县毛鹏经始改建砖城。三十一年，为防御倭寇，知县钱镈"亟甃城，完北隅之缺"。三十三年，知县金柱继续完善砖城的建设。江阴县此时有城门四座，水门三座，城四周长一千三百九十六丈一尺，计九里十三步，三千五百十六垛。还有子城四座，城铺三座，敌台窝铺二十二座。② 作为县中的大户，夏氏不免被征派。

---

① 崇祯《江阴县志》卷二《重役》，《无锡文库》第 1 辑第 2 册，第 108 页。
② 崇祯《江阴县志》卷一《城池》，《无锡文库》第 1 辑第 2 册，第 36 页。

除了上述重役,正德以后,粮长赔累日增,成为富户破家的另一个重要因素。明初以来,夏氏以富户的身份,历代均被佥派为粮长。在弘治、正德间,仲仁接任粮长之前,看不到粮长一职给夏氏带来的负担。然而,正德之后有无赖者借机强索而发财,老实的粮长唯有卖产补纳:

> 成、弘以前,里甲催征,粮户上纳,粮长收解,州县监收。粮长不敢多收斛面,粮户不敢掺杂水谷糠秕,兑粮官军不敢阻难多索,公私两便。近者,有司不复比较经催里甲负粮人户,但立限敲扑粮长,令下乡追征。豪强者则大斛倍收,多方索取,所至鸡犬为空。孱弱者为势豪所凌,耽延欺赖,不免变产补纳。至或旧役侵欠,责偿新佥,一人逋负,株连亲属,无辜之民死于棰楚囹圄者几数百人。且往时,每区粮长不过正、副二名,近多至十人以上。其实收掌管粮之数少,而科敛打点使用年例之数多。州县一年之间,辄破中人百家之产,害莫大焉。①

正像嘉靖初年任浙江左布政使的许赞所作的《浙民歌》所言:“弘治人人营着役,正德人人营脱役,今年着役势如死,富家家业几倾圮,串名四五犹未已!”江阴县亦是如此:“弘治间民应是役率以为常,间有营充者,私规为利,旋亦取败,大抵利害之数,害者常寡也。正德以来渐不同矣,最上大户轮役既频,加以他故,其家鲜有不亡。”②夏仲仁恰好于正德年间担任着粮长,故如前所述,常常要

---

① 《明史》卷七十八《食货志二·赋役》,第 1898—1899 页。
② 嘉靖《江阴县志》卷五《徭役》,《无锡文库》第 1 辑第 1 册,第 365 页。

替宗党交纳亏欠的税粮,赔累日益加重,其子容堂"多通遗",想必也是这个原因。接着嘉靖年间的夏谦吉(见图12),正逢库子、斗级和筑城的重役摊派,加快了夏氏破家的过程。

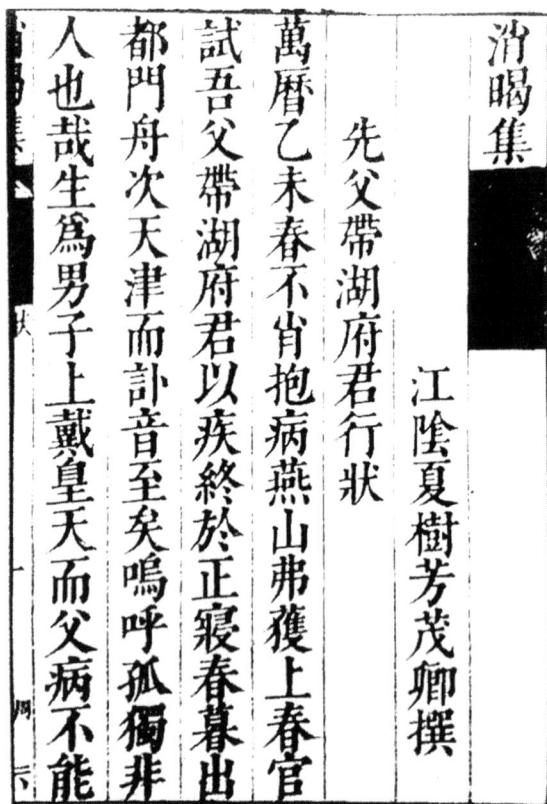

消暍集

江陰夏樹芳茂卿撰

先父帶湖府君行狀

萬曆乙未春不肖抱病燕山弗獲上春官試吾父帶湖府君以疾終於正寢春暮出都門舟次天津而訃音至矣嗚呼孤獨弃人也哉生爲男子上戴皇天而父病不能

图 12　夏树芳所撰其父亲的行状

(据夏树芳:《消暍集》卷十一,明崇祯元年江阴夏氏原刊本)

此外,夏树芳一支的族人,此前一直科举不兴。仅有夏良惠的兄长夏彝(字良贵),曾中成化七年举人,做过泰宁县的县令,于正德八年去世。① 仲仁只是"以例入国学,充上舍生",他的儿子们也只是有太学生、郡庠生的身份。② 接下来生活在嘉、万年间的谦吉,更是一介布衣。另一支系中,有族人夏从寿(字如山,号裕轩),是弘治六年进士,历官工部主事,以及湖广、福建、河南参议布政等职,于嘉靖十年前后去世。③ 但族众日广,不是一个支系,难以庇护,且又去世较早,因此,在嘉靖年间的徭役摊派中,树芳一支中并没有足够强大的缙绅族人来保护家业和推卸重役。夏希明、良惠两代通过捐纳换得的虚衔,其影响力和对家族的保护作用,远远逊于正途出身的士绅。正是在这样的身份下,夏氏才不断被摊派各种赋役。除了粮长和库子的重役,历代夏氏族人都有助捐城池、县治、学宫、桥梁等行为,与其说是夏氏的"义举",不如说是官府对富户的要求,而没有缙绅身份保护的夏氏,不敢亦没有实力去向官府"乞免"。

三、新"市主"的崛起与纷争

就在夏氏走向衰落的同时,在长泾市中,另一崛起的家族,还对夏氏造成极大的威胁,甚至直接致使了夏氏"家毁"。这一家族即顾氏。

万历十六年,顾氏族人顾言中举人,二十年高中进士。其字尚

---

① (清)程国昶稿,邵灿编订:《泾里志》卷九《人物·名宦》,《中国地方志集成·乡镇志专辑》第 14 册,第 260 页。

② 夏氏宗谱续修委员会:《习礼夏氏宗谱》卷五十九《后溪公墓志铭》,第 43 页 a。

③ (清)程国昶稿,邵灿编订:《泾里志》卷九《人物·忠》,《中国地方志集成·乡镇志专辑》第 14 册,第 257 页。

实,号中瑜,先任慈溪县令,后以刑部郎出守南昌,又左迁汝州,复起为浙江按察使司副使,最终在赴任四川参政的途中病卒,时为天启七年。① 顾氏此前并非大族。顾言的曾祖,叫顾清,字守城,只是一个在常州府大户人家做事谋生的读书人。顾言的父亲,顾儒,字成宪,号云竹,工诗,善于弹琴,且精于医道,是个好心肠的儒医。② 就一般情况而言,明清两代普通行医者的收入不高,但维生基本没有问题。③ 譬如"吴人以病谒者,每制一方,率银五两"④。顾儒作为一个乡村的普通医者,收入不见得有如此之高,相信应该到顾言进士及第、做官之后,顾家才真正强盛起来。

顾氏因居住在长泾河北岸,称为河北顾氏。夏氏居长泾南岸,称河南夏氏。天启初年,夏、顾二氏产生了一场争斗,争斗到达了大动干戈的地步。两家之间存在什么样的矛盾,限于资料,难以得知。争斗的结果,是长泾市中与夏氏有关的东新桥、周桥在这个过程中被顾氏摧毁。夏氏宅第亦被捣毁,这直接导致了夏树芳搬离长泾市:"以家毁,居外家,终身不返,遂终于锡邑。"⑤

顾氏在顾言入仕之后,迅速地扩张。长泾市东半里许,有村落

---

① 光绪《江阴县志》卷十六《人物·乡贤》,《中国地方志集成·江苏府县志辑》第25册,第459页。

② (明)缪昌期:《从野堂存稿》卷五《顾太公传》,《四库禁毁书丛刊》集部第67册,第239—240页。

③ 张仲礼:《中国绅士的收入——〈中国绅士〉续篇》,第110—113页。王敏:《清代医生的收入与儒医义利观———以青浦何氏世医为例》,《史林》2012年第3期,第81页。

④ (明)杨循吉:《苏谈》,收入氏著:《吴中小志丛刊》,陈其弟点校,广陵书社,2004年,第35页。

⑤ (清)程国昶稿,邵灿编订:《泾里志》卷九《人物·名宦》,《中国地方志集成·乡镇志专辑》第14册,第261页。

称顾巷,乃顾言的宅基,建有堂堂九所宅院,分授给子侄居住。① 财力丰厚可见一斑。长泾市公共空间中也逐渐出现顾氏活动的身影。如捐地数十亩为义冢,建漏泽园。② 倡建镇东的南角桥,改善当地的交通困境,当然也可方便主要居住在镇东的顾氏族人的生活。③ 建双林庙,东曰财成,西曰辅相,其中辅相庙是为了纪念顾言父亲曾经施药救人的善行。④

顾巷在市东,夏氏的宅基也在市东,如:"前九房巷,镇南三里,属在字号,系夏氏之基。""墙东巷,镇东南四里,属在字号。系夏良惠基墙之东,故名。"⑤夏氏早期由孟承所建的东新桥,在"镇东里许",与上述顾巷的位置十分接近。桥北有一座别业,是夏从寿致仕归老时所建;而桥南,原是顾氏的宅基。如前所述,这座桥在天启年间两姓的争斗中被损毁。不仅如此,桥南原有一座城隍庙,万历三十五年被顾言改建到长泾市的东北处,从此称为北城隍庙。改建源自顾言的一段传奇经历:

明时参政顾中瑜未第时,应试金陵,八月十五出三场后,

---

① (清)程国昶稿,邵灿编订:《泾里志》卷三《村落》,《中国地方志集成·乡镇志专辑》第14册,第242页。
② (清)程国昶稿,邵灿编订:《泾里志》卷七《古迹》,《中国地方志集成·乡镇志专辑》第14册,第253页。
③ (清)程国昶稿,邵灿编订:《泾里志》卷四《津梁》,《中国地方志集成·乡镇志专辑》第14册,第246页。
④ (清)程国昶稿,邵灿编订:《泾里志》卷七《古迹》,《中国地方志集成·乡镇志专辑》第14册,第251页。
⑤ (清)程国昶稿,邵灿编订:《泾里志》卷三《村落》,《中国地方志集成·乡镇志专辑》第14册,第243页。

至水西门搭船,见一舟将拔棹,所悬之灯有江阴字,遂附之以归,一宿即到黄田港边。登岸再乘小船,下午至家。父云竹怪而诘之曰:"昨日三场方毕,今日何以到家,想未终场。"中瑜亦不自解。次日,谒庙进香,见庙中所悬神船,宛如昨晚所附之舟,细视之,舟底尚湿,视之船尾,见昨日所忘雨具在焉。遂大惊异。因焚香默祝曰:"倘能获隽,当新庙宇。"其年果捷。后乃于万历丁未捐银五十两,倡众卜地,改建于北。①

灵异传说是真是假并不重要,关键在于顾言以此为由,迁城隍庙而重建。可以想象得到,这一举动应当与与夏氏的矛盾有关,而且也表明了这时的顾言已经有能力来控制市中的城隍庙这一重要信仰庙宇。

万历年间接掌长泾市的袁氏,与顾氏一样,是科第之家。不仅有官至福建巡抚的袁一骥,还有舜臣、尧臣兄弟二人分别中嘉靖四十三年和万历四十七年举人。② 因此袁一骥在长泾市的势力颇大。市西北边,有袁一骥的宅第,名"四本堂"。屋凡九进,每进九间,高大壮丽。被乡人目为"皇居"。袁氏以"勤俭、读书、循礼、和顺"为根本,立为家训,所以称宅第为"四本堂"。但民间乡老传说,夏氏建此宅第时,因为规制庞大,担心被揭发举报,所以连续上疏四本陈情,最终得允,故才称"四本堂"。这也从一个侧面反映了袁氏的

---

① (清)程国昶稿,邵灿编订:《泾里志》卷七《古迹》,《中国地方志集成·乡镇志专辑》第 14 册,第 250 页。

② (清)程国昶稿,邵灿编订:《泾里志》卷九《人物·科第》,《中国地方志集成·乡镇志专辑》第 14 册,第 261 页。

财富与权势。①

袁一骥是夏树芳的妹夫,二人有着姻亲的关系,联系紧密。夏树芳在与外地做官的袁一骥的信件中,提及"不佞树芳仰荷大芘,守拙山中"②。自然,袁氏与夏氏是为休戚相关的一派。在长泾市中,不仅夏、顾两家争斗得厉害,袁氏与顾氏,亦有矛盾。从一则流传的轶事中,可以了解一二:

> 袁晞我欲得马孟襄宅。万历四十一年正月,亲诣马门觌言,孟襄不肯,遂致口角。袁归,阴谋择于二月初八日,将命仆拆之。归。马知之,言于顾。顾曰:盍往告周宜兴?从之。周曰:无妨,我准于二月初六日到长泾,自有处分。里中人咸以为届期必有胜观。岂知正月十八日,适有常熟督粮道某,系袁同年,来拜。设席款之。而府中苦无大灯可娱客。乃命家人至城隍庙取大珠灯来燃之。酒半,袁忽腹痛,起如厕。膳夫以砂仁汤一盏进。饮毕遂卒。督粮道犹在席,闻内哀声,询之,则报主人死矣。乃推桌起唾曰:许久乃与鬼饮酒耶。遂去。是时,市东里人见二人拥袁入庙,尽骇,少顷知其已死,乃宣传为城隍所谴云。或又语曰:一碗砂仁汤药,杀袁中堂。或云中丞死于膳夫之汤,系仇家顾习郎所阴使云。按,城隍庙此时尚

---

① (清)程国昶稿,邵灿编订:《泾里志》卷七《古迹》,《中国地方志集成·乡镇志专辑》第14册,第253页。
② (明)夏树芳:《消暍集》卷九《与袁晞我》,第34页b。

未有大珠灯,所传或有误耳。①

明末的内阁重臣周延儒,年幼时曾寄居在马月洲家读书,与马家的儿子孟襄是总角契友,关系甚好。② 当袁一骥企图抢夺自家宅第时,马孟襄找顾氏商议,决定向周延儒求援。这段轶事并不见得十分可靠,除结尾有关城隍庙有大珠灯的时间不符合以外,万历四十一年正月,周延儒还仅仅是个举人,距他高中会元、状元,还有两三个月的时间。袁一骥此时已经做官三十年,所以周延儒即使真的前往长泾市,也并没有实力"自有处分"。事情不够真实,但轶事传说中反映出来的长泾市内各大家族的关系,与历史的真实当相去不远。顾氏与袁氏、马氏亦是"仇家"。

初稿作于清朝雍正年间的长泾市志《泾里志》,就明代至清初市镇内的巨室、缙绅情况概括道:"长泾数称富庶,前朝夏良惠、马月洲、刘贻荆先后相继,皆称为一时之巨室。……缙绅若夏,若袁,若缪,若顾,若朱,俱一时之盛。"③除了上述已经介绍过的夏氏、顾氏、袁氏,这里的刘氏家族的情况已不得其详。缙绅朱氏,指顺治年间的进士朱选的家族,朱选历官保定府理刑、汶上县教授。④ 缙

---

① (清)程国昶稿,邵灿编订:《泾里志》卷八《轶事》,《中国地方志集成·乡镇志专辑》第 14 册,第 256 页。

② (清)程国昶稿,邵灿编订:《泾里志》卷九《人物·流寓》,《中国地方志集成·乡镇志专辑》第 14 册,第 263 页。

③ (清)程国昶稿,邵灿编订:《泾里志》卷一《风俗》,《中国地方志集成·乡镇志专辑》第 14 册,第 239 页。

④ (清)程国昶稿,邵灿编订:《泾里志》卷九《人物·名宦》,《中国地方志集成·乡镇志专辑》第 14 册,第 261 页。

绅缪氏,指缪昌期家族。缪是万历四十一年的进士,东林党著名人物,因得罪权阉魏忠贤,于天启六年被逮入狱,"慷慨对簿,词气不挠",最终惨死狱中。①

尽管夏氏、袁氏与顾氏不和,但缪昌期与三者均有交往,与夏氏关系尤其密切。缪昌期年少时曾从业于夏树芳,对夏颇有尊重,曾在信中自称:"不肖三载铃索,日碌碌酬应,读书实无所得,以此上惭恩造,下愧头胪。"②此外,缪昌期还招树芳的儿子夏宝忠为婿。夏宝忠,字孝珍,万历十三年与父亲同科中举人,后由廪贡例授文华殿中书,慷慨有文名,交游吴中士子。③ 而缪昌期自己的母亲,也是习礼夏氏的女子,只不过并非夏树芳一支而已。④ 袁一骥也在缪昌期的交游圈中。⑤ 同时,缪昌期与顾言也有交往,为其父亲作传,称"顾太公者,予友户部郎中顾伯子言之父"⑥。并且,缪昌期原本不住在长泾,后买下顾氏在市东的一处宅院,才算作长泾人。⑦

在长泾市这个小小的地域内,明中叶以来,权势家族迭出,各

① 《明史》卷二百四十五《缪昌期列传》,第6351—6353页。
② (明)缪昌期:《从野堂存稿》卷六《答夏习池业师》,《四库禁毁书丛刊》集部第67册,第335页。
③ 光绪《江阴县志》卷十六《人物·行谊》,《中国地方志集成·江苏府县志辑》第25册,第514页。
④ (明)缪昌期:《从野堂存稿》卷五《先母夏孺人行状》,《四库禁毁书丛刊》集部第67册,第249页。
⑤ (明)缪昌期:《从野堂存稿》卷七《袁中丞晞我出游泮图委题以余同齿同游故也莞尔有述》,《四库禁毁书丛刊》集部第67册,第364页。
⑥ (明)缪昌期:《从野堂存稿》卷五《顾太公传》,《四库禁毁书丛刊》集部第67册,第239页。
⑦ (清)程国昶稿,邵灿编订:《泾里志》卷九《人物·忠》,《中国地方志集成·乡镇志专辑》第14册,第257页。

家族间的关系错综复杂。从创市的夏氏，到挑战夏氏的顾氏，再到使长泾市"规模大定"的袁氏，伴随了基层市镇形成、创市家族由盛而衰，以及后续主导家族兴起的完整过程。显然，科举入仕成为夺取"市主"地位的关键前提。

第二节　诸翟镇

一、聚落环境

诸翟镇，又称紫隄村，位于苏州府嘉定县与松江府上海县、青浦县三县交界处，是"连属两郡三邑"之地：

> 本村属苏境者，旧系昆山地，自宋时立嘉定县，为临江乡，后改依仁乡(属十四都字字号，跨皇字号)。属苏境者，本秀州华亭地，元立松郡，增置上海县，为高昌乡(属三十保一二三四五六七图，二十九保四五图)。故明又分立青浦县，为北亭乡(属三十四保一区东六八图、跨西六八图，四区十图三图、三十五保二区三十图)。①

因为两郡三邑交界的地势，这里也被称做"诸地"。此外，该地最早的名称是"白鹤村"，后因"相传肇居是村者为诸、翟二姓(或曰狄)，故亦有'诸翟'之称"。又因"村西多紫薇花沿江树之，因名

----

① (清)汪永安原纂，侯承庆续纂，沈葵增补：《紫隄村志》卷一《本郡邑建置沿革》，上海图书馆藏传抄本，《中国地方志集成·乡镇志专辑》第1册，第215页。

'紫薇村',亦名'紫薇江'"。同时,还可见到"诸狄"的名字,则源于从村中穿流而过的蟠龙江(或称盘龙塘)(见图 13)两岸生长着成片的芦苇荡。①

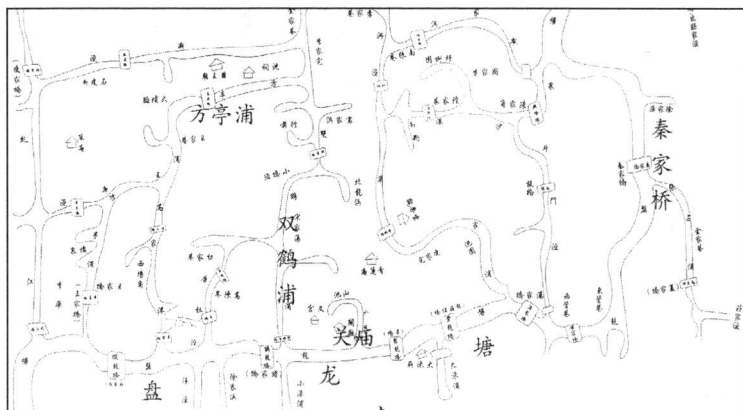

图 13　紫隄村盘龙塘以北河道及重要地点

(据清·汪永安原纂,侯承庆续纂,沈葵增补:《紫隄村志》卷首《图》,传抄本)

紫隄村地处吴淞江南岸的古冈身,地势高亢,土地贫瘠,不宜水稻种植。明嘉靖时,嘉定县属地即因此而被列为"下区"。② 明末清初的太仓人吴伟业有分析,从太仓到上海、嘉定,田地俱"三分宜稻、七分宜木棉"③。故棉花和布的经营,是明清两代太湖平原高

① (清)汪永安原纂,侯承庆续纂,沈葵增补:《紫隄村志》卷一《紫隄名义》,《中国地方志集成·乡镇志专辑》第 1 册,第 215 页。
② (清)汪永安辑撰:《紫隄小志》卷上《各邑疆界》,上海博物馆藏钞稿本,何建木整理,《上海乡镇旧志丛书》第 13 册,上海社会科学院出版社,2006 年,第 2 页。
③ (清)徐崧、张大纯:《百城烟水》卷七《嘉定县》,江苏古籍出版社,1999 年,第 429—431 页。

乡地带普遍存在的生计模式。每逢交易时节,"富商巨贾操重资而来市者,白银动以数万计,多或数十万两,少亦以万计"[1]。紫隄村的经济结构也是如此:市中所产棉布,以细白扣布为多,坚致耐用,适用范围大,远销各省。加之棉布生产利润远高于稻米[2],晚明布价高时,紫隄村恃布为生的乡民以三斤棉花织成一匹布,一匹布可在市场上换得"米一斗、花三斤"[3],故可以"竭一日之力,赡八口而有余"[4]。

此外,紫隄村和周边黄渡、纪王等镇还大量种植青秧。青秧,即蓝草,也称靛,供织染用。这一带的青秧制作,一般先将叶子浸汁,再用石灰水搅成青色,所以俗称"水靛"。其色泽鲜明,盛于广靛。[5] 尤为苏、松等地所产的"青蓝布"所需。每年五、六月,嘉兴、湖州、苏州、松江等地的客商会纷纷前来收购,这也构成了紫隄乡民的另一项重要收入。[6]

依靠这两类经济作物,伴随明中后期商品经济发达的趋势,至迟到万历年间,紫隄村发展出乡村基层市场,成为一小型商业聚

---

[1] (清)叶梦珠:《阅世编》卷七《食货五》,中华书局,2007年,第179页。

[2] 例如附近的青浦地区,有"棉三斤织布一匹,利率三倍"之说,见(清)陆世仪:《桴亭先生文集》卷六《青浦魏令君德化记》,清光绪二十五年唐受祺刻本,《续修四库全书》第1398册,第510页。

[3] (清)汪永安原纂,侯承庆续纂,沈葵增补:《紫隄村志》卷二《土产》,《中国地方志集成·乡镇志专辑》第1册,第242页。

[4] (清)汪永安原纂,侯承庆续纂,沈葵增补:《紫隄村志》卷二《风俗》,《中国地方志集成·乡镇志专辑》第1册,第239页。

[5] (清)曹蒙:《纪王镇志》卷一《疆里·物产》,上海市文物管理委员会藏稿本,载之标点,《上海乡镇旧志丛书》第13册,第10页。

[6] (清)汪永安原纂,侯承庆续纂,沈葵增补:《紫隄村志》卷二《土产》,《中国地方志集成·乡镇志专辑》第1册,第242页。

落,以"诸狄巷村"的名义出现在县志的"市镇"卷中。① 市中集市每日"晓刻辐辏,自朝至暮,抱布者间亦不绝,非同它镇。开庄早至五鼓,过期烛熄"②。

田地是传统时代百姓生活的基本保障。明万历以来,紫隄村的田价出现了几次比较明显的波动:

> 万历中年,嘉邑折漕,岁复屡稔,田价骤贵。至崇祯大祲之后,甚以空契与人而不受,或遗之地,行者拾之,遂向追粮饷。国朝顺治初年,棉花倍收,花价又昂,田之弃于人者,无不翻赎,动至结讼。及康熙初,灾祲连年,邑令比粮严酷,昔所买之田,不索直而还之,其人犹不受。至吴淞浚后,康熙四十七八年间,钱粮连邀蠲免,花价复昂,每田一亩,遂增至数金。自后屡贱屡贵,至道光来,粮价渐增,田价渐减矣。③

万历十一年嘉定县开始的"漕粮折征",使得当地的经济结构与赋役征解对接,棉业获利大增。二十年前后,寓居紫隄的陕西布

---

① 万历《嘉定县志》卷一《疆域考上·市镇(行村附)》,明万历刻本,《四库全书存目丛书》第 208 册,第 691 页。
② (清)汪永安辑撰:《紫隄小志》卷上《风俗》,《上海乡镇旧志丛书》第 13 册,第 29 页。
③ (清)汪永安原纂,侯承庆续纂,沈葵增补:《紫隄村志》卷二《风俗》,《中国地方志集成·乡镇志专辑》第 1 册,第 238 页。

政参议王圻①多次申请，使得"漕折"扩展到紫隄村中上海、青浦两县属地②，从而造成田价第一次高涨。延至清代，棉花价格的高低，一直成为影响田价的重要因素。

因村小民贫，位置偏僻，除嘉靖年间的倭乱外，这里一直"休养生聚，绝无兵革之扰"，有"善地"之称。③晚明文人程嘉燧《过紫薇村》诗云："荒村何所有，枵腹但古树。小艇缘港入，疏春闭门度。港穷见曲径，接近引闲步。青苍正相对，山照更斜雨。平生未经过，一览似再遇。"④到清乾隆三十年时，为分防边境、防御盗匪，村中小泾东设立巡检司，由嘉定县调拨官员镇守，其辖区涵盖上海、嘉定、青浦三县共三十二个图。⑤

以商品经济的视角来看，紫隄村的市况并不算起眼。它更多的时候，是作为王朝鼎革之际嘉定县抗清运动的组织者侯峒曾的家乡而著称于世。今人有关紫隄村的研究，也是如此。邓尔麟曾

① 据《明史》载："王圻者，字元翰。嘉靖四十四年进士。除清江知县，调万安。擢御史，忤时相，出为福建按察佥事，谪邛州判官。两知进贤、曹县，迁开州知州。历官陕西布政参议，乞养归，筑室淞江之滨，种梅万树，目曰梅花源。以著书为事，年逾耄耋，犹篝灯帐中，丙夜不辍。所撰《续文献通考》诸书行世。"（《明史》卷二百八十六《王圻列传》，第7358页。）
② 嘉庆《上海县志》卷四《田赋》，清嘉庆十九年刻本，《浙江图书馆藏稀见方志丛刊》第4册，国家图书馆出版社，2011年，第544页。（清）汪永安原纂，侯承庆续纂，沈葵增补：《紫隄村志》卷一《田赋》，第219页。
③ （清）汪永安原纂，侯承庆续纂，沈葵增补：《紫隄村志》卷二《风俗》，《中国地方志集成·乡镇志专辑》第1册，第239页。
④ （清）汪永安辑撰：《紫隄小志》续二《诗词》，《上海乡镇旧志丛书》第13册，第101页。
⑤ （清）汪永安原纂，侯承庆续纂，沈葵增补：《紫隄村志》卷三《官署》，《中国地方志集成·乡镇志专辑》第1册，第247页。

以紫隄侯氏为中心,通过对其科考和任官经历、思想和交际、与地方社会的关系等方面的分析,解读了明末清初文人儒士在鼎革之际做出抵抗抉择的深层次原因。其中对侯氏的地位、思想和社会活动等方面做过详细的分析。① 冯贤亮利用侯岐曾在紫隄村中写下的抗清日记,生动揭示了 1645 到 1647 年间,侯家的抗清活动及"宛转刀山剑树之下"的艰难日常生活。②

清康熙年间,村人汪永安③辑成了今日可见到的紫隄村第一部村志,到咸丰六年,村人沈葵又进行过续修、增补。汪永安的辑本现有两种不同的传抄本,一是上海博物馆藏四册钞稿本《紫隄小志》,一是 1962 年上海市文物保管委员会《上海史料丛编》收录的《紫隄村小志》铅印本。两个抄本在内容、篇目上互有异同。沈葵增补的《紫隄村志》,原稿藏南京图书馆,上海图书馆藏有传抄本。《中国地方志集成·乡镇志专辑》中所收的村志是据上图藏本影印。此外,上海市文物保管委员会有《紫隄村志》的内部排印本,与上图藏本差别不大。这三部村志,材料翔实丰富,展现了紫隄村历史沿革的诸多社会面向,重要人物的记载亦颇为详细。沈葵增补的《紫隄村志》篇幅最大,篇目内容最多。但前两部中保留了不少沈葵删去的内容,可补资料之缺乏:如前两部均有的"诗词"卷目,收录了不少鼎革之后陈子龙殉难前所撰的若干诗篇,是未见于其个人文集中的,价值极大。总而言之,此三部村志,可互相参照、补

---

① 详见[美]邓尔麟:《嘉定忠臣:十七世纪中国士大夫之统治与社会变迁》,宋华丽译,中央编译出版社,2012 年。
② 冯贤亮:《清初嘉定侯氏的"抗清"生活与江南社会》,《学术月刊》2011 年第 8 期。
③ 汪氏原籍徽州,其迁居紫隄村的过程可参见王兴亮:《化"流寓"为"土著"——从上海紫隄村的三部清修乡镇志看徽州汪氏的移民史》,《江南社会历史评论》第 2 期。

充,是为了了解紫隄村历史变化的最核心资料。

二、著族兴替

晚明以来,侯峒曾家族是紫隄村中独一无二的显赫大族,但"一姓独大"的格局之前,还有其他家族势力活跃于村落中。

成书于康熙年间的《紫隄小志》有一段精简的概括:"蟠龙塘之为村,旧矣。元末钱氏称茂,鹤皋以起义败灭,佐之者又卢、翟诸家。明初,并就萧索,自后遂独推杨氏。杨承侯姓,童即次之。又东阳旧族(注:沈氏),自顺帝时卜居近里,至今宗支秩秩。先沈而盛者,为徐、为秦,迁居它所,不及备列。"①这段话点出了自元末以来,紫隄村这片区域内,先后继起的有实力或有功名的家族。

元明鼎革之际,紫隄村最活跃的人物是钱鹤皋。钱氏居紫隄村南,家族累世富饶,是当地的大族。村中的鹅池和椒园,据传即钱氏养鹅和种椒处。②王湖桥、小娘桥和两座钱家石桥也都与其家族有关。③钱鹤皋本人性情豪爽,有侠气,而且"尊礼知名士,士多归之"。他是张士诚的支持者。朱元璋吴元年,徐达占领松江府,钱鹤皋率领部下姚大章等人发动叛乱,于同年四月攻下松江,杀死朱元璋任命的知府荀玉珍,囚禁华亭知县冯荣,捉拿嘉定知州张率,

---

① (清)汪永安辑撰:《紫隄小志》卷二《人物》,《上海乡镇旧志丛书》第13册,第33页。

② (清)汪永安原纂,侯承庆续纂,沈葵增补:《紫隄村志》卷三《古迹》,《中国地方志集成·乡镇志专辑》第1册,第248、250页。

③ (清)汪永安原纂,侯承庆续纂,沈葵增补:《紫隄村志》卷二《桥梁》,《中国地方志集成·乡镇志专辑》第1册,第235页。

轰动一时,影响甚大。最终,在徐达部下葛俊的围剿下,钱鹤皋被带到南京处死,儿子钱遵义战死在莲湖,其钱氏一族遭籍没,族人纷纷改姓逃亡。① 自此,钱氏彻底衰落,紫隄村的历史上再难看到其族人的身影。

进入明代,紫隄村先后有沈氏、秦氏和侯氏三支著姓活跃于世。

首先,沈氏。沈氏于元末从大场镇迁来,始迁祖叫沈辉祖,定居于紫隄村北的方亭浦。沈辉祖出自嘉定大场镇的著姓——东阳沈氏。元代时,沈氏即以海外货殖闻名:"嘉定州大场沈氏,因下番买卖致巨富。"②据族谱《东阳沈氏家乘》(见图 17)称,沈氏肇自五季,世居吴兴,约宋理宗时,族人沈友谅侨居昆山,其子沈俊卿善于商业经营,积累了大量的财富,遂占籍昆山。俊卿子沈怀玉,因平贼的功劳被授霍邱县尉,随后从昆山迁居嘉定大场镇。沈怀玉的长子沈雷奋,为元代漕运千户,协助都漕万户朱清、张瑄运粮,在当地颇有声望。雷奋死后,其弟弟文辉又继续领漕运,家族势力颇大。③ 沈辉祖是沈氏迁居大场镇后的第四世,元至正年间以荐授江西龙泉县令,但当时江西已被陈友谅占领,无法赴任,遂避居到紫

---

① 《明太祖实录》卷二十三"吴元年夏四月丙午朔"条。(清)汪永安原纂,侯承庆续纂,沈葵增补:《紫隄村志》卷五《人物》,《中国地方志集成·乡镇志专辑》第 1 册,第 272—273 页。

② (元)陶宗仪:《南村辍耕录》卷二十七《金甲》,李梦生校点,第 305 页。

③ (清)沈葵纂修:《东阳沈氏家乘》(不分卷)"大场族谱原序""大场修族谱序""世系记",清咸丰四年钞本。

隉村,开创了紫隉沈氏一族。①

　　沈氏在紫隉村长期经营。元末明初,沈辉祖在村北的方亭浦一带构屋筑宅,称其地为永嘉里。沈辉祖之后,其长子沈鹤汀仍居方亭,次子沈龙溪分居村东、蟠龙塘南岸的新嘉里,幼子沈方垄分居方亭附近的西场角。② 三处宅院(见图14—16)规整,各凿一井,人称"沈宅三井"。③ 沈氏继承了祖先货殖经营的传统,继续投身商业,财富丰厚,并且对紫隉村的商业活动布局产生了重要影响(详见后文)。

　　商业致富的同时,沈氏努力科考,第二、三代子孙中有多位拥有生员的功名,并以文才、行善和品行端方行于当世。这时恰逢明初"靖难之役",科考路上的沈氏一度放弃应试,以示忠诚。第八代孙沈允济,中嘉靖二十五年乡试副榜。④ 允济的叔父沈钧,虽然只是秀才,但"聪明力学,经史百家,随问辄答",在村中名气很大,后来声名鹊起的侯尧封中举人之前即从学于他。沈钧慧眼识珠,认为侯尧封"有经济才,且为人厚重,大器晚成,人莫能及",遂把兄长的女儿许配给侯尧封,开启沈、侯两家的姻亲关系。大约嘉靖朝以前,沈氏"衣冠累叶,家裕而丁繁,为紫隉近村第一著姓"⑤。

---

① (清)沈葵纂修:《东阳沈氏家乘》(不分卷)"方亭族谱原序"。(清)汪永安原纂,侯承庆续纂,沈葵增补:《紫隉村志》卷五《人物》,《中国地方志集成·乡镇志专辑》第1册,第272页。

② (清)沈葵纂修:《东阳沈氏家乘》(不分卷)"上九公重辑族谱序"。

③ (清)汪永安辑撰:《紫隉小志》卷二《人物》,《上海乡镇旧志丛书》第13册,第34页。

④ (清)汪永安原纂,侯承庆续纂,沈葵增补:《紫隉村志》卷五《人物》,《中国地方志集成·乡镇志专辑》第1册,第125页。

⑤ (清)汪永安辑撰:《紫隉小志》卷二《人物》,《上海乡镇旧志丛书》第13册,第34页。

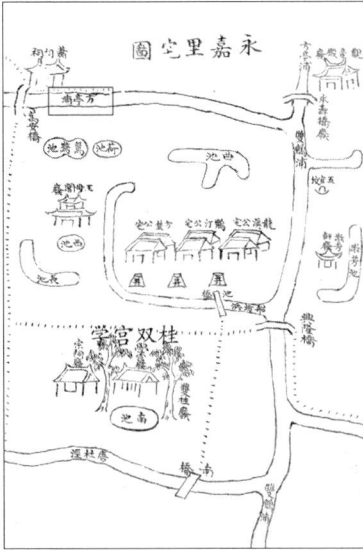

图 14　沈氏永嘉里宅院
（据《东阳沈氏家乘·宅图》，清咸丰四年钞本）

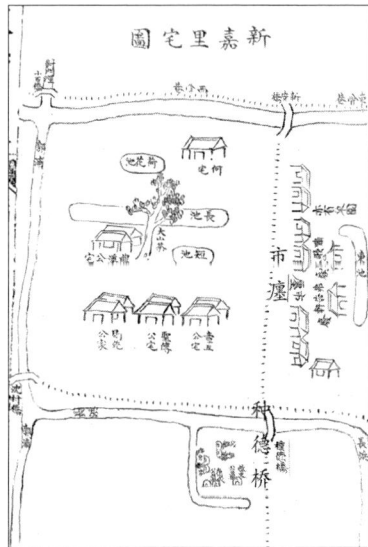

图 15　沈氏新嘉里宅院
（据《东阳沈氏家乘·宅图》，清咸丰四年钞本）

131

图16　沈氏西长角宅院
(据《东阳沈氏家乘·宅
图》,咸丰四年钞本)

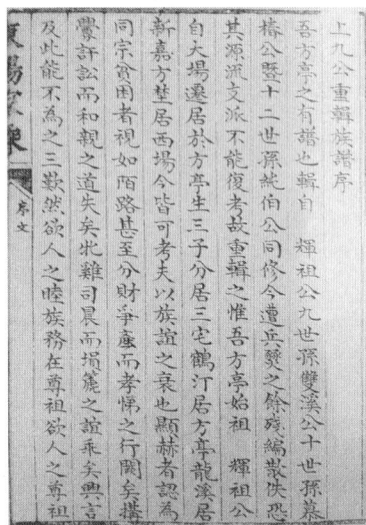

图17　《东阳沈氏家乘》序文之一

明景泰年间,族人沈宗彝佞佛,聚众讲法,自号瞿昙导师,被仇家以聚众倡乱举报于官,逮入狱中。为脱罪,沈家"竭蹶所有,赂遗当道",在付出了巨大财产代价后,沈宗彝最终得免。① 继而,嘉靖年间的倭寇侵扰,对沈氏的打击更大。方亭永嘉里的沈氏老宅、宗祠、义塾,以及"礼仙娱老"的王母阁等,均为倭寇所毁。此后,沈氏的家业、人文均大幅跌落。到万历年间,产业才稍加恢复,有"阳宅三十二亩,阴宅三十二亩",已经远不能与前代相比。② 科举方面,沈氏也再无贡生以上的成就,生员亦极少。因此,可以说,嘉靖朝过后,沈氏逐渐失去了紫隄村大族的地位。明清鼎革时,"奴变"四起,各乡镇的地主富室集练乡勇保护家产。紫隄村新嘉里推首富沈中孚为乡勇领袖。不久,家仆沈添等人变乱,声言要"尽歼沈氏"。中孚遂被杀,家产遭哄抢,沈氏再受重创,愈加萧条。③

其次,秦氏。秦氏世居于村东秦家桥。元末,秦氏杜门匿迹,没有参与钱鹤皋的叛乱而幸存。④ 明万历年间,族人秦可成因徭役破家,率众狼狈迁徙他地,连宗祠牌位都无奈烧掉。⑤ 这就是《紫隄小志》中提到的秦氏"迁居他所"。不过,在此前的正统年间,有一

---

① (清)汪永安辑录:《紫隄村小志》卷之后《江村杂言》,1962 年上海市文物保管委员会《上海史料丛编》版,何建木标点,《上海乡镇旧志丛书》第 13 册,第 144—145 页。

② (清)汪永安原纂,侯承庆续纂,沈葵增补:《紫隄村志》卷二《桥梁》,《中国地方志集成·乡镇志专辑》第 1 册,第 234 页。

③ (清)汪永安辑撰:《紫隄小志》续一《人物续录》,《上海乡镇旧志丛书》第 13 册,第 72—73 页。

④ (清)汪永安原纂,侯承庆续纂,沈葵增补:《紫隄村志》卷五《人物》,《中国地方志集成·乡镇志专辑》第 1 册,第 272 页。

⑤ (清)汪永安原纂,侯承庆续纂,沈葵增补:《紫隄村志》卷三《祠宇》,《中国地方志集成·乡镇志专辑》第 1 册,第 251 页。

族人秦哲入赘到附近的朱家泾,继承了当地大户朱氏的家业。① 入
赘他姓者,一般家境贫寒,故秦哲应是大族秦氏非常边缘的一位族
人。朱氏原本在明初因财力而任粮长,有族人朱西轩,被称为"朱
粮长"。秦哲入赘后,朱氏家业逐渐尽归秦哲所有。此后,秦哲、秦
钝、秦渭祖孙三人相继担任粮长一职,世掌乡赋。②

到嘉靖年间的秦渭时,秦家"家道日隆,方广数里,阡陌相连,
赀以大振"③。秦渭儿子中,有一个副榜贡生,一个附监生,两个秀
才。秦渭的两个孙子秦士珪、秦士琦,是同年秀才。同沈氏相似,
秦家后人在科举一途上徘徊不前④,明代中期以后家族地位未能维
持,仅以财富和附庸风雅之力,局限在乡村社会的小圈子中。

最后,侯氏。明中期以后,紫隄村最有势力的家族便是嘉靖、
隆庆年间崛起的侯氏。侯氏祖先叫侯守常,因膝下无子,便收养了
妹妹之子徐瑞和母舅之子杨道升(一说杨彦升)⑤二人为嗣,俱承
侯姓。此后,在紫隄村,徐瑞一支称西族,杨道升一支因姓出上谷

---

① (清)汪永安原纂,侯承庆续纂,沈葵增补:《紫隄村志》卷四《园宅》,《中国地方志
　集成・乡镇志专辑》第1册,第261页。
② (清)汪永安原纂,侯承庆续纂,沈葵增补:《紫隄村志》卷五《人物》,《中国地方志
　集成・乡镇志专辑》第1册,第274、275页。
③ (清)汪永安辑撰:《紫隄小志》卷二《人物》,《上海乡镇旧志丛书》第13册,第42页。
④ 村志中载有崇祯十二年(1639),秦宜宏(或作弘)考中举人,这是明代秦氏所取得
　的最高功名。不过,秦宜宏的高祖赘居到泗泾镇(见嘉庆《松江府志》卷七十七《名
　迹志・第宅》,清嘉庆松江府学刻本)。故他本人在紫隄村没有活动和影响。
⑤ 侯守常与杨道升为中表兄弟,如此立嗣不合礼法。侯氏后人也意识到这一点,但
　已无法改变。

郡,而称上谷东族。西族两代之后又无嗣,遂收养外甥童氏为后。①

侯氏东族在嘉靖朝之后迅速崛起。明中期,族人侯廷用,家境贫寒,凭勤慎力田,维持生计,却能坚持着力教子读书。② 廷用子,即侯尧封(字钦之,号复吾)勉力读书。因多次乡试落第,导致"学殖日富,家日贫",有"蓝布衫秀才"之称。在上述秦渭家中做塾师贴补生计时,一度想放弃举业。秦渭见状,大方接济,资助他赶考。最终在嘉靖三十四年考中举人,隆庆五年成进士,是为明代紫隄村第一个进士及第的人。尧封历刑部主事、监察御史,后任官福建、湖南、湖北等地,以福建参政致仕归乡。③

侯氏东族自尧封开始,迅速"簪缨继起,为门第之望"④。尧封有六子,其中长子孔诏为岁贡、二子孔谐为附监生、三子孔表和四子孔释为邑庠生。孔诏子侯震旸(字起东,号吴观),于万历三十八年成为家族中第二个进士及第的人。天启初年,震旸任吏科给事中,在八个月的任职期间,不顾魏忠贤的权势,仗义执言,上疏二十

---

① (明)侯孔龄:《复姓议》,载(清)汪永安原纂,侯承庆续纂,沈葵增补:《紫隄村志》卷五《人物》,《中国地方志集成·乡镇志专辑》第1册,第281页。(清)侯峒曾:《侯忠节公全集》卷十《续修家谱序》,民国二十二年铅印本,第2—4页。

② (清)汪永安原纂,侯承庆续纂,沈葵增补:《紫隄村志》卷五《人物》,《中国地方志集成·乡镇志专辑》第1册,第275页。

③ (清)侯峒曾:《侯忠节公全集》卷十三《曾祖考亚中大夫福建布政使司右参政复吾府君行状》,第2—10页。(明)姚希孟:《棘门集》卷五《亚中大夫福建右参政复吾侯公传》,明崇祯张叔籁等刻清閟全集本,《四库禁毁书丛刊》集部第179册,第3—6页。(清)汪永安辑撰:《紫隄小志》卷二《人物》,《上海乡镇旧志丛书》第13册,第41页。康熙《嘉定县志》卷十五《人物上》,康熙十二年刻本,《中国地方志集成·上海府县志辑》第7册,第727—728页。

④ (清)唐懋芝:《祭文》,载(清)汪永安原纂,侯承庆续纂,沈葵增补:《紫隄村志》卷五《人物》,《中国地方志集成·乡镇志专辑》第1册,第280页。

二封,"以直声著天启朝",声名鹊起。① 震旸有三子,即峒曾、岷曾、岐曾,三人均少年得志,同一年入县学,被督学赠予"江南三凤"匾额。此后,峒曾(字豫瞻,号广成)考中天启五年进士,历官南京兵部主事、江西提学参议、嘉湖道左参政等职。② 岐曾(字雍瞻,号广维)则为崇祯十五年副榜贡生。峒曾、岐曾各有三子,即玄演、玄洁、玄瀞、玄汸、玄洵、玄泓,六人师从黄淳耀,并称"上谷六龙""六侯"。③ 其中,除岐曾次子玄洵早卒以外,其余五人皆有秀才或副贡的功名。康熙年间,《紫隄村志》的编纂者汪永安在一篇《紫隄村赋》中特别点出侯氏一族:"粤稽明季,首推上谷,三凤蜚名,六龙著族。科第则累世增荣,文章亦历时相服。"④要而言之,侯氏通过"一门三进士"的科举荣耀,从一普通贫寒之家,迅速崛起为当地最大的门第望族。这与沈氏以经商致富、秦氏以粮长起家的模式不同。

另有徐氏,是紫隄村中较早定居的族姓,还在村中建有一座徐家桥。元末,徐摛、徐庄父子为避乱而迁居附近的七宝镇,与紫隄

---

① 《明史》卷二百四十六《侯震旸列传》,第6378—6380页。(清)张云章:《朴村文集》卷十一《凤阿山房记》,清康熙华希闵等刻本,《四库禁毁书丛刊》集部第168册,第19页。

② 《明史》卷二百七十七《侯峒曾列传》,第7099—7100页。(清)汪永安原纂,侯承庆续纂,沈葵增补:《紫隄村志》卷五《人物》,《中国地方志集成·乡镇志专辑》第1册,第282—283页。

③ (清)汪永安原纂,侯承庆续纂,沈葵增补:《紫隄村志》卷五《人物》,《中国地方志集成·乡镇志专辑》第1册,第287页。(清)计东:《改亭文集》卷八《嘉定侯氏宗祠记》,清乾隆十三年计瑸刻本,《续修四库全书》第1408册,第179页。

④ (清)汪永安原纂,侯承庆续纂,沈葵增补:《紫隄村志》卷一《本村各邑疆界》"紫隄村赋",《中国地方志集成·乡镇志专辑》第1册,第215页。

村渐渐脱离了关系。① 总而言之,有明一代真正活跃在紫隄村范围内的著族,即沈、秦、侯三家。沈氏是商业与元代海漕体制造就的富家大族,秦氏是明代前期非常典型的粮长大户,侯氏是晚明典型的士绅家族。而侯家在晚明"一姓独大"于村中。

三、侯氏动向与影响

紫隄侯氏自侯尧封中举以来,三代进士,世有闻人,号称"五世簪缨"。

尧封年近六十岁中进士,威望甚重,"每饮于外,家人必肃以待,至则南向坐,奉茶汤,命之退,乃敢退"②。其治家又甚严,曾教训子孙云:"不愿汝辈它日为第一等官,但愿为第一等人。"③此后,经过侯孔诏一代短暂的科举曲折,震旸的高中把家族继续向上推动。

天启初年,像那个时代诸多敢于"犯颜直谏"的士大夫一样,侯震旸在吏科给事中的位子上对魏忠贤和客氏的擅权直言抗疏,以致被排除出了仕途,并险些丧命。④ 但这一经历为他带来"直声动

---

① (清)汪永安原纂,侯承庆续纂,沈葵增补:《紫隄村志》卷五《人物》,《中国地方志集成·乡镇志专辑》第1册,第273页。
② (清)汪永安原纂,侯承庆续纂,沈葵增补:《紫隄村志》卷八《杂识》,《中国地方志集成·乡镇志专辑》第1册,第327页。
③ (清)侯峒曾:《侯忠节公全集》卷十三《曾祖考亚中大夫福建布政使司右参政复吾府君行状》,第9页。
④ (清)侯峒曾:《侯忠节公全集》卷十四《先考吏科给事中恤赠太常寺少卿吴观府君行状》,第1—8页。

天下"的清誉,被东南士人目为"人宗"。① 同邑唐时升评价震旸:
"沉机独断,总练名实,福至不骄,忧至不慑,则其去处进退实系时
事之安危。"②侯氏家族名气大增。

到峒曾、岷曾、岐曾三兄弟时,"三凤"齐飞引来众人的瞩目与
厚望,娄坚题诗赞云:"闾巷已令夸胜事,文章须更学通方。吾衰独
有怜才意,水鉴犹矜一日长。"③但峒曾因为父亲在天启朝"惊心动
魄"的官场经历而一度未存积极的仕进之心,两度放弃到北京任官
的机会,试图尽量远离政治斗争的中心。天启末至崇祯初年,还长
期乡居在家,并不急于补官。④ 岐曾没有考中进士,却凭借甚高的
才誉,居中调和于复社诸子之间,为"江左文章名教之宗者约三十
年"⑤。

再下一代的侯玄演兄弟亦是青年才俊,才华横溢,号称"制义
传诵海内"⑥。业师黄淳耀点评云:玄演之文"如园林雨过雕葩刷
芒,又如上帝阴兵截然而下",奇、法并存;玄洁"沉思独往,不阡不
陌,汗澜卓诡,诘曲幽异";玄瀞年龄最小,却"渊然有奇气";玄泓才

---

① (清)计东:《改亭文集》卷八《嘉定侯氏宗祠记》,《续修四库全书》第 1408 册,第
   179 页。
② (明)唐时升:《三易集》卷十三《祭给事侯起东文》,明崇祯谢三宾刻清康熙三十三
   年陆廷灿补修嘉定四先生集本《四库禁毁书丛刊》集部第 178 册,第 174 页。
③ (明)娄坚:《吴歈小草》卷七《起东三骥子皆以童年选补诸生走笔往贺并以为勖》,
   清康熙刻本,《四库禁毁书丛刊》集部第 49 册,第 139 页。
④ (清)侯玄瀞:《侯忠节公年谱》卷一至卷三,民国二十二年铅印本,《北京图书馆藏
   珍本年谱丛刊》第 60 册,北京图书馆出版社,1999 年,第 628—689 页。
⑤ (清)汪永安辑撰:《紫隄小志》卷二《人物》,《上海乡镇旧志丛书》第 13 册,第 54 页。
⑥ (清)吴庄:《偶存篇》(不分卷)"仍贻堂记",清刻本,《四库未收书集刊》第 8 辑第
   23 册,北京出版社,2000 年,第 38 页。

高气奇,"为文缓急丰约,动中精要,章止句绝,余思满衍";玄泓清新俊逸,其文如"秋水芙蓉倚风独笑",又如"千金骏马注坡蓦涧"。① 早逝的玄洵亦"风仪整秀,规简贞令"②。看得出,侯氏家学后继有人。

"三凤""六龙"盛况出现的同时,侯氏围绕嘉定、昆山、太仓,以及华亭等地域铺展社会关系,借以进一步提高家族地位,扩大影响。其中坚力量自然是侯峒曾、岐曾兄弟。

晚明科举选文潮流大盛,峒曾、岐曾二人自万历末年即积极参与其中,与无锡马世奇"共执牛耳,三吴之士,非数家之选不读也,如是者数年"③。万历四十六年,尚未与岐曾相识的张溥,在与友人的信中,提及当年"行卷之出,海内推雍瞻选本",自己读后,对岐曾"私心慕好,愿交其人"④。崇祯八、九年间,复社谋划援立内阁首辅,首先被选中的人即侯峒曾。张溥多次延请,峒曾时任南京吏部文选司主事,以体弱多病、秉性懒散为由婉拒⑤。张采与侯氏亦往来甚多,有《送侯豫瞻北上》诗:"相依春水送君行,静野风光况远盟。难易自来严进退,乐忧从此重功名。初携谏草先臣志,再试郎

① (明)黄淳耀:《陶庵集》卷六《上谷五子新撰评词》,知服斋丛书,《丛书集成续编》第 121 册,上海书店,1994 年,第 86—87 页。

② (明)陈子龙:《湘真阁稿》卷四《挽侯文中·其二》(小注),明末刻本,《续修四库全书》第 1388 册,第 243 页。

③ (清)侯玄瀞:《侯忠节公年谱》卷一,《北京图书馆藏珍本年谱丛刊》第 60 册,第 619—620 页。

④ (明)张溥:《七录斋诗文合集》文集近稿卷四《叶行叮令君檄序》,明崇祯九年刻本,《续修四库全书》第 1387 册,第 344 页。

⑤ (清)侯峒曾:《侯忠节公全集》卷六《与张西铭书》,第 8 页。

官老母情。道是吾徒多分事，莫将文酒慢平生。"①张溥死后，张采还安排将其唯一的女儿嫁给了岐曾的孙子侯檠。

侯檠是岐曾次子玄洵与夏淑吉的儿子。夏淑吉的父亲夏允彝与侯氏二人更为莫逆之交。允彝，华亭县人，崇祯十年进士，与陈子龙、杜麟徵、徐孚远、李雯、周立勋共创"几社"。② 天启四年时，峒曾与夏允彝、杜麟徵二人北上会试，一路上三人"并马而北，日抵掌世事"③。岐曾长子玄汸又娶杜麟徵家族女子为妻。④ 复社另一创始人杨廷枢，是峒曾的表弟，二人志趣相投，崇祯十一年峒曾赴任江西的途中，与廷枢在平望镇夜谈，令峒曾感到"生平未有之快"。⑤ 而陈子龙，十九岁即结识峒曾兄弟，自称"少游二瞻之间，有登堂之雅"⑥。陈子龙还是夏允彝儿子完淳的老师，同时夏家与侯家又是姻亲。

在以上这样的多重关系中，侯氏与复社诸名家"通家相师友，薰习陶冶，蔚然成一门风雅之盛"⑦。侯峒曾被复社诸士推为"先

---

① （明）张采：《知畏堂诗存》卷三《送侯豫瞻北上》，清康熙刻本，《四库禁毁书丛刊》集部第81册，第730页。

② 嘉庆《松江府志》卷五十五《古今人传七》，清嘉庆年间松江府学明伦学堂刻本，《中国地方志集成·上海府县志辑》第2册，第299页。（清）杜登春：《社事始末》，《丛书集成新编》第26册，台北新文丰出版股份有限公司，1985年，第458页。

③ （清）侯玄瀞：《侯忠节公年谱》卷一，《北京图书馆藏珍本年谱丛刊》第60册，第624页。

④ （清）侯峒曾：《侯忠节公全集》卷十四《先考吏科给事中恤赠太常寺少卿吴观府君行状》，第9页。

⑤ （清）侯峒曾：《侯忠节公全集》卷七《与杨维斗表弟书》，第15页。

⑥ （明）陈子龙：《安雅堂稿》卷六《寿侯太夫七十序》，明刻本，《续修四库全书》第1387册，第749页。

⑦ （清）侯峒曾：《侯忠节公全集·序》，第1页。

达"加以崇奉,同列者有文震孟、钱谦益、刘宗周、钱士升、倪元璐等大家。① 故邓尔麟亦有言:复社最有影响的士人活动和最多产的圈子都与侯岐曾的家庭有关。②

侯家的关系网,远不止复社这一个领域。早在侯震旸时,侯家就已经与嘉定最显赫的宦门望族龚氏、徐氏联系了起来。

震旸妻子是广东参政龚锡爵③的女儿。龚氏"自宋元来称仕族"④,是嘉定县最古老的家族,即使在江南地区也有"江南龚氏无二望"的说法。⑤ 龚锡爵的祖上龚弘,在正德朝以工部尚书致仕。⑥ 这位嫁入侯家的龚太夫人深具大义,曾有言于儿子:"能为君之臣者,斯可以为吾之子;不能为君之臣者,必不可以为吾之子。"⑦面对峒曾的殉难,又言:"吾有子矣,且而亦有子,益可

① (清)陆世仪:《复社纪略》卷二,清抄本,《续修四库全书》第 438 册,第 510 页。

② [美]邓尔麟:《嘉定忠臣:十七世纪中国士大夫之统治与社会变迁》,第 177 页。

③ 龚锡爵,字汝修,万历二年(1574)进士。见康熙《嘉定县志》卷十六《人物中》,《中国地方志集成·上海府县志辑》第 7 册,第 732 页。

④ 康熙《嘉定县志》卷十五《人物上》,《中国地方志集成·上海府县志辑》第 7 册,第 742 页。

⑤ (明)归有光:《震川先生集》卷二十一《龚母秦孺人墓志铭》,周本淳点校,第 511 页。(明)唐时升:《三易集》卷十六《龚汝修传》,《四库禁毁书丛刊》集部第 178 册,第 202 页。

⑥ 康熙《嘉定县志》卷十五《人物上》,《中国地方志集成·上海府县志辑》第 7 册,第 717 页。

⑦ (明)张溥:《七录斋诗文合集》存稿卷二《侯太夫人八十序》,《续修四库全书》第 1387 册,第 440 页。

慰。"①嘉定徐氏望族,分为两支,一为徐学谟②家族,一为徐瑄③家族。徐瑄的五世孙徐允禄,以学术文章著名于世,他与侯震旸为莫逆之交,峒曾兄弟少年时也交游于他。④

东林名臣文震孟,是震旸的乡试同年,万历四十七年又与峒曾一起赴京会试,同行者还有文震孟的外甥姚希孟。三人一路畅聊"当世人材忠佞是非之辨",十分投机。⑤ 此科考试,峒曾落榜,文震孟则高中状元,官至崇祯朝东阁大学士。⑥ 姚希孟也得中进士。⑦ 文、姚二人遂成为峒曾在官场上的前辈与知己。崇祯七年,乡居多年准备再次补官时,峒曾首先着意询问了文、姚二公的意见。⑧ 姚希孟的孙女还许配给了峒曾长子侯玄演。

峒曾自己的妻子出自南翔李氏,其父是李绳之,以孝行被"东

---

① (清)汪永安辑录:《紫隄村小志》卷之后《江村杂言》,《上海乡镇旧志丛书》第 13 册,第 148 页。

② 徐学谟,字叔明,嘉靖二十九年(1550)进士。官至礼部尚书。见康熙《嘉定县志》卷十五《人物上》,《中国地方志集成·上海府县志辑》第 7 册,第 722 页。

③ 徐瑄,字子敬,正统三年(1438)乡试解元,十年进士。天顺年间以御史巡按延绥。见康熙《嘉定县志》卷十五《人物上》,《中国地方志集成·上海府县志辑》第 7 册,第 718 页。

④ (清)侯玄瀞:《侯忠节公年谱》卷一,《北京图书馆藏珍本年谱丛刊》第 60 册,第 614 页。康熙《嘉定县志》卷十六《人物中》,《中国地方志集成·上海府县志辑》第 7 册,第 738 页。

⑤ (清)侯玄瀞:《侯忠节公年谱》卷一,《北京图书馆藏珍本年谱丛刊》第 60 册,第 619 页。

⑥ 《明史》卷二百五十一《文震孟列传》,第 6495—6499 页。

⑦ 《明史》卷二百十六《姚希孟列传》,第 5718—5719 页。

⑧ (清)侯玄瀞:《侯忠节公年谱》卷一,《北京图书馆藏珍本年谱丛刊》第 60 册,第 635 页。

林诸君子推为真孝子、真道学"①。绳之的父亲李先芳,万历十七年进士,是"嘉定四先生"之一李流芳的堂兄,也是奠定南翔李氏望族地位的关键人物。② 李流芳与侯家交情甚笃,震旸在嘉定县真如镇上的避暑园林"水阁",以及县城中的"东园",都成为流芳等地方文人欢聚流连、唱和吟咏之地,有诗为证,"弦诗频剪烛,博酒更焚膏","襆被未能辜秉烛,且留高兴待重来"。③

此外,峒曾长女嫁与昆山徐氏徐乾学的伯父。次女嫁入太仓琅琊王氏,即王世贞家族。岐曾长女嫁入昆山王志坚家族。志坚与李流芳、归昌世并称"三才子"。④ 次女嫁顾天逵,乃明中期阁臣顾鼎臣⑤玄孙、崇祯六年举人顾咸正的儿子。

同时,峒曾兄弟还着意"网罗英俊",如同邑黄淳耀、陈俶、夏云蛟等青年士子。⑥ 尤其是黄淳耀,从崇祯三年十九岁起跟随峒曾兄

① (清)张承先:《南翔镇志》卷六《人物·孝义》,民国十三年南翔凤翥楼铅印本,《中国地方志集成·乡镇志专辑》第 3 册,第 473 页。
② 康熙《嘉定县志》卷十六《人物中》,《中国地方志集成·上海府县志辑》第 7 册,第 731 页。南翔李氏世系可参考李柯:《李流芳论考》,硕士学位论文,上海社会科学院,2009 年。
③ 洪复章:《真如里志》(不分卷)"园林",稿本,《中国地方志集成·乡镇志专辑》第 3 册,第 170 页。(明)李流芳:《嘉定李流芳全集》卷十二《忆访水阁寄侯起东》、卷四《雨中集侯雍瞻东园》,陶继明、王光乾校注,上海古籍出版社,2013 年,第 330、123 页。
④ (清)张承先:《南翔镇志》卷七《人物·流寓》,《中国地方志集成·乡镇志专辑》第 3 册,第 490 页。
⑤ 《明史》卷一百九十三《顾鼎臣列传》,第 5115—5116 页。
⑥ (清)吴庄:《偶存篇》(不分卷)"仍贻堂记",《四库未收书辑刊》第 8 辑第 23 册,北京出版社,2000 年,第 38 页。(清)侯玄瀞:《侯忠节公年谱》卷一,《北京图书馆藏珍本年谱丛刊》第 60 册,第 633—634 页。康熙《嘉定县志》卷十六《人物中》,《中国地方志集成·上海府县志辑》第 7 册,第 741 页。

弟,兄事二人,几年后处馆侯家,教授玄演一辈。^① 淳耀崇祯十六年进士及第,是协助侯峒曾组织嘉定城抵抗运动的主要力量,负责西城门的防守。嘉定城陷落后,与弟弟渊耀一起自尽。^② 后人因此多将峒曾、淳耀并提,所谓"吾嚠人物,首推侯、黄二公"^③。

依靠上述由交游和姻亲叠加起来的社会关系,侯氏兄弟与晚明江南众多的文人名士、世家望族、复社组织紧密连接了起来,家族影响力大增。在地方事务中,也逐渐有了更多的话语权。这一变化从嘉定县争取漕粮折征和其后阻止"复漕"的过程中可以明显看到。

赋役折银,是明代中叶之后的一大趋势,然漕粮折征一般有着较严格的条件。嘉定县因"地不产米,只宜木棉",要本色上缴大部分的漕税,必须"以花成布,以布贸银,以银籴米"^④。其间的折价不当、奸商牟利给百姓造成很大负担。经过官、绅、民十几年的不懈争取,嘉定县最终在万历二十四年获得漕粮全部永久折征的待遇。这是嘉定县历史上一个极其重大的事件。除嘉定县历任官员以外,众多乡绅如徐学谟、李先芳、须之彦、陈舜道等,也积极奔走,极力促成此事。^⑤ 不过,十几年的争取过程中,侯尧封似乎并没有

---

① (清)陈树德原辑,宋道南重订:《陶庵先生年谱》,知服斋丛书,《丛书集成续编》第121册,第17页。

② (明)黄淳耀:《陶庵集》"行状"(侯玄泓撰),《丛书集成续编》第121册,第13—15页。

③ (清)侯峒曾:《侯忠节公全集》,"胡起凤旧序",第1页。

④ 上海博物馆图书资料室编:《上海碑刻资料选辑》"嘉定粮里为漕粮永折呈请立石碑",上海人民出版社,1980年,第137页。

⑤ 嘉定县"折漕"历程可参考吴滔:《明清嘉定的"折漕"过程及其双面效应》,《学习与探索》2012年第3期。

参与。知县王福征为巩固和纪念"永折"成果,汇辑相关奏疏、公移等,编成《岁漕永改编》一书,才邀请了尧封作序。① 极有可能的是,万历朝前期,在官场人脉与地位方面,尧封力量尚不足,对涉及国家与地方之间利益的事务,并不能发挥明显的作用。但从此后几次阻止"复漕"的事件②,则可以发现侯震旸、峒曾父子已经完全有能力斡旋于朝臣之间了。

天启四年,朝中借筹措军需应对北方战事之由,提出暂停漕粮折色。嘉定籍官绅如太仆寺少卿归子顾、兵部员外郎孙元化、刑科右给事中陆文献等纷纷利用各自的人脉上下疏通,向朝廷争取仍旧改征折色。其时侯震旸贬官家居,也"邀诸长者集议榻前,醵金,令父老上书阙下,而走赫蹄数十于长安,命峒曾分致秉轴",为阻止"复漕"积极联络。③

崇祯十四年,漕粮折征再发变故。户部下令折漕的州县复征本色,其中要求嘉定"半兑本色"。当年,嘉定县百般筹措才得以勉强应付过关。④ 第二年,为了避免十四年事再次发生,岐曾子侯玄涀,与其他生员共同上疏,请求照旧永折。峒曾正在江西任官,急

---

① (清)汪永安原纂,侯承庆续纂,沈葵增补:《紫隄村志》卷一《田赋》,《中国地方志集成·乡镇志专辑》第 1 册,第 217—218 页。

② 参见康熙《嘉定县志》卷七《赋役上》"永折漕粮始末",《中国地方志集成·上海府县志辑》第 7 册,第 556—557 页。

③ (清)侯峒曾:《侯忠节公全集》卷十四《先考吏科给事中峒赠太常寺少卿吴观府君行状》,第 7 页。

④ (明)张鸿磐:《请照旧永折疏》,康熙《嘉定县志》卷二十《艺文·奏疏》,《中国地方志集成·上海府县志辑》第 7 册,第 856 页。

忙"致书史公及长安大司农以下诸当轴者"①。信中尽陈嘉定宜棉不宜稻的地理环境、几十年来争取"折漕"的过程、"复漕"的客观条件限制等事,凸显漕粮折征与否关系到嘉定县民之生死。② 最终,经过多方努力,以折征银两至天津购米再上缴的方式,避免了复漕的发生。

崇祯十年,又有漕粮折银比例提高之令,即"永折地方,每石骤加三钱",致使嘉定县从最初的兑军儧运正米每石折银七钱,改兑淮安常盈仓正米每石折银六钱,分别增至一两和九钱,远远高于泗州、桃源等县每石折银五钱的比例。③ 侯峒曾为此先致信右佥都御史、巡抚江南的张国维,指出此番加派,使漕银在七万余两的基础上,需多征收三万二千多两,几乎增加了一半,太过沉重。请求张国维"亟疏控吁",希望能够"从长酌减"。④ 接着,峒曾又联系新任户部尚书程国祥,担心百姓重压之下"万一铤而走险,无民且无赋,则忧并在朝廷",恳请程国祥通盘考虑利害,蠲除此项。⑤ 最终在峒曾的努力下,以每石加二钱告终。⑥

随着家族地位的提高和个人权威的扩张,侯峒曾在参与地方社会政治决策上的效力愈加明显。崇祯年间,全国州县一度被分

① (清)侯玄瀞:《侯忠节公年谱》卷三,《北京图书馆藏珍本年谱丛刊》第 60 册,第 688 页。
② (清)侯峒曾:《侯忠节公全集》卷八《与朝士论嘉定复漕书》,第 2—4 页。
③ (明)张鸿磐:《请照旧永折疏》,康熙《嘉定县志》卷二十《艺文·奏疏》,《中国地方志集成·上海府县志辑》第 7 册,第 856 页。
④ (清)侯峒曾:《侯忠节公全集》卷六《答张玉筍中丞书(又)》,第 10 页。
⑤ (清)侯峒曾:《侯忠节公全集》卷七《与程我旋大司农书(又)》,第 7—8 页。
⑥ (清)侯玄瀞:《侯忠节公年谱》卷一,《北京图书馆藏珍本年谱丛刊》第 60 册,第 642 页。

为大、中、小三个等级来分配生员名额,大者五十名,中者三十名,小者十五名。八年时,嘉定被列在中等。峒曾致书南直隶提学倪元珙,申述嘉定县"财赋视长洲差缩,视吴县较赢,而进额如此不平甚矣",表达对学额减少的不满。① 在侯峒曾的压力下,倪元珙重新厘定大小,将嘉定县列为大县,从而增加了二十个生员名额。② 同年,侯峒曾修书一封给刚到嘉定上任三个月的知县万任,洞悉社会动荡下地方社会面临的问题,以及县政推行的困难。信并不长,却涉及了县中政治、经济各项事务,包括催科区分缓急、"狱讼之未可借僚属"、"牌票之不宜假胥吏"、筹粮备乱、增加兵备、推行保甲、警惕"打行"滋事等内容。③ 显示出峒曾积极参与县政管理的姿态,以及对保障地方社会秩序和安全的重视。

明末,侯家的声望与势力达到鼎盛。嘉定县域内无人不知"本邑有二老爷",以致连从南翔至嘉定县城的航船都假借侯家的势力,悬挂"侯"字灯笼,强拉行人上船,勒索钱物。④ 即使是县令,也不得不对治下的侯氏大乡绅恭敬三分。侯尧封致仕归乡后,嘉定知县王福征⑤亲至紫隄村侯宅赴宴,其间坐姿稍有松懈,尧封却故意站起身,屹然不动地侃侃而谈了很长时间,令王福征异常窘迫,

---

① (清)侯峒曾:《侯忠节公全集》卷七《与倪三兰督学书》,第3—4页。
② (清)侯玄瀞:《侯忠节公年谱》卷一,《北京图书馆藏珍本年谱丛刊》第60册,第635页。
③ (清)侯峒曾:《侯忠节公全集》卷七《与万明府书》,第5—6页。
④ (清)汪永安原纂,侯承庆续纂,沈葵增补:《紫隄村志》卷八《杂识》,《中国地方志集成·乡镇志专辑》第1册,第329页。
⑤ 王福征,万历二十一年起任嘉定知县,任期内实现了嘉定县"漕粮永折"愿望,功不可没。万历《嘉定县志》卷七《田赋考下·折漕始末》,《四库全书存目丛书》史部第208册,第783页。

又不敢言。①

但同时,侯氏也因势力壮大而逐渐罔顾理法。如,与那个时代大多数乡绅类似,大量接受族人、亲戚的田产诡寄。② 侯孔诏曾将妹婿李氏的附郭田诡寄在自己名下,"既庇差役又为输粮者十五年"③。侯尧封死后,葬在嘉定、上海交界的圆沙泾,这里原是他姓的茔地,侯氏硬是抢夺了过来。④ 侯氏主宅东侧本是义冢之地,尧封做官后为扩建宅院,公然垦平了义冢,还引来了一些非议。⑤

四、家族活动印记

自明初到明末,沈氏、秦氏和侯氏三个著族,基于自身家族的性质与能力,不仅促进了紫隄村的市场发育与聚落升格,而且在聚落发展格局、文化习俗、宗教信仰、社会管理等层面,也存在重要的影响。地域社会特征的塑造,与人群活动尤其权势家族的影响之间的关系,是多角度和多层面的。

商业家族沈氏,定居之后继续商业投资,使其家族的聚居地变

---

① (清)汪永安原纂,侯承庆续纂,沈葵增补:《紫隄村志》卷八《杂识》,《中国地方志集成·乡镇志专辑》第 1 册,第 328 页。

② 侯峒曾在清顺治二年写给族人的一封信中表示,世事更迭,恐有不测,原本寄在自己名下的官甲户田应尽快"各自为计,散归他所,万勿更存官甲之名"。见(清)侯峒曾:《侯忠节公全集》卷九《与宗人书(乙酉五月)》,第 11 页。

③ (清)汪永安原纂,侯承庆续纂,沈葵增补:《紫隄村志》卷五《人物》,《中国地方志集成·乡镇志专辑》第 1 册,第 278 页。

④ (清)汪永安原纂,侯承庆续纂,沈葵增补:《紫隄村志》卷四《冢墓》,《中国地方志集成·乡镇志专辑》第 1 册,第 269 页。

⑤ (清)汪永安辑撰:《紫隄小志》卷上《坟墓》,《上海乡镇旧志丛书》第 13 册,第 17 页。

成了紫隄村商业贸易的中心地。像沈氏最早定居的方亭浦永嘉里,成为村中布行、靛行的集中地,还因牙行较多而俗称"行前"。① 蟠龙塘南的新嘉里,则由迁居此地的沈龙溪经营成为一商品交易地。这里交通便利,有河道长浜通向七宝镇,龙溪在长浜上建了一座种德桥,桥两侧筑屋开市,逐渐形成市场。② 沈氏一直以来的商业投资和经营当是聚落升格的重要基础。

沈辉祖定居之后,很快在方亭浦南池之上建起沈氏义塾。这是紫隄村的第一座义塾,一度吸引了周边不少子弟进学。③ 尤其学宫门前的两棵桂树,称"学宫双桂",成为紫隄村的一处胜景,被赞誉"训迪俊造,更有裨于风俗人心"④。同时"双桂"还是沈氏后人追溯先世辉煌的记忆起点。如清代族人沈廷桂追忆称:"丹桂双株,历岁既久,大俱合抱高耸,称之为乡学胜景。郁郁菁菁,掩映池滨,洵可玩赏。……当秋高清爽,月朗风清,双桂飘香,族之父兄子弟徜徉其下,流连吟咏,斯时也,书香世泽,溢于里闾。"⑤

明嘉靖以前,整个紫隄村的科举一直不兴盛,沈氏诸多族人拥有的生员功名,使其家族集财富与威望于一体,显赫一时。沈氏第三代沈文德,是县学生员,秉性端方,在村中极有权威,常常接到乡

---

① (清)汪永安原纂,侯承庆续纂,沈葵增补:《紫隄村志》卷四《园宅》,《中国地方志集成·乡镇志专辑》第1册,第261页。

② (清)汪永安原纂,侯承庆续纂,沈葵增补:《紫隄村志》卷二《桥梁》,《中国地方志集成·乡镇志专辑》第1册,第234—235页。

③ (清)汪永安原纂,侯承庆续纂,沈葵增补:《紫隄村志》卷三《乡塾》,《中国地方志集成·乡镇志专辑》第1册,第251页。

④ (清)沈葵纂修:《东阳沈氏家乘》,"跋沈氏宗谱"。

⑤ (清)汪永安原纂,侯承庆续纂,沈葵增补:《紫隄村志》卷三《古迹》,《中国地方志集成·乡镇志专辑》第1册,第249页。

民的请托，斡旋于官府和百姓之间，予人脱罪或代人伸冤。①

　　以粮长起家的秦氏，大约从成化年间起，三代世袭粮长。第一任秦哲，任粮长时宽平不苛，又性惇谨，被视为"长者"。明成化十七年岁饥，秦哲在乡间"发私廪，周给甚众"。秦钝继任粮长，能守其父亲之法。② 到第三代秦渭时，曾"两督京运"，代缴逋负税粮三千七百两，显示出秦家资财的丰厚。在乡间，秦家常因财力而被编派杂役，秦渭总是一力承担，并不推诿。这是史料中常见的明代前期"正直"粮长的典型形象。

　　嘉靖时，秦渭捐纳成为太学例贡，迈入士人阶层，为他进一步提高在乡间的地位和参与更多的区域管理事务提供了方便。③ 时称"有司亦多重之，尤为贤令李公资坤所契合，里有大事，悉委决焉"④。如，知县李资坤兴建俨溪小学，位于离紫隄村不远的纪王镇，其中有"廛舍一十三舍，岁得僦银十两四钱，以供师儒廪饩"。这部分收支，李县令即委任秦渭进行掌管。⑤ 嘉靖年间，为统一江南官民田科则，真正实现"一则起科"，巡抚应天十府的欧阳铎提出"计亩均输"的方法，在清查土地的基础上，用耗米和金花银来调整不同科则田地的负担，时称"牵耗""摊耗"或"均摊"。苏州知府王

---

① （清）汪永安原纂，侯承庆续纂，沈葵增补：《紫隄村志》卷五《人物》，《中国地方志集成·乡镇志专辑》第 1 册，第 274 页。

② 同上。

③ （清）汪永安辑撰：《紫隄小志》卷二《人物》，《上海乡镇旧志丛书》第 13 册，第 42 页。

④ （清）秦立：《淞南志》卷六《耆德》，清嘉庆十年秦鉴刊本，《中国地方志集成·乡镇志专辑》第 4 册，第 718 页。

⑤ （清）秦立：《淞南志》卷三《学廛》，《中国地方志集成·乡镇志专辑》第 4 册，第 702 页。

仪鼎力推行,因嘉定知县李资坤"强毅清节",故改革先由嘉定县开始,再推广到各邻县。① 秦渭则配合李资坤参与了最基础的清丈过程。② 秦氏于紫隄村的权势与影响力在这一时期达到了鼎盛。秦渭的两个孙子在村中构建了两个休闲园林,称东、西花园,生活渐趋奢靡。③

相比于沈、秦二姓在明代中前期的势力与影响,以科举起家的侯氏远远过之。清初《紫隄村小志》载:

> 曩时本村屋舍,傍沙鹤浦(注:又称双鹤浦)者为多,东偏殊苦寥落。考故明上谷盛时,所居原并在西墅。今自西而东,无不稠密。④

紫隄村发展的趋势是从西向东扩展的。很明显,明代村西的繁荣,与侯氏在此聚居密不可分。

侯氏主宅位于紫隄村西面,蟠龙塘北、龙蟠桥以西到双鹤浦这一区域内。这里地处上海、嘉定两县接壤处:"(蟠龙)塘北龙蟠桥

---

① 唐文基:《明代赋役制度史》,中国社会科学出版社,1991年,第163—175页。万历《嘉定县志》卷五《田赋考上·田赋》,《四库全书存目丛书》史部第208册,第741—742页。万历《嘉定县志》卷九《职官考下》,《四库全书存目丛书》史部第209册,第23页。
② (清)汪永安原纂,侯承庆续纂,沈葵增补:《紫隄村志》卷五《人物》,《中国地方志集成·乡镇志专辑》第1册,第276页。
③ (清)汪永安原纂,侯承庆续纂,沈葵增补:《紫隄村志》卷五《人物》,《中国地方志集成·乡镇志专辑》第1册,第277页。
④ (清)汪永安辑录:《紫隄村小志》卷之后《江村杂言》,《上海乡镇旧志丛书》第13册,第142—143页。

而西,至侯参政旧宅,属上海。再西则又嘉定。"①侯尧封进士及第后,在侯宅东耳房设侯氏宗祠,西耳房建上谷家塾,中有太初堂、白村堂、偕老堂等。其子孔诏又加以增筑。尧封奉养双亲的"偕老堂",有归有光所作的《偕老堂记》,赞其父母"同登大耋",又有如此孝顺的儿子,实可"足乐矣"。②

随着子孙的增多,侯氏的庙宇、园林、别业围绕着主宅而建。如,侯氏东园,即太初园,在主宅北面的山池上,尧封自题楹联:"三亩宅中新竹径,百年江上旧茅塘。"同邑娄坚有诗云:"鹤巢傍檐古木,鱼唼临水长条。暮霭横拖匹练,春水薄似轻绡。林深已生宿雾,村远犹带斜晖。犬吠邻家社散,鸡栖学舍儿归。"③吟出太初园休闲、远尘嚣的意境。山池东北岸有观音堂,也是尧封所建,后易为僧院,改名青莲庵,由热衷禅学的四子孔释继承。主宅西偏的岁寒亭,又名"桂林森处"或"柳庄",是孔鹤的读书别业,周围环柳,庭中植桂,远离尘嚣。鼎革之后,侯玄瀞于此编辑了父亲峒曾的年谱。村西靠近虬江的梅雪村,是侯孔龄的别业。此地俗称李库,因孔龄居此喜种梅花,村人竞相模仿,以至梅花遍地,遂称"梅雪村"。主宅东北部的北巷还有孔龄旧居四知堂,匾额为董其昌题。侯氏家宅西侧的荆隐旧庄,也是其家族产业,鼎革时侯玄洵妻子、才女夏淑吉和其父亲夏允彝一度避居在此。稍远一些的村北朱家泾,

①(清)汪永安原纂,侯承庆续纂,沈葵增补:《紫隄村志》卷一《本村各邑疆界》,《中国地方志集成·乡镇志专辑》第1册,第215页。
②(清)汪永安原纂,侯承庆续纂,沈葵增补《紫隄村志》卷四《园宅》"归有光偕老堂记",《中国地方志集成·乡镇志专辑》第1册,第262页。
③(清)汪永安原纂,侯承庆续纂,沈葵增补《紫隄村志》卷四《园宅》"上谷东园诗",《中国地方志集成·乡镇志专辑》第1册,第263页。

有壶春草堂,是孔释的别业,孔释子孙一直居住在此。①

可见,明代侯氏族人的生活空间,带来相应区域内村落的发展,也奠定了紫隄村日后扩展的格局。

在乡村信仰体系中,侯氏也占据着重要的地位,参与、甚至控制着多所庙宇的庙权与祭祀。最具代表性的是关帝庙(见图18)。其时,以明代嘉靖倭变为契机,江南地区关帝庙的兴修进一步扩

图18　诸翟镇现存的关帝庙

(笔者摄)

---

① (清)汪永安原纂,侯承庆续纂,沈葵增补:《紫隄村志》卷四《园宅》,《中国地方志集成·乡镇志专辑》第1册,第262—265页。

大,并与科举文化发生关联。①嘉靖三十四年是乡试之年,侯廷用为祈祷儿子高中,祝于神曰:"吾儿幸歌鹿鸣,必建侯祠,奉香火焉。"这一年,侯尧封果然考中。侯廷用遂建关帝庙,尧封入仕后又加葺,使其"像极华灿,黝漆糁金,另着真衣,远近无与为比"。此后,侯氏接连科第,村人认为庙宇灵验,于是"黍稷弥殷,岁常以时致祭。凡里中水旱、疾疫,皆诣侯祷",关帝庙遂由"神-家",扩大至"神-乡",成为全村的信仰中心之一。② 侯氏不仅将明代以来逐渐兴盛的关帝信仰带入紫隄村,还借以成为关帝庙祭祀活动的主导者。

明末清初,村中赛会以每年三月三日的玄寿观赛会为最盛,其时"各村咸出财力、执事、鼓吹、旗帜、舆从,以及扮演台阁,莫不光彩耀目"③。玄寿观最初的创建,与侯家没有任何关系。其始于元代延祐年间,元末时由钱鹤皋重筑。钱氏失败后,玄寿观也有所损毁,到明嘉靖年间,被倭寇夷为废墟。又过了二十多年,当玄寿观改建时,侯氏得以参与进来。侯尧封接受村中耆老的请求,作为见证人,记录下玄寿观祭祀活动的恢复,又撰写了祭祀歌词。④ 此后,

---

① 包诗卿:《庇佑"敌国":明代江南地区关羽信仰的传播》,《史林》2014 年第 4 期。
② (清)汪永安辑撰:《紫隄小志》卷上《神庙》,《上海乡镇旧志丛书》第 13 册,第 10 页。(清)汪永安原纂,侯承庆续纂,沈葵增补:《紫隄村志》卷四《庙院》,《中国地方志集成·乡镇志专辑》第 1 册,第 254 页。
③ (清)汪永安原纂,侯承庆续纂,沈葵增补:《紫隄村志》卷八《杂识》,《中国地方志集成·乡镇志专辑》第 1 册,第 332 页。
④ (清)汪永安原纂,侯承庆续纂,沈葵增补:《紫隄村志》卷四《庙院》"侯尧封碑记",《中国地方志集成·乡镇志专辑》第 1 册,第 256—257 页。

峒曾书观中楹联"瑞雪凝鹤浦,灵迹镇龙江",继续支持玄寿观信仰。[①] 村中另有猛将庙[②],始自明景泰年间,供奉宋将军刘锐。侯氏崛起后,尧封于万历初年将庙"奉为家社","汇族荐芗,藉以祈年",从而"享其先灵"。因侯氏将家庙奉于其中,故猛将庙在侯氏的支持下,香火不断,直至鼎革之后,侯氏罹祸,才"渐置不举"。[③]

社会风俗也常渗透着侯氏的身影。如侯氏有庆贺新生儿的特殊礼仪:"凡生子,举族醵钱为汤饼微贽,每人不过十文,汇封跻贺,藉以索醉。得子者辄肆筵邀集,曰'一分会'。"这一礼仪从万历到清初,一直没有间断过,遂成为紫隄村的一项重要风俗。[④] 再者,乞丐在举行各类庆典的人家门口连日不绝索酒喧闹,是乡村中普遍存在的现象,但晚明的紫隄村独独没有。其缘于"万历间,侯氏臧狡与欧击致讼,当事廉得诸丐恣肆之状,枷笞示众,遂以永除"[⑤]。这一描述虽简单,但仍可以想见侯家权势在其中的作用。

功名意味着文化,侯氏科第继起,带动了村落人文的勃兴。康熙年间汪永安编志时,称本村"俗尚诗书,人知敬长"[⑥]。时人将这一源头归功到侯尧封的父亲侯廷用身上,所谓"江村人文,廷用

---

① (清)汪永安辑录:《紫隄村小志》卷之前《祠庙》,《上海乡镇旧志丛书》第 13 册,第13 页。

② "猛将庙"系明代江南地区存在的土神。据日本学者滨岛敦俊研究,江南地区的土神刘猛将,比较常见的是宋代将军刘锜和刘锐两位人格神,有保佑水运,特别是漕运的传说。参见[日]滨岛敦俊:《明清江南农村社会与民间信仰》,第49—61 页。

③ (清)汪永安辑撰:《紫隄小志》卷上《风俗》,《上海乡镇旧志丛书》第 13 册,第30 页。

④ (清)汪永安辑撰:《紫隄小志》卷上《风俗》,《上海乡镇旧志丛书》第 13 册,第29 页。

⑤ (清)汪永安辑撰:《紫隄小志》卷上《风俗》,《上海乡镇旧志丛书》第 13 册,第31 页。

⑥ (清)汪永安辑录:《紫隄村小志》卷之前《风俗》,《上海乡镇旧志丛书》第 13 册,第41 页。

实开其始"①。嘉靖末，侯尧封与妹婿沈允济共同组织文社，每年春月"荻摇花盛开，必订期，携樽吟咏"，不醉不归，尽显风雅之能事。② 二人也开启了持续到明末的紫隄村文人以诗、文结社的风气，有"本村诗社，明季最盛"之语。③

要之，沈、秦、侯三个权势家族前后继起，基本贯穿了整个明代。紫隄村在有明一代经济、社会的发展、演变，与三个家族的活动息息相关，从一个长时段的角度，显示了明代江南县级以下聚落的衍变与家族、士绅阶层动向的内在联系。

五、王朝鼎革下的紫隄村

紫隄村能够广为人知，实际上源自明清鼎革之际，侯峒曾组织的嘉定县的抵抗活动，以及侯氏族人、亲友们令人扼腕的忠贞与殉难。在以侯氏为中心的抗清活动中，地处僻壤的紫隄村被卷入其中，从而与那些侯氏社会关系网络中的"忠臣"们一起载入史册。这是侯氏塑造和影响市镇聚落的另一个侧面。

需要特别提及的，是侯氏在城乡间的流动。万历初年侯尧封一度僦居嘉定县城。④ 到万历末年时，侯震旸一支正式迁居嘉定

---

① （清）汪永安辑撰：《紫隄小志》卷二《人物》，《上海乡镇旧志丛书》第 13 册，第 39 页。
② （清）汪永安原纂，侯承庆续纂，沈葵增补：《紫隄村志》卷八《杂识》，《中国地方志集成·乡镇志专辑》第 1 册，第 328 页。
③ （清）汪永安辑录：《紫隄村小志》卷之后《江村杂言》，《上海乡镇旧志丛书》第 13 册，第 167 页。
④ （清）汪永安辑撰：《紫隄小志》卷二《人物》，《上海乡镇旧志丛书》第 13 册，第 44 页。

城,侯氏宗祠也一起迁走。[①] 不过震旸的几个叔父支系仍留在紫隄村中。城居之后的震旸一支也并没有与紫隄村脱离关系。

据侯岐曾所写的自清顺治三年正月至四年五月的日记,可以发现其中涉及不少有关乡下田产的事宜。如三年二月初一日,岐曾与儿子玄沔商议抗清事宜,咨询田价,准备卖掉部分田产以"偿其饷督之资"。五月二十五日,日记述及侯家"三世之业荡尽,惟存薄田"。九月初二日,岐曾派仆人朱三"传谕各乡初六起租"。[②] 这意味着,城居之后的侯氏,在乡下仍保留不少田产,或出租,或由家仆经营,而且基本保证了清初一家人的日常生活,并应付新王朝的种种克扣。侯峒曾八岁时还曾回到村中老宅读书。[③] 崇祯年间战乱动荡,跟随震旸生活在县城的侯孔龄干脆返回村中旧居。[④] 正是这种城居之后仍与乡下保持密切关联的情形,使侯氏在鼎革之际的危急时刻能够很快避难转移回紫隄村中。[⑤]

顺治元年六月,侯峒曾避居紫隄村,一边养病一边等待抵抗的机会[⑥],有诗《乙酉夏日郊居怆怀》曰:"忽传丰镐满烽尘,旋报銮舆

---

① (清)汪永安原纂,侯承庆续纂,沈葵增补:《紫隄村志》卷三《祠宇》,《中国地方志集成·乡镇志专辑》第 1 册,第 252 页。

② (清)侯岐曾:《侯岐曾日记》,收入《明清上海稀见文献五种》,王贻樑、曹大民点校,人民文学出版社,2006 年,第 492、573、578 页。

③ (清)侯玄瀞:《侯忠节公年谱》卷一,《北京图书馆藏珍本年谱丛刊》第 60 册,第612 页。

④ (清)汪永安辑撰:《紫隄小志》卷二《人物》,《上海乡镇旧志丛书》第 13 册,第 49 页。

⑤ 关于明清之际江南士人的避难研究,可参考巫仁恕:《逃离城市:明清之际江南城居士人的逃难经历》,《近代史研究所集刊》2014 年总第 83 期。

⑥ (清)侯玄瀞:《侯忠节公年谱》卷三,《北京图书馆藏珍本年谱丛刊》第 60 册,第702 页。

守武林。未暇周防乡井乱，谁能匡坐屋庐深。柴门背郭缘江路，草榻孤臣独夜心。彻夜蛙鸣兼雨闹，欲歌当哭不成吟。"①顺治二年，清兵兵临嘉定，以黄淳耀为代表的嘉定官绅前往紫隄村敦请侯峒曾主持守城大局。抵抗很快失败，侯峒曾与儿子玄演、玄洁，以及黄淳耀等人一起殉难。②

城破之前，岐曾（见图 19）遵照兄长的嘱托带着母亲回到紫隄村中避难。此后，顾咸正和夏完淳经常集聚在紫隄侯家，"谈及时事，各蓄异谋"，筹划"反清"活动。③ 完淳在一次集会中赋诗："星霜握手同兄弟，风雨知心托死生。故国银鱼难换酒，玉壶绿蚁为谁倾。"④显示出危急时刻与侯氏的生死相知之情。

顺治四年，清朝苏松提督吴胜兆反清活动失败后，清兵开始大肆搜捕抗清人士。被视为主谋的陈子龙，与夏允彝的兄长夏之旭仓皇逃往紫隄村投奔侯岐曾。岐曾冒险收留陈子龙，将其隐藏在家奴侯驯家中。⑤ 令子龙不禁感叹："吾生平交满天下，今日乃知侯

---

① （清）汪永安辑撰：《紫隄小志》续二《诗词》，《上海乡镇旧志丛书》第 13 册，第 103 页。
② （清）计六奇：《明季南略》卷四《嘉定侯峒曾侯岐曾》，魏得良、任道斌点校，中华书局，1984 年，第 263 页。（清）温睿临、李瑶：《南疆逸史》卷十五"侯峒曾条""黄淳耀条"，中华书局，1959 年，第 102—103 页。（清）钱大昕：《潜研堂文集》卷二十二《纪事·记侯黄两忠节公事》，清嘉庆十一年刻本，《续修四库全书》第 1438 册，第 636—639 页。（清）杨凤苞：《秋室集》卷四《侯文节传》，清光绪十一年陆心源刻本，《续修四库全书》第 1476 册，第 54 页。
③ 顾诚：《南明史》，中国青年出版社，1997 年，第 459—460 页。
④ （清）汪永安辑撰：《紫隄小志》续二《诗词》，《上海乡镇旧志丛书》第 13 册，第 105—106 页。
⑤ （清）温睿临、李瑶：《南疆绎史》卷十四"陈子龙条"，第 100—101 页。

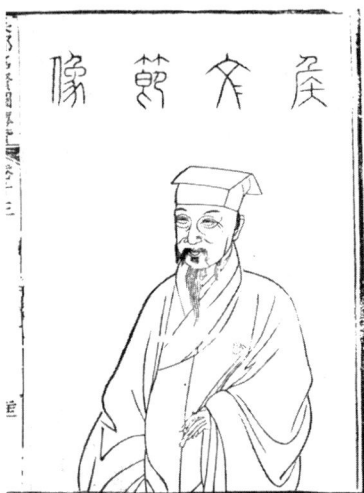

图 19　侯岐曾

（清·孔继尧绘,取自清·顾沅辑:《吴郡名贤图传赞》,道光九年刻本）

氏父子兄弟真人杰也。"①感慨万千的陈子龙在紫隄村写下了"泪尽人间世,天涯何处逢"的悲怆诗句。② 形势更加严峻后,岐曾又安排陈子龙跟随女婿顾大逵藏匿昆山,准备伺机逃往浙江。此时清兵寻迹到紫隄村,捕获侯家家奴,探得消息,分别在昆山黄泥潭和嘉

———————

① 白坚:《夏完淳陈子龙研究的珍贵史料———读侯岐曾〈丙戌丁亥日记〉札记》,《文献》1989 年第 4 期。
② （清）汪永安辑撰:《紫隄小志》续二《诗词》"贫交行为侯广维赋""避地二首",《上海乡镇旧志丛书》第 13 册,第 104—105 页。

定厂头镇捕获了陈子龙和侯岐曾。①

夏允彝在松江城被破后,也来到紫隄村避难,与守节的女儿夏淑吉和外孙一起,住在侯氏主宅西侧的荆隐旧庄。此时,侯氏女眷已经迁到厂头镇的恭寿庄避居,只有淑吉为了照顾父亲留在紫隄村。允彝子夏完淳眼见荆隐别业在鼎革前后的变化,亦感慨为赋:"旧日风光第,园亭日夜开。金尊移草木,绮席隐莓苔。西苑三春静,东林百鸟哀。轻风偏不落,如待玉人来。"②

顺治二年,夏允彝拒绝清廷的招募,泊舟至松江,自沉于嵩塘。③ 据说因水浅,允彝低头伏水面而死,后背尚未湿。④ 清代金石大家王昶,有《紫隄》一诗:"望重三吴社,身填百尺潮。清廉循吏传,哀恸义公谣。玉树还同陨,霜松亦后雕。空传堂斧筑,难觅楚辞招。"其小注云:紫隄,夏考功允彝沉渊之所。⑤ 紫隄村显然不是夏允彝自沉之地,王昶的这种错觉,反映了紫隄村与江南部分抗清义士之间千丝万缕的联系。可以说,紫隄村随着侯氏的抗清活动,永远留在了历史记忆中。

---

① (清)汪永安原纂,侯承庆续纂,沈葵增补:《紫隄村志》卷五《人物》,《中国地方志集成·乡镇志专辑》第 1 册,第 282—283 页。厂头镇有侯尧封的别业,见:(清)钱以陶:《厂头镇志》卷三《古迹·宅第园亭(附古物)》,魏小虎标点,《上海乡镇旧志丛书》第 3 册,上海社会科学院出版社,2004 年,第 35 页。

② (清)汪永安辑录:《紫隄村小志》卷之中《诗词》,《上海乡镇旧志丛书》第 13 册,第 91 页。

③ (清)温睿临、李瑶:《南疆绎史》卷十四"夏允彝条",第 97—99 页。

④ (清)曹家驹:《说梦》卷一《纪夏瑗公殉节事》,《清代笔记小说》第 29 册,河北教育出版社,1996 年,第 381 页。

⑤ (清)王昶:《春融堂集》卷四《郑学斋集》,清嘉庆十二年塾南书社刻本,《续修四库全书》第 1437 册,第 377 页。

六、余韵

嘉定三屠之后，侯氏返回紫隄村，族人一度改姓、隐居以避难，家族发展遭受重大转折，此后的历史中再也无力恢复"一家独大"的辉煌。

紫隄村因侯氏而闻名，这是毋庸置疑的。正如清初常州人董以宁的精辟之言："山川得名，多因人杰。未有苏公之游，赤壁一顽石也。苏公既游之，虽荒台残树，赤壁一名山也。"①紫隄与侯氏的关系亦类如此。侯氏的闻名，除了因身为科甲门第世族，很大程度上也源自峒曾父子、兄弟和妻女在明清鼎革时的抵抗与死难，其感动天地的节义，被后世文人不断回忆与记录，从而更加渲染了侯氏一门的声望与荣耀。

侯氏在万历后期的壮大，是晚明士绅力量兴起的表现与结果。侯氏即通过家族持续的功名，以及积极的交游和对婚姻网络的经营，势力最终超越了紫隄村，扩展至嘉定县，以至于渗透到范围更大的江南地域。

纵观有明一代紫隄村的历史发展过程，侯氏是其中的最后一环，当然也是最辉煌的一环。明代早期，沈氏借助商业投资和较早的功名攀升，奠定了紫隄村基层市场发展的基础。粮长秦氏以特殊的职役和捐纳功名，在紫隄乡间保持权威，参与嘉定县域的行政事务。事实上，明代前期，江南粮长因职役致富，助力后代科举入

---

① （清）董以宁：《正谊堂文集》不分卷《游赤壁记》，清康熙三十九年书林兰荪堂刊本，《四库未收书辑刊》第 7 辑第 24 册，第 441 页。

仕,从而成为望族的情形不少,像晚明长兴人丁元荐即总结:"吴兴诸大家缙绅,强半起于粮长,其子孙至今繁盛。"①只可惜秦氏因科甲不兴和子孙奢靡而未能进一步发展,影响力有限。侯氏恰恰在明代中后期因科举而胜,以"一门三进士"的成就迅速崛起,取代沈、秦两族,成就紫隄村"一家独大"的局面。在与紫隄村的关系上,侯氏将作用力迅速铺展至聚落聚居格局、庙宇信仰、文化风俗等社会各层面,在镇中留下了深刻的家族扩张的印记,并于明清鼎革之际,将紫隄村卷入抗清运动的局面下,使得小小市镇随着侯氏忠烈之举蜚声江南,永载史册。

侯氏与紫隄村的关系,显示出在市镇的经济环境已趋定型的情况下,士绅的政治经济优势、社会名望和家族扩张活动,依然会在多个层面改变市镇的发展样态。

---

① (明)丁元荐:《西山日记》卷下,北京图书馆藏清抄本,《四库全书存目丛书》子部第 242 册,第 751 页。

第四章　园林与市镇文化

明代中后期，代表着财富与文化的私家园林，大量兴建。修筑园林、宴集游乐，是明清江南士绅文人生活的常态。在以苏州为代表的江南地域，造园成为一种风气："凡家累千金，垣屋稍治，必欲营治一园。若士大夫之家，其力稍赢，尤以此相胜。大略三吴城中，园苑棋置，侵市肆民居大半。"①至民国初年，著名建筑学家童寯先生实地考察江南园林时，指出"江南城镇，随地有园"②。明清江南的私家园林，耳熟能详者如苏州拙政园、留园，无锡寄畅园，上海豫园，扬州个园，等等，大多地处经济、文化发达的古代城市和近郊，是古代园林艺术成就的至高典范，也是文人士大夫唱和吟咏的主要对象。

---

① （明）何良俊：《何翰林集》卷十二《西园雅会集序》，明嘉靖四十四年何氏香严精舍刻本，《四库全书存目丛书》集部第 142 册，第 109 页。

② 童寯：《江南园林志》"现况"，《近代中国史料丛刊续辑》第 753 册，台北文海出版社，1980 年，第 40 页。

目前,学界对中国古典园林的研究,已有多个层面,如园林造园技法,有明末造园家计成《园冶》①一书,将中国古典园林的造园实践提升到理论高度;童寯先生《江南园林志》②用测绘、摄影等现代方法开创了对古典园林的研究。概述一代园林历史,如王春瑜《论明代江南园林》③。将园林设计、意涵与中国文化脉络相结合,有王毅《园林与中国文化》④。从明清文人和文化史的视角,柯律格论述明代园林"生产性"的消退与文人化色彩建构的过程。⑤ 汉德林聚焦祁彪佳的园林,分析园林在士人生活中的社交功能和所体现的财富观念。⑥ 肯尼斯·J.哈德蒙强调园林是个人退隐之所的同时,更是文人角逐声望的展示对象。⑦ 王鸿泰从城市史的视角,思辨园林这一空间形式的社会文化意义。⑧ 巫仁恕将苏州园林放在社会经济的脉络下,将其视为士绅阶层与文人文化的产物。⑨ 杨泽君、陆鹏亮观察到明清松江地区的园林,在康乾时期之

---

① (明)计成:《园冶》,中华书局,2011年。
② 童寯:《江南园林志》,台北文海出版社,1980年。
③ 王春瑜:《论明代江南园林》,《中国史研究》1987年第3期。
④ 王毅:《园林与中国文化》,上海人民出版社,1990年。
⑤ [英]柯律格:《蕴秀之域:中国明代园林文化》,孔涛译,河南大学出版社,2019年。
⑥ [美]乔安娜F.汉德琳·史密斯:《祁彪佳社交界中的园亭:晚明的财富与价值观念》,陈广宏译,《中国文学研究》第八辑,2007年,第242—272页。
⑦ [美]肯尼斯·J.哈德蒙:《明江南的城市园林——以王世贞的散文为视角》,[法]米歇尔·柯南、[中]陈望衡主编:《城市与园林——园林对城市生活和文化的贡献》,武汉大学出版社,2006年,第82—97页。
⑧ 王鸿泰:《美感空间的经营——明、清间的城市园林与文人文化》,《东亚近代思想与社会》,台北月旦出版社,1999年,第127—186页。
⑨ 巫仁恕:《江南园林与城市社会——明清苏州园林的社会史分析》,《近代史研究所集刊》2008年总第61期。

后,从士大夫雅集胜会之所,渐向商品化之市集转型的现象。① 近来,关注"园记"及有关园林活动的文字书写,也是园林研究的一个重要方面。②

这些研究以园林为主体,并不特别关注园林与所处位置之间产生的关系。本章围绕以往研究关注较少的江南市镇中的园林,探讨士绅在市镇中的园林兴筑与相关文化活动对于市镇及更大地域的意义。

第一节　市镇园林景观

一、市镇之园林

明代中期之后,江南市镇稳定成长,众多市镇兴起于太湖平原,达到空前的繁荣。这些市镇中,存在大大小小的私家园林,闻名者如同里镇的退思园、南翔镇的猗园和檀园、木渎镇的遂初园、甫里镇的梅花墅、南浔的小莲庄等。毫无疑问,市镇园林是中国古典园林的一部分。

目前,将市镇园林作为单独考察对象的专门研究,所见有两篇文章最为重要。其一,巫仁恕依据乡镇志书中的"园第志"文本,探

---

① 杨泽君、陆鹏亮:《从"雅集"到"市集"——松江园林与明清社会经济的变化》,《中国社会经济史研究》2001年第1期。

② 如毛文芳:《物·性别·观看:明末清初文化书写新探》第三部分《园林:图绘、文本、欲望空间》,台湾学生书局,2001年,第147—280页。曹淑娟:《流变中的书写:祁彪佳与寓山园林论述》,台湾里仁书局,2006年。刘苑如主编:《生活园林:中国园林书写与日常生活》,台湾"中研院"中国文哲研究所,2013年。

讨明清江南市镇园林与宅第的兴建现象，重在揭示这些文本通过对"文人化"园第形象的强调，塑造地域文化的优越性以唤起地方意识，甚至与城市争长短的企图。[1] 其二，市镇园林还是地方社会权力结构变化的缩影。孙冰以湖州双林镇为例，借助对明清两代园林主人身份的分析，指出了园林作为一种文化资源，有利于移民争取文化权利以融入地方社会。[2]

市镇园林地处一个特殊的地域内。市镇的经济属性、相对完整的区域和独立意识，使得从市镇地域的视角透视园林成为可能。园林的主人，以具有较高文化素养的士绅文人为主，也有大地主或商人建园林以求"附庸风雅"，所以事实上，园林和与其相关的活动，基本都可以被看作属于文人文化的范畴。在士绅文人构建的文化空间和文化活动中，园主、园林、市镇三者，形成人地互传、园地互传，于景观风貌和社会文化层面带给市镇不同于经济属性的塑造与发展。

二、园林区位与分布

翻检明清江南乡镇志书即可发现，"园林志""园第志"等记载市镇园林的内容乃志书中不可缺少的部分。但园林在不同市镇中的分布是不均衡的。以明代为限：苏州府的大镇震泽与盛泽，分别

---

[1] 巫仁恕：《明清江南市镇志的园第书写与文化建构》，《九州学林》2007 年冬第 5 卷第 4 期，复旦大学出版社，2008 年，第 68—113 页。

[2] 孙冰：《园林：财富、文化和权力的变迁——以浙江湖州双林镇为例》，《中国社会经济史研究》2005 年第 2 期。

仅有 4 和 5 个园林;南翔镇则有 12 个之多;镇区规模很小的唐市镇,更是有 13 处园林;乌、青两镇共有 7 处园林;江阴县的杨舍镇有 3 处园林。①

园林的多少,与市镇的社会风气、财富力量、文人多寡、个人喜好等诸多原因相关,难以一言蔽之。以休闲逸致闻名的同里镇,仅有 3 处园林:也许仕宦文人前来寓居时已经将休闲娱乐的设计内化在了宅第中,故不再需要单筑园林来满足逸乐。宋代园林兴盛的湖州,明清却趋向衰落。明末陈函辉在游乌镇"灵水园"时即有言:"湖中诸大家类治居第而寡园林之趣,鲜有可观者。"②王世贞按照文人园林的艺术要求,认为乌程县"独南浔董尚书第后一园可游"③。明代的南浔镇,共有 8 处园林,还有若干单体的楼、轩作为别业和子弟读书处,多为煊赫一时的董份家族所有。湖州另一个大镇双林,明代有 10 处园林,不过名气远不如南浔镇的园林。这两镇乃明清湖州府园林最集中的地方。

市镇的位置,从区位来看,不同于城市,也不同于偏僻山林。建园林于市镇,似乎恰好符合明清文人追求隐逸又不失交游便利的要求。巫仁恕的研究,也正是从这个角度给予了揭示,共分为三项理由:一是城市地价高且土地相对紧缺;第二,市镇可以避开城

---

① 这里的统计数字来自各相关乡镇志中的记载。由于有些志书中将园林与宅第合为"园宅"或"园第"等加以记载,故统计时需略加区分并剔除,单体楼、轩类的别业也不进入统计。数据可能不够完全精准,但不同市镇中园林数量的相对趋势的判断并不受影响。

② (明)陈函辉:《游灵水园》,(清)董世宁:《乌青镇志》卷七《园第》,民国七年铅印本,《中国地方志集成·乡镇志专辑》第 23 册,第 279 页。

③ (明)王世贞:《弇州续稿》卷四十六文部《古今名园墅编序》,《景印文渊阁四库全书》第 1282 册,第 601 页。这里指董份的泌园。

市的喧嚣,但同时具备市场功能,又与县城距离适中,可使生活便利;第三,许多市镇的地理位置正好处在观赏美丽景胜的绝佳位置。①

的确,应该在何处建构自己的园林,文人士大夫也常常有所表达。陈继儒认为葺园于城市中,"门不得坚扃,主人翁不得高枕卧"②。袁枚概括园林的最佳位置时称"凡园近城则嚣,远城则僻。离城五六里遥,善居园者,必于是矣"③。王世贞则认为城市园林"近廛市,且不能得自然岩壑以为恨"④,强调了园林须配合自然山水才是佳作。但这些都是园林构建中的理想状态,现实中还需要考虑生活本位的选择:在众多的市镇园林中,不排除有由外地人(包括乡村和城市文人)寓居而建者,如吴江汾湖人叶燮,在木渎镇建有"己畦"园。⑤ 但绝大部分,乃生活在市镇中的镇民所创,大多数情况下,园林的选址,必须考虑日常生活范围的限制。例如,前述嘉定县紫隄村(诸翟镇)的大族侯氏,早年在镇中建有园林"侯氏东园"。至万历末年,侯氏举家迁居到县城生活,遂在县城中另建

---

① 巫仁恕:《明清江南市镇志的园第书写与文化建构》,《九州学林》2007 年冬第 5 卷第 4 期,第 81—86 页。

② (明)陈继儒:《许秘书园记》,(清)陈维中:《吴郡甫里志》卷四《园亭》,抄本,《中国地方志集成·乡镇志专辑》第 5 册,第 464 页。

③ (清)袁枚:《小仓山房(续)文集》卷二十九《榆庄记》,《袁枚全集》,王志英点校,江苏古籍出版社,1993 年,第 507 页。

④ (明)王世贞:《安氏西林记》,陈植、张公驰选注:《中国历代名园记选注》,安徽科学技术出版社,1983 年,第 124 页。

⑤ 张郁文:《木渎小志》卷一《古迹》,民国十年铅印本,《中国地方志集成·乡镇志专辑》第 7 册,第 482 页。

一所东园,镇中园林则逐渐废弃。① 紫隄村附近的厂头镇,因有亲戚居住,常相往来,故镇中另建有侯氏水阁,以供避暑。② 由此可见,侯氏园林的兴建,或城或镇,都显然与自身活动范围密切相关。

至于园林在市镇中的具体位置,自身住宅的附近可能是一个重要的选择。这使得园林与宅第基本成为一体。如乌青镇有王氏宅第横山堂,主人便"就宅后治园",亭台、曲水、嘉树、巨石尽有;镇中另一园林拳勺园,由著名士人李乐建,也位于自家宅院之后。③ 嘉兴县王店镇的勺园,乃主人就房舍后的数间老屋修葺而成。④ 濮院镇的徐园,是徐氏于宅后筑土成山,从而构筑起来的。⑤

此外,有些园林选择建在了具有特殊意义的地点。如吴县木渎镇的天平山庄,建于天平山,乃因此山本为范仲淹祖墓之地,宋代赐有香火院,到明万历年间范氏后人缘此建园。⑥ 清初嘉定县罗店镇的思圃,则建在父亲、兄弟的殉难处,与祭祀祠堂相连,以为纪

① (清)汪永安原纂,侯承庆续纂,沈葵增补:《紫隄村志》卷四《园宅》"上谷东园诗",《中国地方志集成·乡镇志专辑》第 1 册,第 263 页。(明)李流芳:《嘉定李流芳全集》卷四《雨中集侯雍瞻东园》,陶继明、王光乾校注,第 123 页。

② (清)钱以陶:《厂头镇志》卷三《古迹·宅第园亭(附古物)》,魏小虎标点,《上海乡镇旧志丛书》第 3 册,第 35 页。

③ (清)董世宁:《乌青镇志》卷七《园第》,《中国地方志集成·乡镇志专辑》第 23 册,第 278 页。

④ (清)杨谦纂,李富孙补辑,余栥续补:《梅里志》卷六《园亭》,清光绪三年仁济堂刻本,《中国地方志集成·乡镇志专辑》第 19 册,第 82 页。

⑤ 夏辛铭:《濮院志》卷十二《园第》,民国十六年刊本,《中国地方志集成·乡镇志专辑》第 21 册,第 1050 页。

⑥ 张郁文:《木渎小志》卷一《古迹》,《中国地方志集成·乡镇志专辑》第 7 册,第 479 页。

念。① 当然,还有不少士人特意挑选镇中风光佳地来构建自己的园林。像朱彝尊选择了王店镇的荷花池建竹垞园。② 常熟县唐市镇的柏园,规模达四十亩,主人在镇郊的金庄一带择地而建。③

　　事实上,大部分市镇园林的地址记载相对模糊,仅以"镇南""镇东",或者都图字号来描述,略详细一些的,有某某街、弄。(见表3)总体而言,市镇居民基于自身的生活空间和需要,择地建园,即使繁忙拥挤的市镇街道也并没有妨碍这一休闲空间的修筑。(见图20)

表3　江南市镇园林位置举隅

县域	市镇园林	坐落位置
常熟县	唐市镇"东庄"	河东北街
	唐市镇"西坡园"	儒浜
嘉兴县	王店镇"在我园"	四十二闲廊后,花堰桥之北
	王店镇"浣花居"	太平桥北
昆山县	安亭镇"栎全轩"	嘉邑河号二图
长洲县	陈墓镇"独寐园"	化字圩
归安县	双林镇"涉园"	宝带桥西畔
上海县	法华镇"从溪园"	东镇

---

① (清)王树棻、潘履祥:《罗店镇志》卷三《营建志下·园林》,清光绪十五年铅印本,《中国地方志集成·乡镇志专辑》第4册,第244页。

② (清)杨谦纂,李富孙补辑,余楙续补:《梅里志》卷六《园亭》,《中国地方志集成·乡镇志专辑》第19册,第73页。

③ (清)倪赐纂,苏双翔补纂:《唐市志》卷之上《园亭》,抄本,《中国地方志集成·乡镇志专辑》第9册,第508页。

续表

县域	市镇园林	坐落位置
乌程县	南浔镇"小桃源"	南栅石瀬之北、花园弄内
桐乡县	濮院镇"瓯香圃"	石条街东

资料来源:(清)倪赐纂,苏双翔补纂:《唐市志》卷之上《园亭》,抄本。(清)杨谦纂,李富孙补辑,余楙续补:《梅里志》卷六《园亭》,清光绪三年仁济堂刻本。(清)陈树德、孙岱:《安亭志》卷十三《古迹·园亭附》,民国二十六年铅印本。(清)陈尚隆纂,陈树毅续纂:《陈墓镇志》卷五《第宅》(园林附),抄本。(清)蔡蓉升原纂,蔡蒙续纂:《双林镇志》卷十一《古迹名胜》,民国六年上海商务印书馆铅印本。(清)王钟纂,胡人凤续纂:《法华乡志》卷七《第宅园林》,民国十一年铅印本。(清)汪曰桢:《南浔镇志》卷六《古迹一》,清同治二年刻本。夏辛铭:《濮院志》卷十二《园第》,民国十六年刊本。

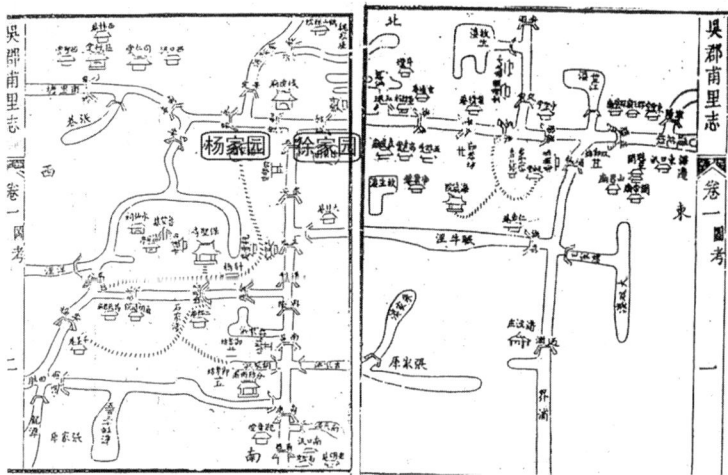

图 20　甫里镇杨家园、徐家园位置

(据清·彭方周:《吴郡甫里志》卷一《图考》,乾隆三十年刊本)

三、园林景观与市镇风貌

如今,园林以精美的景观著称于世,但一般认为,到明代晚期,园林才逐渐摆脱了早期经济园、山林园的形式,独立存在于美学范畴之内。各类创作技巧,如叠山、理水、建筑、花木等,开始大量运用在园林的建造中。[①] 这一时期,大批有着较高文化素养和高超造园技艺的匠师纷纷出现,如明代的张南阳、计成,清代的张南垣、石涛、仇好石、张国泰、戈裕良等。[②] 江南名园,像上海潘允端的豫园、陈所蕴的日涉园、太仓王世贞的弇园、无锡秦氏的寄畅园等,即来自这些造园家的营建和参谋。此外,江南部分文人也参与其中,亲自督造园林,并且总结、阐发筑园经验,力图构建符合其文人阶层趣味与格调的文人园林文化。正如明代常熟人沈春泽为文震亨《长物志》所作的序言中所说的:"非有真韵、真才与真情以胜之,其调弗同也。近来富贵家儿与一二庸奴钝汉,沾沾以好事自命,每经赏鉴,出口便俗,入手便粗,纵极其摩挲护持之情状,其污辱弥甚。"[③]《长物志》中,有室庐、花木、水石、禽鱼四卷,阐述文震亨"复古"的园林审美观和造园理论。李渔在《闲情偶寄》中则表达了崇尚朴实清雅的园林审美,讲究"取景在借"的精巧构思,所谓"居室

---

① 参见张淑娴:《明清文人园林艺术》,紫禁城出版社,2011 年,第 7 页。
② (清)钱泳:《履园丛话》卷十二《艺能》"堆假山"条,张伟点校,中华书局,1979 年,第 330 页。
③ (明)文震亨:《长物志》"序"(沈春泽),陈剑点校,浙江人民出版社,2012 年,第 21 页。

之制,贵精不贵丽,贵新奇大雅,不贵纤巧烂漫"①。清代无锡人钱泳论造园:"造园如作诗文,必使曲折有法,前后呼应,最忌堆砌,最忌错杂,方称佳构。"②因此,在融汇了明清文人、匠师们的诗情画意、高超技巧之后,园林成为极具观赏性的景观。

除了江南大城市中的著名园林,市镇园林对造园技艺也概得均沾,同样拥有为时人所津津乐道的精美园林,成为市镇商品贸易发达画面下一抹独特的风光。

明代长洲县的甫里镇,有一著名园林"梅花墅",由万历年间的甫里人许自昌构。甫里镇地处长洲、昆山两县接壤处,镇内居民,除"工商佃田外,大都业织"③。明末时,甫里镇商业繁盛,号称居民万户,是一个"商贾之走集,货物之流转,京省诸州备有焉"的热闹市镇。④ 许自昌,字玄祐,万历三十五年谒选文华殿中书舍人,但很快即以养老的名义辞官归里,遂在镇中姚家弄西,筑了一休闲园林"梅花墅"。

梅花墅因地制宜,引水入园,使园内"山水亭榭,颇为奇胜"⑤,文人诗咏颇多。钟惺、陈继儒均撰有园记,而祁承㸁仅读过陈继儒

---

① (明)李渔:《闲情偶寄》(插图本)卷四《居室部·房舍第一》,中华书局,2007年,第196页。
② (清)钱泳:《履园丛话》卷二十《园林》"造园"条,第545页。
③ (清)陈维中:《吴郡甫里志》卷三《风俗》,《中国地方志集成·乡镇志专辑》第5册,第441页。
④ (清)陈维中:《吴郡甫里志》卷三《物产》,《中国地方志集成·乡镇志专辑》第5册,第440页。
⑤ (清)彭方周:《吴郡甫里志》卷十六《古迹》(园亭附),清乾隆三十年刻本,《中国地方志集成·乡镇志专辑》第6册,第95页。

的园记便已"不觉爽然自失矣"①。下面借助钟惺的园记,一览梅花墅的景观风采:

大要三吴之水,至甫里始畅,墅外数武,反不见水,水反在户以内,盖别为暗窦引水入园。开扉、坦步过"杞菊斋",盘磴跻"映阁","映"者,许玉斧小字也,取以名阁。登阁所见,不尽为水,然亭之所跨,廊之所往,桥之所踞,石所卧立,垂杨修竹之所冒荫,则皆水也。故予诗曰:闭门一寒流,举手成山水。

迹"映阁"所上磴,回视峰峦岩岫,皆墅西所辇致石也。从阁上缀目新眺,见廊周于水,墙周于廊,又若有阁亭亭处墙外者。林木荇藻,竟川含绿,染人衣裾,如可承览,然不可得即至也。但觉钩连映带,隐露断续,不可思议。故予诗曰:动止入户分,倾返有妙理。乃降自阁,足缩如循寨渡曾不渐裳,则"浣香洞"门见焉。洞穷得石梁,梁跨小池。又穿"小酉洞",憩"招爽亭"。苔石啮波,曰锦淙滩。指修廊中隔水外者,竹树表里之,流响交光,分风争日,往往可即,而仓卒莫定其处,姑以廊标之。予诗所谓"修廊界竹树,声光变远迩"者是也。

折而北有亭三角,曰在涧。润气上流,作秋冬想,予欲易其名曰寒吹。由此行峭茜中,忽着亭曰转翠。寻梁契集,映阁乃在下。见立石甚异,拜而赠之以名,曰灵举。向所见廊周于水者方自此始,陈眉公榜曰流影廊。沿绿朱栏,得"碧落亭"。

---

① (清)陈维中:《吴郡甫里志》卷四《园亭》,《中国地方志集成·乡镇志专辑》第5册,第462—465页。

南折数十武,为庵奉维摩居士,廊之半也。又四五十武,为漾月梁,梁有亭,可候月,风泽有沦,鱼鸟空游,冲照鉴物。

渡梁入"得闲堂",堂在墅中最丽。槛外石台可坐百人,留歌娱客之地也。堂西北,结竟观居,奉佛。自映阁至得闲堂,由幽邃得宏敞,自堂至观,由宏敞得清寂,固其所也。观临水,接"浮红渡",渡北为楼以藏书。稍入为"鹤御",为"蝶寝"。君子攸宁,非幕中人或不得至矣。

得闲堂之东流,有亭曰涤研。始为门于墙如穴,以达墙外之阁,阁曰湛华。映阁之名,故当映此,正不必以玉斧为重,向所见亭亭不可得即至者是也。墙以内所历诸胜,自此而分,若不得不暂委之,别开一境,升眺清远。阁以外,林竹则烟霜助洁,花实则云霞乱彩,池沼则星月含清,严晨肃月,不辍暄妍。予诗云:从来看园居,秋冬难为美,能不废暄妍,春夏复何似。虽复一时游览,四时之气,以心维目想备之,欲易其名曰贞蓁。然其意潺泓明瑟,得秋差多,故以滴秋庵终之。亦以秋该四序也。

钟子曰:三吴之水皆为园,人习于城市村墟忘其为园,玄佑之园皆水,人习于亭阁廊榭,忘其为水,水乎? 园乎? 难以告人。闲者静于观取,慧者灵于部署,达者精于承受,待其人而已。故予诗曰:何以见君闲,一桥一亭里,闲亦有才识,住置非偶尔。①

---

① (明)钟惺:《梅花墅记》,(清)陈维中:《吴郡甫里志》卷四《园亭》,《中国地方志集成·乡镇志专辑》第5册,第462—463页。

梅花墅所处之地,饶于水。巧妙引水入园加以规划设计,是梅花墅的重要特点,也是钟惺认为梅花墅水、园交融的独到之处。董其昌曾言:“过甫里不入许玄佑园林,犹入辋川不见王、裴也。”①直到乾隆年间,梅花墅虽然易主,但其中新增的“七级玲珑”“夕阳返照”,仍然成为甫里八景之一,名曰“浮图夕照”。②

再如上海县的法华镇,明代中叶成镇,商贾辐辏、人文蔚起。③ 至清代,镇上有大族李氏,以商贾起家,后财富、科名渐著。族人李应增在西镇筑“遂初园”,又名“丛桂园”。源于此地原有的数十株粗壮的桂树,桂花盛开时,香气可达数里,故名。园内有丛桂堂、坐花醉月、听松山房、石虹池馆、调鹤榭、水木清华之阁、吟巢饯春别墅、竹径、梅林、鹤坡等楼台景致,还有连氏训楼,藏书万卷,以及古鼎尊彝、宋元墨妙等珍宝。④ 精致的园景,配上大俱合抱、香飘四方的桂树,令丛桂园形成“丛桂早秋”的盛景,时人吟咏道:“北园丛桂荫南廊,八月花繁满院香。”“新凉如洗作中元,丛桂留人满北园。不必小山招隐士,至今避世当桃源。”⑤同甫里镇梅花墅一样,“丛桂早秋”一景,也列于法华镇“八景”之中。

---

① (明)董其昌:《容台文集》卷八《中书舍人许玄佑墓志铭》,明崇祯三年董庭刻本,《四库全书存目丛书》集部第171册,第498页。

② (清)彭方周:《吴郡甫里志》卷十六《古迹》(园亭附),《中国地方志集成·乡镇志专辑》第6册,第95页。

③ (清)王钟纂,胡人凤续纂:《法华乡志》卷一《沿革》,民国十一年铅印本,《中国地方志集成·乡镇志专辑》第1册,第15页。

④ (清)王钟纂,胡人凤续纂:《法华乡志》卷七《第宅园林》,《中国地方志集成·乡镇志专辑》第1册,第138页。

⑤ (清)王钟纂,胡人凤续纂:《法华乡志》卷一《沿革》“淞溪八咏”,《中国地方志集成·乡镇志专辑》第1册,第18页。

这种由时人总结的市镇"N 景",是市镇文化风貌的象征,园林的景观往往在其中占有一席之地。除了上述的甫里镇和法华镇,湖州乌程县的南浔镇,亦是如此。南浔镇在明代原有"南林八景"之说,清初八景变为"十景",增加了两处与园林有关的胜迹,分别有词吟咏。[1] 一曰"东阁临流":

> 《新雁过妆楼·东阁临流》:画阁高寒。凌烟耸、中流砥柱同看。绿波十里,流过半逻亭边。楼上起楼虚四壁,屋头架屋叠三间。倚层栏,布帆叶叶,飞渡清澜。何时登临最好,记月悬玉镜,菜布金田。买糕重九,还又捉醉偷闲。呼童把窗洞启,便千里都教来眼前。梅花曲,听倚来长笛,声彻瑶天。

一曰"南楼春晓":

> 《翠楼吟·南楼春晓》:柳上青归,梅边白破,东风已灭寒峭。画楼高百尺,耸天半、韶华先到。亭台多少,看树树芳生,花花香绕。风光好,向阳门地,得春偏早。倾倒,诗伯词仙,料翦红浮白,醉吟酣笑。鸾闺还结伴,也油壁香车侵晓。莺喧蝶闹,想尽卷虾帘,齐开了鸟。栏干外,更看明月,一峰烟罩。

---

[1] (清)汪曰桢:《南浔镇志》卷一《疆域》,清同治二年刻本,《中国地方志集成·乡镇志专辑》第22册下,第12页。

"南楼",存在于董绍闻所建的园林中。① 园中有明月峰,高达两丈多。董绍闻乃董份的后人,董氏族人众多,从晚明至清代,一直有董氏诸园林,或长或短存在于镇上,如泌园、溪上草堂、且住园、窥园等。② 另一景"东阁"的位置不甚明朗,但据词中描述,亦应是处于镇上的某处园林中。二者的景致,与荻塘帆影、禅院钟声、通津雾雪、垂虹夕照、曲江菱歌、范庄莲沼、西村渔火、古濠走马,共同构成文人拣选出的"南浔十景",成为市镇风貌的重要组成部分。

第二节　园林文化活动

一、园林雅集与市镇文化空间

明清园林,虽为私人所建,也常冠以"私家园林"之称,但事实上一些园林会面向民众开放,供以游赏。钱谦益的拂水山庄即如此:"拂水游观之盛,莫如花时。祝釐之翁媪,踏青之士女,联袂接衽,摩肩促步,循月堤,穿水阁,笑呼喧阗,游尘合沓。"③松江府的顾氏园,地处东郊之外,方圆百亩,累石环山,凿池引水,有石梁虹偃,

① 清道光年间范来庚所著的《南浔镇志》言:"明余山人津著有南林八咏诗汇,董浔阳份始增二景,一曰东阁临流,一曰南楼春晓。"南楼所在园林的主人董绍闻乃清初时人,此言将所增二景,归功于晚明董份身上,也许是年代久远、记忆混乱所致。
② (清)汪曰桢:《南浔镇志》卷六《古迹一》,《中国地方志集成·乡镇志专辑》第22册下,第66—68页。
③ (清)钱谦益:《牧斋初学集》卷四十五《花信楼记》,(清)钱曾笺注,钱仲联标校,第1142页。

台榭星罗，除了"宦流雅集"，"往来过客，莫不于此寻芳觞咏"，日日热闹非凡。① 游园，成为一种习惯和风尚，甚至可以索取门票。这些开放性园林的游园盛况，被清人袁景澜记载了下来：在苏州，"春暖昼长，百花竞放，园丁索看花钱，纵人游览。士女杂逻，罗绮如云"。游人攒动处，还有"赶卖香糖果饵""琐屑玩具"的小贩。这样的游园情形，从每年的清明日，持续到立夏方止。②

市镇中的园林，也有个别开放供民众游览者。譬如吴江县木渎镇的钱氏端园、潜园，靠近灵岩山，本身即处于民众游山玩水的"景区"，而且又是苏州城市的城郊地带，"春时游人毕集"。③ 秀水县的濮院镇，清嘉庆年间有诸生岳鸿振所建的以"菊照山房"为中心的园林，其中除了菊花数百本，还有四时不绝之花，吸引了众多游人观赏。为了能够接纳慕名而来的游人，园主岳鸿振还特意另筑一"棕云楼"来"馆游客"。④

不过，大多数的市镇园林仍以私人享用为主。市镇的位置相对城市偏僻，亦不如城郊便利，从地理空间上即不适合大量游人往来游玩。而且，那些处于宅院附近的园林，靠近园主的日常生活空间，也不方便招揽游人。像陈继儒便将地处甫里镇的梅花墅，与城市园林进行了对比，认为城市中"然通人排闼、酒人骂座，喧笑咬

① （清）叶梦珠：《阅世编》卷十《居第一》，第 237 页。

② （清）袁景澜：《吴郡岁华纪丽》卷三《三月·清明开园》，江苏古籍出版社，1998 年，第 104 页。

③ （清）袁景澜：《吴郡岁华纪丽》卷三《三月·清明开园》，第 106 页。

④ 夏辛铭：《濮院志》卷十九《人物二》，《中国地方志集成·乡镇志专辑》第 21 册，第 1113 页。（清）岳昭垲：《菊照山房图说》，夏辛铭：《濮院志》卷十二《园第》，《中国地方志集成·乡镇志专辑》第 21 册，第 1051 页。

罝,莫可谁何。门不得坚扃,主人翁不得高枕卧",因此"欲舍而避之寂寞之滨,莫若乡居为甚"。①

当然,园林也不是供主人一个人闭门享受的。正如一些学者的分析:"尽管祁彪佳的园亭备有晚明最大、最著名的藏书楼之一,但它的用途并非勤学索居,而是与当地的精英交游联系,共同分享对拥有第一流风景之园宅的审美鉴赏,以及在优美环境中的娱乐。"②邀请亲朋好友在园子中游宴集聚、唱和休闲,是园林重要的功能。王店镇自明代以来"士大夫往往构园亭以为宴息之所,而文人逸士亦多有之"③。晟舍镇"亭台相望,觞咏争夸"④。

具体来看,唐市镇的柏园,天启时辟,园内有董其昌的题字,湖石假山、亭榭花木、高台邃洞、园池回廊,皆精心雕琢,吸引了"吴中骚人墨士琴师棋客,咸集于中",园林主人亦风流倜傥,安排家中男女梨园,每夜张灯开宴,按次演剧,其间"口餍珍错,耳穷声色,虽王侯亦不过此"⑤。清代法华镇上的士绅大族李氏,构有从溪园,园中

---

① (明)陈继儒:《许秘书园记》,(清)陈维中:《吴郡甫里志》卷四《园亭》,《中国地方志集成·乡镇志专辑》第5册,第464页。
② [美]乔安娜 F.汉德琳·史密斯:《祁彪佳社交界中的园亭:晚明的财富与价值观念》,《中国文学研究》第8辑,中国文联出版社,2007年,第253页。
③ (清)杨谦纂,李富孙补辑,余楙续补:《梅里志》卷六《园亭》,《中国地方志集成·乡镇志专辑》第19册,第68页。
④ (清)闵宝梁:《晟舍镇志》卷二《古迹·序》,浙江省图书馆藏抄本,《中国地方志集成·乡镇志专辑》第24册,第978页。
⑤ (清)倪赐纂,苏双翔补纂:《唐市志》卷之上《园亭》,《中国地方志集成·乡镇志专辑》第9册,第508页。

牡丹蕃茂，逢花开时，园主人则必"设筵宴请当道缙绅辈为雅集焉"①。木渎镇遂初园，雍正、乾隆年间以藏书著名，多宋元善本，园中常有"浙诸名士流连觞咏，座无俗客"②。明末寓居同里镇的朱鹤龄，常于镇中的顾氏园与主人"为文酒会，晨夕过从"，每到春日烂漫时节，"香风馥郁，必提壶造其地，痛饮狂歌，不烛跋不止，翩翩致足乐也"③。乌青镇的横山堂，建于明弘治年间，流觞曲水，镌刻精巧，园主"日与名流才士赋诗饮酒于其间"，营造了一派"乌程名士毕集，醉而复醒"的欢畅景象。文征明、祝允明、茅坤等均撰有关于此园的长文。④

这些文人文化活动，汇集着大量明清江南文人士大夫，在一定程度上令经济属性的市镇拥有了文化艺术的空间与气息。

清代罗店镇太学生陈浩，字希孟，号问渠，性好游山乐水，擅工诗文。曾在镇中建园林"龙川小筑"，为娱亲之所，是罗店镇园林中最著名者。园有六宜亭、在乐盘、清凉诗窟、海棠寮、藊香水榭等景观，还有大片牡丹供玩赏。逢春秋佳日，陈浩常招名流觞咏园中。其自撰《丁酉春暮六宜亭牡丹盛开招同人燕集》：

① （清）钱泳：《履园丛话》卷二十《园林》，第 538 页。（清）王钟纂，胡人凤续纂：《法华乡志》卷四《封赠》、卷七《第宅园林》，《中国地方志集成·乡镇志专辑》第 1 册，第 75、137—138 页。

② 同治《苏州府志》卷八十九《人物十六·长洲县》，清光绪九年刊本，《中国地方志集成·苏州府县志辑》第 10 册，江苏古籍出版社，1991 年，第 334 页。

③ （清）朱鹤龄：《愚庵小集》卷九《同里顾氏梅林记》，上海古籍出版社，1979 年，第 440—441 页。

④ （清）董世宁：《乌青镇志》卷七《园第》，《中国地方志集成·乡镇志专辑》第 23 册，第 278 页。

春来胜事殊连绵,醉歌日日壶中田。不许青皇掉头去,游
丝百丈东风牵。

半弓隙地烟霞拓,花作屏风树作帷。倾倒名流鼓掌来,分
题斗韵吟诗各。

牡丹佳种夸东都,千葩万萼争荣敷。便处山林亦富贵,罗
珍列异开山厨。

豪情胜致敢予夺,跌宕清风谬青目。醉墨淋漓沧海云,琳
琅持赠三千幅。

一笑长空月镜圆,天风吹袂仙乎仙。渔洋三挝响迭奏,不
顾世俗嗤狂颠。

人生行乐而已矣,蛇风夔蚿何臧否。黄河东走日西征,古
来万事皆如此。

我昨梦到蓬莱巅,飘飘鸾鹤相翩跹,琼浆玉液相劝酬,兴
酣落笔称长篇。

忽然梦醒知何处,却向人间更相遇。拟吹铁笛作龙吟,碧
海青天任来去。①

洋洋长诗透露了作者的潇洒与豪情,其彰显出的气度与力量
仿佛可以冲破小小的龙川小筑和罗店镇,而"碧海青天任来去"。
由此不难理解《罗店镇志·园林》小序所言:"罗店亦一乡耳。本无
园亭之胜,林木之观,是乌足以志。然事出孝子之所为,虽一壑一
丘,亦堪景仰。地经名流之所过,虽一木一石不尽流连。至若栽名

---

① (清)王树棻、潘履祥:《罗店镇志》卷三《营建志下·园林》,《中国地方志集成·乡
镇志专辑》第 4 册,第 245 页。

花、叠奇石，月夕风晨，宾朋宴会，亦极一隅之胜，概岂必如摩诘、辋川、石崇、金谷然后可以传往昔而示来今哉?"①罗店镇中的园林也许没有城市园林般至高的艺术成就和绝佳的造景，但娱亲的孝行、名流的会聚与宴集的欢畅，是罗店镇文化活动的集中体现，足以代表市镇的文化记忆以"传往昔而示来今"。陈墓镇对古人生活遗迹的认识亦相似："夫古人不可见，而古人之里居及古人之园囿犹可考而知也。倘所谓地以人传，与若夫坊以表之，奖善之风树焉，亘古常照(昭)矣。"②

　　柯律格引用清人钱泳的分析指出，园林的名气并不是来源于景致自身的不朽魅力，而是取决于所有者的名声。③ 对市镇中的园林来说也是如此："先贤钓游之地，后人所景仰也。名流啸咏之场，逸士所兴思也。是故高闳大阀附盛德而传深鐍，崇丘虽荒墟亦显盛衰，兴废之间流览者能无动禾黍故宫之感乎。"④宴集、吟咏、读书带来的名声，令园林在一定程度上构成了市镇历史记忆的某种寄托与象征，所谓"名园甲第未数传而其迹已湮，不过因高贤之一觞一咏而追忆其胜概"⑤。同里镇的"园第志"更加清晰表达了园林文化对市镇的重要性："地以人传，人以地传，金谷风流，连云甲第，

① (清)王树荣、潘履祥:《罗店镇志》卷三《营建志下·园林》，《中国地方志集成·乡镇志专辑》第4册，第244页。
② (清)陈尚隆纂，陈树縠续纂:《陈墓镇志》卷五《第宅·序》(园亭坊表附)，抄本，《中国地方志集成·乡镇志专辑》第6册，第299页。
③ [英]柯律格:《蕴秀之域:中国明代园林文化》，第22页。
④ (清)王钟纂，胡人凤续纂:《法华乡志》卷七《第宅园林》，《中国地方志集成·乡镇志专辑》第1册，第137页。
⑤ (清)董世宁:《乌青镇志》卷七《园第》小序，《中国地方志集成·乡镇志专辑》第23册，第277页。

传为盛事，都则有之，镇亦有焉。"①

下文聚焦苏州府嘉定县南翔镇，以士绅文人李流芳所建的檀园为例，具体展示江南市镇中"园、地相传"的过程。

二、李流芳与南翔镇园林

南翔镇，因南翔寺而得名，又称槎溪，古疁地。② 明清时属嘉定县，位于县治南二十四里附近，镇区东西长五里，南北广三里。南翔镇地宜植棉，是江南著名的棉业市镇，镇中生产的扣布"光洁而厚，制衣被耐久，远方珍之。布商各字号俱在镇，鉴择尤精，故里中所织甲一邑"③。明嘉靖年间，南翔镇的商品经济已经发展到"百货填集，甲于诸镇"的繁荣程度。④ 此时南翔镇的繁荣多赖徽商的贡献："新安人善贾，游行江湖，天下都会，处处有新安人，而三吴之地，则在嘉定者多。"⑤南翔镇亦是"多徽商侨寓"。到明万历中期，由于本地无赖的蚕食，徽商徙避，南翔镇一度衰落，至清初再次恢

---

① (清)阎登云、周之桢：《同里志》卷五《建置志下·园第》，民国铅印本，《中国地方志集成·乡镇志专辑》第 12 册，第 24 页。

② 有关南翔镇的起源和兴起可参见吴滔：《从"因寺名镇"到"因寺成镇"：南翔镇"三大古刹"的布局与聚落历史》，《历史研究》2012 年第 1 期。

③ (清)张承先纂，程攸熙订正：《南翔镇志》卷一《物产》，民国十三年南翔凤翥楼铅印本，《中国地方志集成·乡镇志专辑》第 3 册，第 461 页。

④ 嘉靖《嘉定县志》卷一《疆域卷第一·市镇》，明嘉靖三十六年刻本，《南京图书馆藏稀见方志丛刊》第 2 册，国家图书馆出版社，2012 年，第 235 页。

⑤ (明)唐时升：《三易集》卷十九《商山吴隐君七十寿序》，明崇祯谢三宾刻清康熙三十三年陆廷灿补修嘉定四先生集本，《四库禁毁书丛刊》集部第 178 册，第 248 页。

复,重现"市井鳞比,舟车纷繁,民殷物庶"的景象。①

晚明的南翔镇,李氏是为数不多的仕宦大族。李氏原籍徽州歙县,自李文邦时迁居南翔。李氏从徽州来,亦是徽商,李文邦曾在山东一带经商。不过李氏定居南翔后,很快即获科举成功,向文化世家转型。李文邦长子汝节(字道亨),是明嘉靖四十四年进士,历官安吉知州、刑部员外郎等职,还曾从学于一代文宗归有光。② 汝节子李先芳(字茂实),万历十七年进士,曾任刑科给事中,后以四川参议卒于任上。李文邦第四子名汝筠,汝筠次子李名芳(字茂材),十余岁时已能驰骋文词,被董其昌邀至家塾读书,广交浙东西名士,万历二十年中进士,选翰林院庶吉士。③ 在这样一个"两代三进士"的儒商家族中,其文化成就的代表非李流芳莫属。

李流芳,字茂宰,又字长蘅,乃李汝筠的第三子。长兄名元芳(字茂初),诸生,工七言长句。④ 流芳是万历三十四年举人,时年三十二岁,后进士不第,遂绝意仕进,亦未选官,一生流连于江南山水与诗画品题间。晚明,李流芳与娄坚、程嘉燧、唐时升并称"嘉定四先生",他们是继归有光之后,嘉定地域文化的中心人物。时人

---

① 力圴《嘉定县志》卷一《疆域考·市镇》,《四库全书存目丛书》第208册,第690页。(清)张承先纂,程攸熙订正:《南翔镇志》卷二《营建》"彭定求留婴堂序",《中国地方志集成·乡镇志专辑》第3册,第462页。

② (明)归有光:《震川先生集》卷十八《例授昭勇将军成山卫指挥使李君墓志铭》,第457页。

③ 有关李氏家世可参见李珂:《李流芳论考》第一章,硕士学位论文,上海社会科学院,2009年。(清)张承先纂,程攸熙订正:《南翔镇志》卷六《人物·文学》,《中国地方志集成·乡镇志专辑》第3册,第476页。

④ (清)张承先纂,程攸熙订正:《南翔镇志》卷六《人物·文学》,《中国地方志集成·乡镇志专辑》第3册,第476页。

论："四先生诗文书画，照映海内，要皆经明行修，学有根柢，而唐以文掩，娄以书掩，程以诗掩，李以画掩云。"①钱谦益与四先生多有交往，在为四人文集作序时云："嘉定僻在海隅，风气完塞，四君读书谈道，后先接迹，补衣蔬食，有衡门泌水之风。"②

李流芳的才情品格，一直被广为推重。钱谦益评价李流芳的书、画、诗曰"书法规抚东坡；画出入元人，尤好吴仲圭；其于诗信笔输写，天真烂然"。并将看流芳吟诗作画，比作"生平第一快事"。③董其昌称李流芳以山水画擅长，但自己"所服膺乃其写生，又别有趣"，赞其所绘竹石花卉，"出入宋元、逸气飞动"。④吴伟业将其与董其昌、王时敏、王鉴等一起列为"画中九友"，并歌之："檀园著述夸前修，丹青余事追营丘。平生书画置两舟，湖山胜处供淹留。"⑤李流芳作诗，风骨自高，讲究真识、真情和真趣的真性灵。⑥四库馆臣也给予其较高的评价，称李流芳"虽才地稍弱，不能与其乡归有光等抗衡，而当天启、崇祯之时，竟陵之盛期方新，历下之余波未绝，流芳容与其间，独恪守先正之典型，步步趋趋，词归雅

---

① 光绪《嘉定县志》卷十九《人物志四·文学》，光绪八年刻本，《中国地方志集成·上海府县志辑》第 8 册，第 399—400 页。

② （明）钱谦益：《嘉定四君集序》，康熙《嘉定县志》卷二十一《艺文·序》，清康熙十二年刻本，《中国地方志集成·上海府县志辑》第 7 册，第 905 页。

③ （清）钱谦益撰集：《列朝诗集》丁集卷十三下《李先辈流芳》（小传），许逸民、林淑敏点校，中华书局，2007 年，第 5463—5464 页。

④ （明）董其昌：《容台别集》卷四《题跋·画旨》，明崇祯三年董庭刻本，《四库全书存目丛书》集部第 171 册，第 743 页。

⑤ （清）吴伟业：《吴梅村全集》卷十一《画中九友歌》，李学颖集评标校，上海古籍出版社，1990 年，第 289 页。

⑥ （清）沈德潜、周准辑：《明诗别裁集》卷十"李流芳"条，乾隆刻本，《四库禁毁书丛刊》集部第 97 册，第 196 页。

洁。三百年中，斯亦晚秀矣！"①这一点，"嘉定四先生"是相通的，民国作家施蛰存赞赏四位先生这种对"真"的追求，将其看作明代最后一个诗派。② 总之，李流芳一生生活于南翔镇中，是晚明镇中重要的文人士大夫，同时在江南文化圈中亦有一定的地位。

明万历三十三年，仍在科举道路上前行的李流芳在南翔镇金黄桥南建构了一个私家园林，名檀园。园中"凿曲沼，开清轩，通修廊，栽花灌木"③，皆为流芳亲自设计，形成"房廊水石，映带嘉木"的娴雅景致。④ 流芳在檀园中或独坐或宴集，或吟诗或作画，"琴书萧闲，香茗郁烈，客过之者，恍如身在图画中"，有"水木清华，市嚣不至"的意境。⑤ 值得一提的是，园林中不可缺少的点缀之物——盆景，其技艺在晚明嘉定县异军突起。嘉定盆景成为当时众所艳称的时尚品物，而李流芳本人亦深谙雕琢盆栽之术。⑥

檀园内的建筑，包括泡庵、萝壑、剑蜕斋、慎娱室、次醉阁、吹阁、寥寥亭、春雨廊、山雨楼、宝尊堂、芙蓉畔等。⑦ 其中宝尊堂是招待友人、宴集唱和的主要场所。慎娱堂、剑蜕斋、萝壑、吹阁等是流

---

① （明）李流芳：《檀园集》提要，《景印文渊阁四库全书》第 1295 册，第 293 页。

② 施蛰存：《读〈檀园集〉》，载《施蛰存七十年文选》，上海文艺出版社，1996 年，第 621 页。

③ （明）张鸿磐：《西州合谱》"檀园"条，（明）陶珽编：《说郛续》卷二十二，清顺治三年宛委山堂刻本，《续修四库全书》第 1191 册，第 89 页。

④ （明）侯峒曾：《侯忠节公全集》卷十五《祭李长蘅先生文》，民国二十二年铅印本。

⑤ （清）钱谦益撰集：《列朝诗集》丁集卷十三下《李先辈流芳》（小传），第 5463—5464 页。

⑥ 详参邱仲麟：《花园子与花树店——明清江南的花卉种植与园艺市场》，《历史语言研究所集刊》第 87 本第 3 分，2007 年，第 503 页。

⑦ 光绪《嘉定县志》卷三十《第宅园亭》，《中国地方志集成·上海府县志辑》第 8 册，第 617 页。

芳的书画室。寥寥亭内则常可见流芳独坐思吟。①

除檀园之外,南翔镇中还有两处李氏家族的园林。一是"三老园",由李文邦迁居南翔之后所建,以枫、柏、桂为"三老"。一是"猗园",最初为闵士籍所辟,园中树、石规制皆出自晚明著名竹刻家、嘉定人朱三松之手。明末时,猗园归李名芳儿子宜之(字缁仲)所有。② 三园并立,南翔李氏风雅一时。

此外,流芳、名芳、元芳三兄弟,均工于文辞,并噪晚明江南词坛。③ 无论家族财富、科名,还是文化修养与声望,李氏家族在南翔镇都是特别突出的。清末所编的《南翔镇志》因言:"古今来,地以人传,槎里褊小而尚论其人,如张司马、李给谏、李庶常兄弟,其勋业、谠论、文章,炳天壤而光史册,岂一乡一里之人哉。"④可以说,以李流芳檀园为中心聚集而形成的文化活动,构成晚明南翔镇文化的最高峰。

① (明)李流芳:《嘉定李流芳全集》卷一《九日寥寥亭独坐看花感怀有作》、卷六《雨中独坐寥寥亭看桂花得张子崧书问兼怀孟阳》,陶继明、王光乾校注,第37页、170—171页。

② 光绪《嘉定县志》卷三十《第宅园亭》,《中国地方志集成·上海府县志辑》第8册,第615、618页。

③ (清)张承先纂,程攸熙订正:《南翔镇志》卷六《人物·文学》,《中国地方志集成·乡镇志专辑》第3册,第476页。

④ (清)张承先纂,程攸熙订正:《南翔镇志》卷六《人物》序,《中国地方志集成·乡镇志专辑》第3册,第469页。其中,李给谏、李庶常分别指李先芳、李名芳。"张司马"指明嘉靖二十六年进士张任(字希尹),曾任浙江、陕西、广东等地大员,卒赠兵部左侍郎。(见镇志卷六《人物·贤达》)

三、檀园宴集与南翔风雅

万历三十三年,当檀园还在建设中,李流芳好友朱修能来访,投诗关心进展,流芳答曰:"池上新庵仍署泡,阶前旧壑已名萝。"①可见此时园中的泡庵与萝壑已基本完成。不久,檀园竣工,流芳甚是喜悦,赋诗言怀:

短筑墙垣仅及肩,多穿涧壑注流泉。放将苍翠来窗里,收取清泠到枕边。

世欲何求休汗漫,我真可贵且周旋。一龛尚拟追莲社,不用居山俗已捐。②

檀园中,有"涧壑",有"流泉",有窗前的苍翠和枕边的清冷,仿佛能够将世间欲望隔绝于外,即使处在这繁华的市镇,也达到了"俗已捐"的境界。兴奋之余的流芳借答复友人龚方中恭贺的机会开始邀约园林集会:

练祁南下水村赊,一路秋风吉贝花。到市钟声知寺近,过桥柳色逐门斜。

---

① (明)李流芳:《嘉定李流芳全集》卷四《朱修能见访闻予方葺檀园以诗枉讯次韵答之时修能将至苕上》,第136页。朱修能,即朱简,休宁人,精于古篆,自成一家。
② (明)李流芳:《嘉定李流芳全集》卷四《小葺檀园初成伯氏以诗落之次韵言怀》,第143页。

> 贫能好事无如我,老解求闲有几家。若肯重来留十日,不
> 辞淡饭与粗茶。①

龚方中,字仲和,是广东参政龚锡爵的儿子,与流芳关系密切。其嘉定县城的宅第,是"四先生"经常举行诗酒宴会的地方。练祁,指练祁河,又称练川,代指嘉定县。寺,指南翔镇得以命名的南翔寺。桥,指檀园所在的镇中金黄桥。这里蕴含了檀园的地理位置。最后一联"若肯重来留十日,不辞淡饭与粗茶",显示出流芳对新园林中友人相聚的兴奋与期待。

流芳文集中记载了两次分别持续了两日的檀园宴集。一次是万历四十七年。这一年初,流芳赴京参加会试,途中得病,遂放弃北上而还家。三月十九日,友人张廷械、郑允骙前来拜访,流芳遂邀长兄、子侄,与张、郑二人一起欢聚园中,畅言畅饮,作画题诗,留下了十分美好的回忆:

> 三月十八日,余自吴门还,翌日,与子薪相闻且招之。子
> 薪报云:"彦逸亦在此,质明当与偕来。"是日轻阴,风气萧爽,
> 集伯氏、从子辈于宝尊堂。既酣,子薪、彦逸遂留宿山雨楼头。
>
> 晨起,登楼看雨,焚香啜茗,颇适。饭罢两君便欲别去。
> 予曰:"家酿颇冽,尚堪小饮,当为稍淹。已维舟于门矣。"既
> 饮,酒白于玉,芳于桂,甘于泉,新绿映槛,雨润欲滴,门外屐声不
> 至,鼎足而谈,或笑、或歌、或泣,皆生平怀而不尽者,遂能去。

---

① (清)钱谦益撰集:《列朝诗集》丁集卷十三下《李先辈流芳·小葺檀园初成伯氏有作仲和次韵见投用韵奉答兼订后期》,第 5473 页。

　　肴既尽,佐以笋蕨。重涤酒器,出所藏哥窑、旧玉二杯,陈
案上,呼五木,得异采者饮一杯。童子时时摘花来供,蕙既芳,
蔷薇视人而笑,虎茨数树着花如雪,掩映斋壁。子薪往往叫
绝,因相牵入慎娱室,索墨汁属予画,且画且谈,竟尽此卷。欲
题一诗,已醉不能。聊纪此以资它日谭柄,相知如闲孟、孟阳
者,可一示之,勿以示俗人也。

　　己未三月廿二日,泡庵道人题。①

　　子薪,指张廷械,南翔镇人,是兵部车驾司员外郎张栋的族子,
工诗文,与流芳、程嘉燧交游,被流芳称作“骨清而坚、气弱而恬、神
悴而全”。② 彦逸,指郑允骙,诸生,居嘉定西城,其兄允骥“文雄
健,多经济之言”,与流芳是好友。③ 这段题画,极具画面感地描绘
了一场文人园林宴集的情形,从前一日的相约、小聚,到第二日的
晨起登楼看雨、焚香饮茶,以及品酒、谈笑抒怀,到更欢愉的鉴物、
博酒、赏花,以至尽兴后的“且画且谈”。园林欢聚场景跃然眼前。
联系到又一次未果的会试,流芳心中的不遇之感,或许可以借助这
样畅怀的园林集会而稍得纾解。

　　另一次是元宵节,流芳邀请“里中诸君”到檀园赏灯,主宾共十
人。元宵夜,檀园中张灯结彩,即使突然的落雨也丝毫没有影响节
日唱和的欢乐气氛:“花边楼阁月边廊,更爱繁灯照夜光。雨气无

---

① (明)李流芳:《嘉定李流芳全集》卷十二《题画卷与子薪》,第302—303 页。
② (清)张承先纂,程攸熙订正:《南翔镇志》卷六《人物·文学》,《中国地方志集成·
　乡镇志专辑》第3 册,第477 页。
③ 光绪《嘉定县志》卷十九《人物志四·文学》,《中国地方志集成·上海府县志辑》
　第8 册,第400 页。

端先客到,檐声应为和歌长。城头结绮人俱散,村里迎神鼓不忙。且尽一杯酬令节,泥深门外亦何妨。"①第二日,宾主再次相聚檀园宝尊堂,回忆昨夜转瞬已逝的"良辰乐事",共赏风雨中即将百花绽放的园景:"索笑檐梅日几巡,良辰乐事肯辞频。灯宵自是难兼月,酒伴何须更觅人。时序百年真可惜,欢娱一瞬已成陈。眼看花发多风雨,狼藉春园万树银。"②檀园节庆的氛围由此可见一端。

另一位"嘉定四先生"程嘉燧,与流芳过从甚密,是檀园的常客。程嘉燧字孟阳,本为徽州歙县人,天启二年侨居嘉定县城,精通诗书画,为晚明一大家,被李流芳引为诗文交。③ 万历三十三年,为祝贺檀园落成,程嘉燧题诗于园中的"次醉阁":

> 为爱檀园开北阁,两回三宿小房栊。坐深曲洞香灯焰,睡美疏棂晓日烘。
>
> 白拂花飞方丈雨,素屏滩响一床风。但名次醉犹嫌俗,合作禅栖住远公。④

此后,程嘉燧常常光顾檀园,有时直接夜宿于檀园,与流芳晨

---

① (明)李流芳:《嘉定李流芳全集》卷四《元夕雨邀里中诸君小饮檀园灯下次伯氏韵》,第 147 页。

② (明)李流芳:《嘉定李流芳全集》卷四《十六日诸君载酒重聚宝尊堂次伯氏韵》,第 147 页。

③ 光绪《嘉定县志》卷二十《人物志五·侨寓》,《中国地方志集成·上海府县志辑》第 8 册,第 436—437 页。

④ (明)程嘉燧:《松园浪淘集》卷八《题檀园次醉阁》,明崇祯刻本,《续修四库全书》第 1385 册,第 652 页。

夕唱和。① 如《正月十八夜宿长蘅家感旧和前次醉阁诗韵》感叹时
光流逝："流年灯罢残更月,旧事庭前半树风。"但可欣慰的是好友
李流芳仍然保持淡泊闲适的状态："却喜故人今未贵,依然萧寂类
禅公。"②檀园宴集也少不了程嘉燧的参与,某年五月十三日,程嘉
燧陪元芳、流芳兄弟在宝尊堂集会,称"每到君家双眼明,二难况值
自逢迎"③。即便不能亲自前往的聚会,程嘉燧也会写诗相寄,表达
"不共西窗彻夜论"的遗憾。④

　　披寻史料,从各种唱和诗文中,还能够看到多次檀园的宴集,
如葛一龙的《雨集长蘅檀园》:

> 梅雨到先客,客止雨未止。渐看园沼平,已浸石齿齿。
> 幽花湿更香,老树枯不死。所居即空山,所味亦如水。⑤

　　闵裴的《饮长蘅檀园》:

① (清)张承先纂,程攸熙订正:《南翔镇志》卷七《人物·流寓》,《中国地方志集成·乡镇志专辑》第 3 册,第 489 页。
② (明)程嘉燧:《松园浪淘集》卷十四《正月十八夜宿长蘅家感旧和前次醉阁诗韵》,《续修四库全书》第 1385 册,第 689 页。
③ (明)程嘉燧:《松园浪淘集》卷十三《五月十三日陪茂初兄弟宝尊堂燕集》,《续修四库全书》第 1385 册,第 681—682 页。
④ (明)程嘉燧:《松园浪淘集》卷八《仲夏偶过长蘅水槛即事雨夜王弱生郑闲孟过李长蘅予未能同辄有此寄》,《续修四库全书》第 1385 册,第 652 页。
⑤ (清)张承先纂,程攸熙订正:《南翔镇志》卷十一《杂志·园亭》"檀园",《中国地方志集成·乡镇志专辑》第 3 册,第 519 页。葛一龙,字震甫,洞庭山人,读书好古。(同治《苏州府志》卷八十一《人物六》)

临溪浅步雨香携,夏绿深深听晚鹂。高士门庭惟尚简,野人来去自无稽。

幽情共惜园中夜,后约还留石上题。残醉更怜分手处,柳风吹月一船低。①

李流芳本人的《伯先偕徐女扬诸君见过留饮檀园别后伯先以诗见寄次韵》:

新知旧好两相携,来看初莲听晚鹂。池上熏风先客至,林端缺月为谁稽。

酒怀烂熳犹轻敌,诗兴萧疏已怯题。不醉其如吟思苦,因君亦遣白头低。②

以及《秋日喜子鱼、孟阳、君美、仲和过檀园宿留即事》:

长日郊居少送迎,喜闻客至启柴荆。百年潦倒谙交态,廿里过从见故情。

凉雨洗尘秋院静,飞虫远烛夜堂清。休论旧事增惆怅,醉

---

① (清)张承先纂,程攸熙订正:《南翔镇志》卷十一《杂志·园亭》"檀园",《中国地方志集成·乡镇志专辑》第3册,第519页。闵裴,字裴村,南翔镇人,性好诗。(康熙《嘉定县志》卷十七《人物下·隐逸》)

② (明)李流芳:《嘉定李流芳全集》卷四《伯先偕徐女扬诸君见过留饮檀园别后伯先以诗见寄次韵》,第139页。

起巡廊绕月行。①

这些园林宴会诗文、"次韵"式的反复唱和,是诗歌创作社交性的突出表现,也是文人获得并提升自身地位和声望的重要手段。同时,亦是中国文学史中的一个传统,正所谓"在有限的士大夫阶层中创造流传的诗文传统,本质上成为一种可以获取文化、社会与政治声誉的货币"②。文人在园林宴集交游中获得声望,园林本身则也在这一过程中声名鹊起,吸引更多的风流雅士往来游赏。

檀园过客中,最著名的恐怕要数晚明名妓柳如是了。柳如是在崇祯七年、九年两次游于嘉定,据陈寅恪以程嘉燧诗文为线索的考证,两次嘉定之游,柳如是都到了檀园。这时李流芳已经去世,但檀园仍在,流芳长兄元芳代表檀园主人接待了这位"神仙宾客"。

崇祯七年暮春至初秋,柳如是第一次游嘉定,寓居嘉定城南二十一里、南翔镇北三里的蒨园。其间,柳如是与"嘉定诸老"曾游宴檀园。当日,众人在檀园"山雨楼"中晚宴,酣饮达旦,次日清晨仍余兴未阑,遂同赏山雨楼前芙蓉洋中之新荷。陈寅恪引程嘉燧和李元芳之诗为证:

　　林风却立小楼边,红烛邀迎暮雨前。潦倒玉山人似月,低

---

① (明)李流芳:《嘉定李流芳全集》卷四《秋日喜子鱼、孟阳、君美、仲和过檀园宿留即事》,第140页。
② [美]姚如谷:《奇观、仪式、社会关系:北宋御苑中的天子、子民和空间建构》,载[法]米歇尔·柯南、[中]陈望衡主编:《城市与园林——园林对城市生活和文化的贡献》,第65页。

迷金缕黛如烟。欢心酒面元相合,笑靥歌鬟各自怜。数日共寻花底约,晓霞初旭看新莲。

　　新荷当昼便含光,要看全开及早凉。带露爱红兼爱绿,迎风怜影亦怜香。林深鸟宿声还寂,水涨鱼游队各忙。

"小楼"即檀园中的山雨楼,"林风却立小楼边""潦倒玉山人似月"言柳如是醉酒状。"红烛邀迎暮雨前""低迷金缕黛如烟"言柳如是唱曲。"晓霞初旭看新莲""新荷当昼便含光,要看全开及早凉",则是指第二日清晨共赏荷花之情形。

　　崇祯八年深秋,柳如是与陈子龙分手,返盛泽镇寄居,惆怅无聊之际思量再作嘉定之游。而此时程嘉燧对柳如是的思念之情已是"一寸心灰缟雪生",故与李元芳商量邀约柳如是重访嘉定。崇祯九年正月初到二月末,柳如是应约再次来到嘉定。这一回,她直接居住在檀园中,并以檀园为据点又一次展开与当地名流的交往活动。[①]

　　柳如是的两次光顾,印证了檀园的名气,也展现了檀园在嘉定文化圈中的地位。南翔镇自然与有荣焉。

　　李流芳家族,是晚明南翔镇非常重要的文化标签。李流芳兄弟以自身杰出的文化修养和檀园胜景,吸引周边众多文人墨客、风流雅士前往南翔,形成"里中故多文雅风流之士,皆李长蘅诸先生

---

① 有关柳如是嘉定之游的内容均引自陈寅恪:《柳如是别传》,生活·读书·新知三联书店,2009 年,第 175—176、198—199、205—208 页。

所沾溉"的局面。① 士人往来南翔镇,需要见一见李流芳,几乎成为一种习惯。像高攀龙的季弟高士鹤过南翔时,本打算"不见长蘅,未免俗气",但最终还是没有忍住,特意请求缪昌期加以引见。② 而地处南翔镇镇区之中的李氏檀园③,是这类文化活动的重要空间载体,也为南翔镇带来了更广大地域中的风雅声望。人、园林、市镇三者间的关系就这样连接了起来,互相推动。

遗憾的是,明末鼎革与相伴随的江南奴变,给李氏家族以致命的打击。这场动乱中,流芳的儿子杭之、先芳的儿子宗之均惨死。李宜之,因身在南京躲过一劫,但南翔故家已破,遂寄居在嘉定县城侯峒曾家族的别业中,直到去世。④ 主人逢难,园林岂可幸免。檀园在清初时已倾圮,失其所在。⑤ 猗园在鼎革时也换了主人,清乾隆年间又为洞庭商人所购得。⑥

李氏家族的际遇颇为时人惋惜:"里中李氏累世贵盛,文章誉望高天下,其子弟皆抱异才,傲睨一世,又疾恶如仇,群小侧目久

---

① (清)张承先纂,程攸熙订正:《南翔镇志·增订南翔镇志序》,《中国地方志集成·乡镇志专辑》第3册,第452页。
② (明)缪昌期:《从野堂存稿》卷六《与李长蘅》,明崇祯十年缪虚白刻本,《四库禁毁书丛刊》集部第67册,第337页。
③ 檀园是非常典型的市镇园林,有些园林虽然被记录在镇志中,但其位置是在核心镇区之外的四乡,如上文提到的蕅园,见于《南翔镇志》中,但其位置在镇北三里的鹤槎山,并非核心镇区内。
④ (清)张承先纂,程攸熙订正:《南翔镇志》卷六《人物·文学》,《中国地方志集成·乡镇志专辑》第3册,第477—478页。
⑤ 童寯:《江南园林志》"沿革",第24页。
⑥ (清)张承先纂,程攸熙订正:《南翔镇志》卷十一《杂志·园亭》,《中国地方志集成·乡镇志专辑》第3册,第519页。

矣。遭国变，遂乘机杀掠，几赤其族。"①而承载晚明南翔镇文人风雅的李氏园林，伴随着园主人的家门惨变，如昙花般很快消失在历史中，唯留给后人无限的追忆与想象。清代前期南翔镇文士即言道："我嫪槎溪前辈，有李长蘅、缁仲叔侄，一家之中，相为师友，凡檀园、猗园互相觞咏，长谣短什，传于人口，其流风余韵可想见也。"②

四、园、地相传

市镇园林与城市园林一样，都面临兴废无常的命运，如易主或湮灭，均是类似。南浔镇上的小桃源，元代由华氏兴建，明末归庄允诚所有，清初"明史案"后，庄氏籍没，园林又被镇中大族董氏购得，改名董园。③ 王店镇的在我园，晚明大族李氏辟，入清之后，先后为吴氏、李氏两官绅所有。④ 在这样的一次次易手中，随着时间的推移，园林的最初的景观情况往往不为后人所知了。再者，园主不见得全是文人缙绅。像唐市镇的东庄，由士绅、藏书家孙朝让建，后来卖给徽州商人程氏。同一镇中的黄氏北宅园，日久荒废之

---

① （清）张承先纂，程攸熙订正：《南翔镇志》卷十二《杂志·纪事》，《中国地方志集成·乡镇志专辑》第 3 册，第 531 页。

② （清）张揆方：《迂斋学吟》序，嘉庆《直隶太仓州志》卷五十六《艺文五》，清嘉庆七年刻本，《续修四库全书》第 698 册，第 161 页。

③ （清）汪曰桢：《南浔镇志》卷六《古迹一》，《中国地方志集成·乡镇志专辑》第 22 册下，第 64—65 页。

④ （清）杨谦纂，李富孙补辑，余楙续补：《梅里志》卷六《园亭》，《中国地方志集成·乡镇志专辑》第 19 册，第 68 页。

后,也由商人购得,园林得以重新修茸、添建,恢复山林逸致之趣。①

事实上,市镇园林的属性和园中活动的性质,与城市园林并没有太多的不同。但从地域社会层面而言,江南市镇园林则是一个具有特殊性的存在。因为它们依附于江南市镇这样一个明代中后期才大规模出现的地域空间。这样的一个空间,不同于苏、杭等城市那样名园集中且文化高度繁荣。与纯粹的乡村社会相比,市镇的地域完整性与独立性更强。因此,在市镇中,园林与地域之间的交互作用显得较为明显。

生活在江南市镇中的文人,在自我生活的地域空间,营建各式各样的私家园林。大大小小的园林,散布于市镇的街巷,点缀着市镇的风光。其中那些巧立心思、精致设计的园子,成为市镇风貌的代表。园林主人组织的宴集吟咏、交游切磋等文人文化活动,形成市镇的文化空间,在人地相传、园地相传的过程中,园主、园林和市镇均名声飞扬,即使园林易主,甚至旧地难寻,仍然作为市镇文化特质的代表,留在市镇甚至整个江南地域的历史记忆中。

---

① (清)倪赐纂,苏双翔补纂:《唐市志》卷之上《园亭》,《中国地方志集成·乡镇志专辑》9,第508页。

第五章　市镇与州县治理

市镇星罗棋布于江南三角洲,人口繁密、商业活跃,现实中有极大的治理和利益需求。但在传统行政体系中,因商品经济的发展而自然生长出的这类聚落形态,并不具有建制性。观察基层治理的某些实践,可以发现,市镇在争取国家资源上并不占优势,而州县官对市镇事务的处理手段也体现着"非建制"带来的复杂。

第一节　失治的堰坝

嘉兴府海盐县澉浦镇中,永安湖是最重要的水源地。湖泊的浚治难题,从明初起即存在于澉浦地域社会中,镇中士绅多次尝试推动,历时弥久,均以失败告终。

一、澉浦镇环境与永安湖水系

澉浦镇,地处浙江北部,是对外贸易、海外交通的重要港口市镇。澉浦建镇,始于唐代开元五年,苏州刺史张廷上奏置镇,设有镇将。至宋代,又置镇官监税,并兼管鲍郎盐场盐务。因地理位置的便利,宋代时澉浦已是海外贸易重镇,其时"缘宋都临安,四方百货所凑,澉为近畿地,海舶由龛赭入钱塘者,阻于江湍,以收泊,澉埠为便,番货因而毕集"①。元初,此地还设市舶司。又有记载称"至元、皇庆间,宣慰(使)杨耐翁居此,以己资广构房,招集海商番舶皆萃于浦"②,澉浦镇遂人烟极盛,并与当时著名的海外贸易港口青龙镇并称:"华亭则有青龙镇,海盐则有澉浦镇。"也就是说,澉浦由最初的沿海驻军要塞,因海外贸易的发展而演变成沿海重要港口。③

不过入明以后,江浙沿海广设卫所以备倭,朝廷置官军把守,严禁百姓下海,海外贸易遂绝,澉浦镇的海外贸易也随之衰落,所谓"利源既绝,往迹俱非,不见异物,亦无外慕"④。及至晚明,除基本的稻作生产以外,澉浦镇民间生业中还有很重要的一项,即家庭

---

① 天启《海盐县图经》卷六《食货篇第二之下·课程(附市舶)》,明天启刻本,《四库全书存目丛书》史部第 208 册,第 442 页。

② 弘治《嘉兴府志》卷十七《海盐县·乡都》,明弘治刻本,《四库全书存目丛书》史部第 179 册,第 259 页。

③ 可参考陈学文:《明清时期乍浦、澉浦二市镇的社会经济结构》,氏著《明清时期杭嘉湖市镇史研究》,群言出版社,1993 年,第 214—230 页。

④ (明)董穀:《续澉水志》卷一《地理纪·沿革》,民国二十五年铅印《澉水志汇编》本,《中国地方志集成·乡镇志专辑》第 20 册,第 537 页。

纺织业,尤其以苎布的纺织为主。这跟晚明海盐县大部分地区以蚕桑为副业的情形略有不同。朱国祯便观察到:"盐邑素不习于蚕,近三四十年中蚕利始兴,今则桑柘遍野,无人不习蚕矣。"但是"澉浦俗善绩苎,更以织苎布为业,然地实不产苎,市之他方,布亦大不精,非贵人所御也"①。

澉浦镇虽然地处"江南水乡"的大区域中,但境内"山多而水少",与真正的"水乡"地貌环境并不尽相同:"嘉禾阖境水多山少,而山皆聚于澉浦。"②澉浦一带有大大小小几十座山峰,居民错居于山湾沃土之中。山多水少、地势趋高的环境,使得澉浦镇农业生产所面临的不是水乡常见的排涝问题,而是干旱:"澉地在四山中,不通泾河,屡遭旱患。"③因此,灌溉和蓄水显得十分重要。无论明清的士民还是地方官员,都普遍认识到,镇中多山,地势高,不能溯流而上,"宜疏浚深通以资潴蓄",而"正本清源之论",即需要时时挑浚永安湖和与之连通的澉浦城濠,从而"踞高处以蓄水,则樽节宣泄似无难于溥逮也"④。从海盐县整体水利形势来说,亦是如此:"海盐东南地势最高,水易就下,如永安湖、澉浦城濠、白洋河之淤淀者,宜挑复之,各邑浜港之涩流者,宜劝农民以时疏掘为潴蓄计,

① 天启《海盐县图经》卷四《方域篇第一之四·八之县风土记》,《四库全书存目丛书》史部第 208 册,第 397 页。
② (明)董穀:《续澉水志》卷一《地理纪·山川》,民国二十五年铅印《澉水志汇编》本,《中国地方志集成·乡镇志专辑》第 20 册,第 538 页。
③ (清)方溶纂修,万亚兰补遗:《澉水新志》卷九《人品门·孝义》,民国二十五年铅印《澉水志汇编》本,《中国地方志集成·乡镇志专辑》第 20 册,第 619 页。
④ (清)王凤生纂修,梁恭辰重校:《浙西水利备考》"海盐县水道图说",光绪四年重印本,《中国方志丛书》华中地方第 481 号,台北成文出版社,1983 年,第 267 页。

斯旱可以备。"①

　　永安湖(见图21)位于澉浦镇西南部的谭仙岭(史料也作谭山岭、谈仙岭)下,"环湖皆山,孟姥瀑诸水分注之,中有长堤,划湖为两,周望惟南一角山不尽遮。海水正与湖平,滩沙晶荧,愈复益其漾沂"②。永安湖地本为民田,后化田为湖,汇积周围谭仙岭、高阳

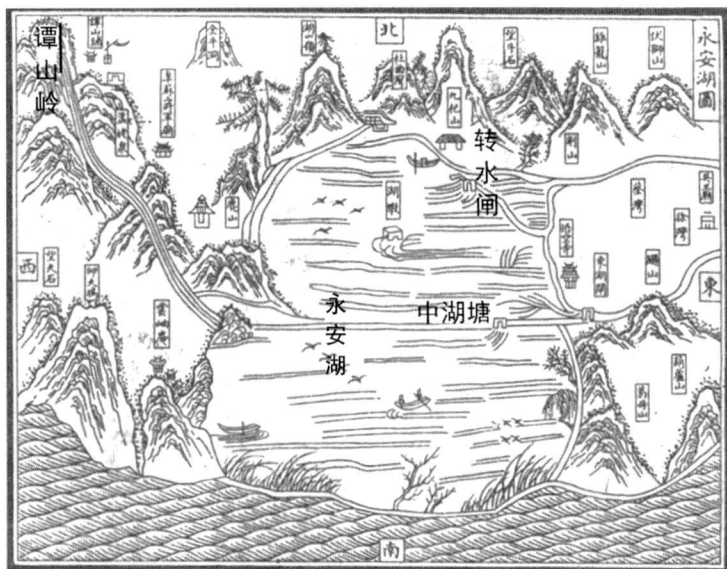

图21　永安湖

(据明·董毂:《续澉水志》图,民国二十五年铅印《澉水志汇编》本)

---

① (清)王凤生纂修,梁恭辰重校:《浙西水利备考》"嘉兴府水道总说",《中国方志丛书》华中地方第481号,第233页。
① (清)王凤生纂修,梁恭辰重校:《浙西水利备考》"嘉兴府水道总说",《中国方志丛书》华中地方第481号,第233页。
② 光绪《海盐县志》卷五《舆地考二·山水》,清光绪三年蔚文书院刻本,《中国地方志集成·浙江府县志辑》第21册,第588页。

山诸山之水,共约三千七百亩,灌溉周边的农田约八千三百亩,被淹土地的税收均于湖侧田地。至于"化田为湖"的时间已经不详,南宋后期编纂的《澉水志》中便已经有了永安湖的记载。这种置塘池以储水的方式是"去河辽远"的高田经常采用的方法,所谓"畎亩之间,有田十亩而废一亩以为池,则九亩可以资灌溉,常丰稔矣"①。

将永安湖与周围农田以及东边的澉浦城河连接起来的,是一纵四横的"中河"与若干的堰闸(见图22、23):

图 22　海盐县水道及永安湖闸堰
(据清·王凤生:《浙西水利备考》,光绪四年重印本)

----

① (明)不著撰者:《吴中水利通志》卷九《考议·梁寅论田中凿池》,明嘉靖三年锡山安国铜活字本,《四库全书存目丛书》史部第 221 册,第 447 页。

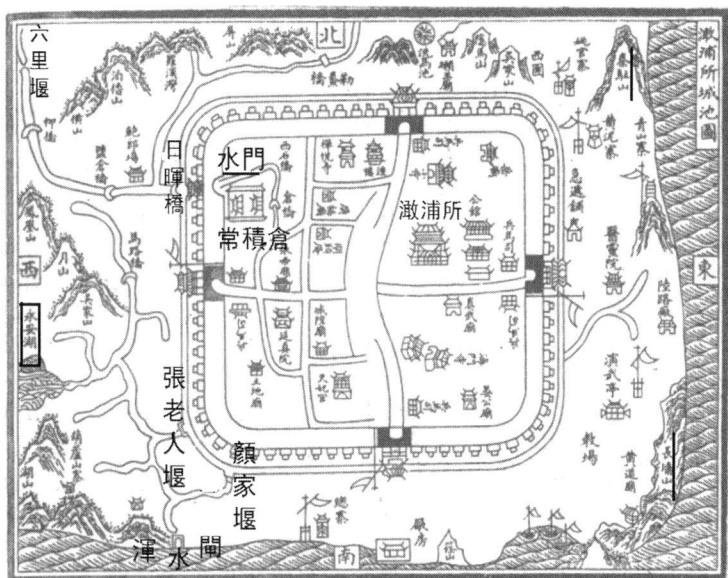

图23　澉浦所城池及闸堰

（据明·董榖：《续澉水志》图,民国二十五年铅印《澉水志汇编》本）

　　永安湖,源自谈仙岭、高阳、盐台诸山,注汇为湖。湖水自
闸下注于中河,中河形如十字,一纵四横,以孙家堰、六里堰截
水,而东有老人堰通澉。城濠西有上、下、转水三闸流注下河,
皆因时启闭,以灌近湖田八千三百余亩。至澉浦则南受长墙、
青山诸水流入城濠,萦回交互,与中河水会。又西行出日晖
桥,出六里堰傍之转水闸至张公桥,入下河;东至滚水坝止,漫
为长川坝,计长十里。①

----

① （清）王凤生纂修,梁恭辰重校：《浙西水利备考》"海盐县水道图说",《中国方志丛
书》华中地方第481号,第262—263页。

具体分段来看，中河，自永安湖闸口而下，东过吴越王庙分为二支，一支向西北流去，自王家桥至孙家堰止，一支向东南过八字桥，经三十字河至张老人闸止。又两处支浜在西门外者至油车堰止，在南门外者至颜家堰止。统计河港浜溇凡五千九百七十九丈五尺，阔狭不等。澉浦城的"护城河"即濠河，亦名城河，地势略高，从城西日晖桥流出，向西至六里堰止，这段河道称"上河"或"六里河"。六里堰外流向北边之河称"下河"。上河因从"势居上流"的濠河流出，地势高于下河，故设六里堰遏上河之水向北流入下河，如遇雨水过多时，则开启六里堰南面的转水闸，泄水入下河。上、下河统称"长河"。城东则有"新河"，起自裘家坝，下至长川坝。①

永安湖通过上述一系列水闸控制放水，"湖东际石砌斗门木板为闸，以时启闭。每遇天旱，开闸放水，下流灌救田苗。或天雨连绵，湖水涨溢，却有东南葛母山下古置浑水闸，放泄入海"。基于良好的排、灌条件，最初湖周围农田无水旱之忧，赋税虽重，但百姓仍然可以受利。②

受永安湖灌溉的农田分布在澉浦、澉墅和石帆三个村落，即城濠周边的城河田、永安湖下的湖田，以及长墙山湾处的山田（石帆村临海，受海潮影响，后渐渐陷没于海）。③ 这一范围涵盖了澉浦镇

---

① （清）方溶纂修，万亚兰补遗：《澉水新志》卷一《地理门·水》，民国二十五年铅印《澉水志汇编》本，《中国地方志集成·乡镇志专辑》第20册，第581页。
② （明）董穀：《续澉水志》卷八《杂记·公移》"结堪永安湖责税"，民国二十五年铅印《澉水志汇编》本，《中国地方志集成·乡镇志专辑》第20册，第554页。
③ （清）方溶纂修，万亚兰补遗：《澉水新志》卷九《人品门·孝义》，民国二十五年铅印《澉水志汇编》本，《中国地方志集成·乡镇志专辑》第20册，第619页。

农田的绝大部分。

二、明代湖堰失治

作为澉浦镇重要水源地的永安湖,在明代不断淤积和被破坏,一直得不到妥善清淤与开浚。当地的粮、塘、里、老,以及澉浦千户所虽多次呈请,但即便得到了朝廷的批准,也无法落实和推行。下面即按时间顺序,列陈有明一代永安湖"屡经申请、竟未能疏浚"的过程:

明初,朱元璋在立国之际重视农田水利的建设,洪武二十七年"遣国子监生及人材分诣天下郡县,督吏民修治水利",命"凡陂塘湖堰可潴蓄以备旱暵、宣泄以防霖潦者,皆宜因其地势修治之"。[1] 在这样的大局势下,全国范围内很多农田水利得到修治。后据洪武二十八年统计,两年时间全国"凡开塘堰四万九百八十九处"[2],澉浦镇永安湖在这时得到了明代唯一一次的开挑疏浚,使得南北两湖"各深五尺,四时不旱,田禾有收。本境居民二千四百余户,俱得安生"[3]。

随着时间的推移,几十年间,永安湖日渐淤塞,正统十年时,海盐县丞龚潮达申奏,请求疏浚永安湖,以及县内的茶市院河、新泾河、陶泾塘河等,不久便得工部字三百七十一号批准,派官员实地

---

① 《明太祖实录》卷二百三十四"洪武二十七年八月乙亥"条。
② 《明史》卷八十八《河渠志六》,第 2145 页。
③ (明)董穀:《续澉水志》卷八《杂记·公移》"军民利便呈",民国二十五年铅印《澉水志汇编》本,《中国地方志集成·乡镇志专辑》第 20 册,第 554 页。

踏勘后,命下浙江布政司,要求征发人夫两万名(一说一万八千名)开浚永安湖及县内其他河道。① 但最终"未蒙起夫",无法动工,田禾愈加荒旱。

天顺三年,永安湖淤积更加严重,"河港浜溇俱各淤塞浅窄,遍生墅草,遇旱俱如平地,湖底与田仿佛高低"。海盐县主簿和地方里老经过一番勘合,指出:"本湖通行三千七百四十二亩,中有官塘行路一条,古分南北二湖,南湖计有一千三百三十三亩,北湖计有二千四百一十亩,二湖周围俱系山海。北湖口原有古闸一座,樽节水利,遇旱起开放水,闸下四散河港,车荫官民屯田八千三百余亩。"而如今湖泊淤积,湖底抬高,造成"无水车戽,似此荒多熟少,连年亏欠税粮,民食不给,流移逃窜,即今止有三百余户。见在地广人稀,兼且连年旱灾以致税粮拖欠,俱是见户陪贩,人民困苦,官府被累"②。

于是,澉浦镇地方和海盐县提出疏浚方案:"本湖南北二处俱各平浅,闸下通湖河港高如湖底,如蒙查照原奏勘合事理起夫,将闸下河港浜溇急当先浚,通接六里堰下河港接开北接,开掘之际,倘有雨水不常,先将闸下河浜沥去水浆,庶不失误工程。以后方开南湖,若得开完,河湖田禾有收,粮无拖欠,人民利益,逃者思归。又通澉浦千户所,军余屯田俱得利便行。"③这可以看作是一种妥

① (明)吴道南:《吴文恪公文集》卷十《郡国水利》,明崇祯吴之京刻本,《四库禁毁书丛刊》集部第 31 册,第 429 页。
② (明)董穀:《续澉水志》卷八《杂记·公移》"军民利便呈",《中国地方志集成·乡镇志专辑》第 20 册,第 554 页。
③ (明)董穀:《续澉水志》卷八《杂记·公移》"军民利便呈",《中国地方志集成·乡镇志专辑》第 20 册,第 554 页。

协。在整体开浚永安湖无法实现的情况下,当地百姓提出先行疏浚湖闸下淤积的河港浜溇,若得以完成,再循序疏浚长堤以南的南湖。

此外,永安湖的淤积,还牵及驻扎在此的澉浦千户所。灌溉环境的变差,也使得千户所的屯田受到影响。明初卫所建设时,海盐县设有海宁卫,另下辖澉浦千户所和乍浦千户所。海宁卫有屯田九处,共派种海盐县田地一百零七顷二十五亩余。澉浦千户所的屯田在海盐县城外,属于十二等都,由一个百户领之,骑军一百一十二名,派种田地一十三顷七十六亩。[①] 这一次的申请,同样得到朝廷的批准,当时踏勘所得"永安二湖古该三千七百余亩,今量计三千七百四十三亩。南湖一千三百三十三亩,每亩用夫五名,共夫六千六百六十五名,开深五尺,计工二个月可完。北湖二千四百一十亩,每亩用夫五名,共夫一万二千五十名,开深五尺,计工二个月可完。闸下河港浜溇,量计五千九百七十九丈五尺,阔狭不等,每丈用夫一名,共该夫五千九百七十九名,开深五尺,计工二个月可完"[②]。浙江左、右布政使,以及分巡副使等高官,亲临视察,所征发的嘉兴府七县的人夫两万名也抵达永安湖之南湖,准备开挑,但恰逢冬月雨雪连绵,不能施工,随后便不了了之。[③]

接着到成化年间,湖泊情况更加不堪,"北湖并闸口及近闸近田河道,反再高浅,未经挑浚。其南湖里深外高,难以并放通河,似

---

① 天启《海盐县图经》卷七《戍海篇第三》,《四库全书存目丛书》史部第 208 册,第 460 页。
② (明)董穀:《续澉水志》卷八《杂记·公移》"军民利便呈",《中国地方志集成·乡镇志专辑》第 20 册,第 555 页。
③ 同上。

此不得灌济，即今连年荒旱"。成化八年，澉浦百姓继续申请疏浚。朝廷命海盐县与澉浦千户所各派官员一名，联合当地粮长、耆老等，亲自前往永安湖踏勘，验看湖泊淤积状况，调查以往开浚与否，并计算"长阔丈数，斟酌合用人工"，要求"除完固深通外，凡有壅塞损坏应修者，就与丈量多寡，斟酌工程，少者着令派取本处料物即便趁时修理完备，其工程浩大，卒难成者，亦要督令上紧修理。如果本处人力物料不敷备由作急开报以凭定夺，务俾河道疏通，圩岸高厚，水利兴举，不为后患"①。与此同时，当地百姓还指出永安湖北私自放水的情形：

> 本区地方，边海高阜，原有六里堰坝，不通下河。活水止靠本境永安湖，并闸下近田河溇，积水灌济。湖有南北二处，各置闸口，以时开放荫田。缘因无人看守，又经年远，闸座灰石坍损，致被近其闸坝豪顽大户之家贪图小利，不思田粮为重，恃势无时，黄夜将湖闸并六里堰、转水河闸并各坝偷开，张捕虾鱼。遇其夏秋无水车救，以致连年荒旱。粮草无征，区民缺食。②

于是按照百姓的呈请，安排六里堰附近民人负责看守闸坝，并配合粮长、圩长、治水老人，定期开闸灌田：

---

① （明）董穀：《续澉水志》卷八《杂记·公移》"军民利便呈"，《中国地方志集成·乡镇志专辑》第 20 册，第 555—556 页。
② （明）董穀：《续澉水志》卷八《杂记·公移》"军民利便呈"，《中国地方志集成·乡镇志专辑》第 20 册，第 556 页。

近闸民人朱敬等住近相应,着令看守,如蒙乞给,仰各人务在用心看守,遇有坍损,便叫同地方人夫修筑,使夏秋用水之时,拘集粮长并治水老人、总圩长等以时开放,车荫田苗,不容豪横张网捕鱼,偷泄水利。①

同时,面对大户豪强的围垦与干碍,这一次朝廷还赋予了澉浦千户所"禁治豪势"的职责:

至日逐一看视,中间有被豪强之人侵占、干碍水利者,即拘该管官吏旗甲人等,从公审勘是实,取具明白,供给就令退出改正。若或恃强不服者,指实呈报如是,委官人等扶同。容隐并挟私妄害平人,及因时科扰朦胧、作弊怠慢误事者,拿发通行参问,不恕。②

尽管有帖文一次次呈报和下发,但浚湖工程一再停歇,并未见执行与成效。

正德十一年,由澉浦千户所再次提出开浚之事,范围包括永安湖与六里河直到镇中的常积仓:

---

① (明)董穀:《续澉水志》卷八《杂记·公移》"军民利便呈",《中国地方志集成·乡镇志专辑》第 20 册,第 556 页。

② (明)董穀:《续澉水志》卷八《杂记·公移》"军民利便呈",《中国地方志集成·乡镇志专辑》第 20 册,第 555—556 页。

本所城池设立澉浦镇,地方旧有水门一座,通流城中,以滋灌汲,直抵常积仓前,运粮上纳最便,商货亦通。后被淤塞,栅门朽烂,前该官军虑恐盗入,私将顽石填塞,自此一遇水涝,则淹没军营,一遇火灾,则无水救济。运粮者脚价烦难,籴卖者,肩挑困苦,以致军储久缺,士卒逃亡。近年以来,十分狼狈。及有永安一湖,灌溉田亩,钱粮动以千数,今被浮沙四塞,浅与田平,未秋先竭,十年九旱。民食既匮,国课亦亏,官民两失其利。此地方之患,已非一日,及今不为处置,必致流移殆尽,贻累官府,为害非细。呈乞自六里堰疏浚,以致绕城,开通水门,以复故道。永安湖则量度旧迹,务令深广,庶可救一方之生灵,贻万年之永惠。[1]

澉浦城中曾有一条"市河",古为运河,自东南的长墙山横穿镇区抵达六里堰,又向南流入永安湖,当时实乃澉浦镇河流孔道。但明初以来,河道堰塞,夷为民居,仅于西城处设一水关,通向镇中的常积仓,供运粮用。[2] 据千户所所言,水门至常积仓的一段河道,因自然淤塞和人为填塞,水流不通,影响镇中排涝、防火,尤其给运粮造成极大的负担。千户所掌印千户杨玭为将"市河"与永安湖所需开浚的事宜一并上报,后经过勘实丈量,估算合计费用等步骤后,再一次没有执行。

---

① (明)董榖:《续澉水志》卷八《杂记·公移》"澉浦千户所申文",《中国地方志集成·乡镇志专辑》第20册,第556页。

② (明)董榖:《续澉水志》卷一《地理纪·山川》,《中国地方志集成·乡镇志专辑》第20册,第538—539页。

嘉靖年间,澉浦军、民又有三次呈请,最终还是无成:

> 嘉靖三年大旱,军民耆老陈缙、陈绅等将情告所,备申察院,批府行所,姑俟秋成,民力稍裕,查照施行,竟亦停歇。嘉靖七年大旱,耆老汤沐告府,行县勘实回答,竟亦停歇。嘉靖九年军余胡瓒,为众建言,被责几死,竟亦无成。①

嘉靖朝之后,未再有申浚的公移保留,也许是出于史料的缺失,也有可能是澉浦地方再无上奏浚湖的要求。并且,从实际情况来看,直到清代康熙、乾隆年间,才由官府组织,进行了整体的浚湖工程。因此,与明代中前期相似,整个晚明,永安湖的疏浚事业都没有达成,亦不见官府层级的规划,永安湖湖堰失治状态一直持续着。不过澉浦地方士人没有放弃努力,展开了一些基于地方力量的小修小补工作。

三、澉浦士绅的谋划

面对一直以来不能完成的浚湖事业,嘉、万以后,与湖水相连的上河、城濠转而依靠地方有力阶层陆续展开一些堰闸的修治工作。

生活于明末清初的澉浦士人钱汝霖(又称何商隐),在康熙十年回顾地方士人对疏浚永安湖所做的努力时曾言及:"浚湖之议,始自敬先、方川、虚斋、南溪、萝石、两湖诸先生,去今岁二百余年,

---

① (明)董穀:《续澉水志》卷九《艺文纪·文》"与吴南溪先生论水利书",《中国地方志集成·乡镇志专辑》第20册,第567—568页。

迄今无成事。"①

这里列举的"萝石"，即董沄，字复宗，澉浦镇人，少年时便慷慨慕义，年长工诗，与当时的名士沈周、孙一元交游，放浪山水之间。年近七十，听王阳明讲学，心向往之，执意拜师，成就一段佳话。他的儿子董穀，是正德十一年举人，曾任湖广汉阳县知县，撰有《续澉水志》，对镇中水利也多有关心，曾叹息水利问题"乡先达图之百有余年而不遂"②。南溪，即吴昂，字德翼，海盐人，弘治十八年进士，历官南京刑部主事、福建按察佥事、福建参政右布政职，是澉浦镇的大乡绅。③敬先，是镇中文人刘俨的字，刘俨博学善诗文，古道热肠，后以布衣身份被崇祀为乡贤。④总而言之，从明中叶开始，澉浦、海盐的乡绅、文士(不仅仅有上述列举到的人物)一直在为永安湖的水利工程谋划和努力着。

董沄写给吴昂的一封信中，叙述了明初洪武年间以来，永安湖历次呈请疏浚失败的过程，痛言"年年刷卷只作故纸，奈之何哉?"故恳请官位颇高的大乡绅吴昂出来主导浚湖大业："窃惟先生于此一十八年之间，虽于当道屡尝言之，终以宦辙四方，有志未究。今则解组于家，优游绿野，克终初议，兹非其时耶。矧先生名耸天下，

---

① (清)钱汝霖：《澉湖种树说》，载《紫云先生遗稿》，不分卷，抄本。

② 天启《海盐县图经》卷十四《人物篇第五·儒林》，《四库全书存目丛书》史部第208册，第584页。(明)董穀：《碧里后集达存》下《与邓文岩别驾书》《又与杨秋泉参将书》，明刻本，《中国古籍珍本丛刊·天津图书馆卷》第60册，国家图书馆出版社，2013年，第668—670页。

③ 万历《嘉兴府志》卷十九《乡贤二·海盐县》，万历二十八年刊本，台北成文出版社，1983年，第1164页。

④ 天启《海盐县图经》卷十四《人物篇第五·流寓》，《四库全书存目丛书》史部第208册，第599页。

心切颠连,有闻必举,有举必成。沄安敢以老自诿,不以闻于左右哉。且幸今岁天雨及时,成熟在迩,水可放泄,夫可起拨,但图之在早,持之在坚耳。先生其有意乎?"①这是希望以吴昂的地位、威望与资源影响官府,推动疏浚的进行。

相对而言,由地方有力阶层推动而进行的最有成效的一次水利工程,是万历年间对六里堰的修治。澉浦镇的地势高于北面的县城和嘉兴等地,因此地处上河与下河之间的"六里堰",主要作用在于遏制地势较高的上河之水流入北面的下河,从而保障上河的水量以灌溉两岸农田,是澉浦镇的"灌田、堤防之所""水利要防"。万历年间,在地方力量的主导下,六里堰与上河农田的灌溉得到一定的治理。澉浦乡绅、刑部尚书吴中伟所撰碑记为证:

> 澉水镇去县治三十有六里,故海运发舟道也,其地濒海,滋斥卤而确阜,其民薪山煮海之外,凡借赖于上河、两湖之田,以力食生聚者,且十七于邑。然而河与湖之所以赖济于田者,则恃湖有闸,以时潴蓄河,有用里坝,以固防围,兼有转水闸,以疏涝溢耳,往岁一方民当圮啮之时,非不仓皇补苴,第虑不讨一时之图费,不过数环之土遂,致随修随坏,不能保有长利,所从来矣。
>
> 不佞聚族于斯,岂不厪同室之隐忧。顾时困赖诸生中,无所关其口耳。先是癸巳年间,孝廉钱鲁南、善士朱文才,大举湖闸修置,坚厚视昔有加,田之获收视昔更倍,业已殷殷然睹

---

① (明)董穀:《续澉水志》卷九《艺文纪·文》"与吴南溪先生论水利书",《中国地方志集成·乡镇志专辑》第 20 册,第 567—568 页。

成效矣。

逮岁丙申，侍御许星石公独念湖闸虽修，而两湖城濠之水去用里堰实其巨防，首出金钱，因具所以，状于邑父母李侯，并以董其事者进。侍御为地方计虑深且切矣。侯乃召朱善士，与之约曰：澉之民不忧涝而忧旱，旱则水不足灌而荒歉，因之流离，啼呼十常八九，谁为父母而令致是，尔其善体吾意，悉力为之谋，所以不朽斯坝。旋捐俸钱，并榜其意于坝旁，以怂恿士民之乐施者。

朱善士雅好兴举，地方废坠而又重以侯之激劝，真不难捐发肤以从之。于是日久营度，经计久远，为之纠工伐石，增卑培厚，凿小沟于深底，引下河之水以资上河，又深广转水闸，令其只减浮水，永无破盂漏卮之患。费共若千缗。施者强半，余皆善士资。拮据两月余，既告成事。谋固始于侍御公，而仔肩胼手，不遗余力，以仰成李侯之德意者，朱善士也。侯见之喜已，又瞿然深恤，欲蠲两湖茭草官钱，备每岁塞罅之费，而著为令。[1]

万历二十一年，以镇中的生员钱鲁南、布衣善士朱文才为主导，修治了年久废弛的六里堰，使之加固增厚。二十四年，为解决上、下河地势悬殊、灌溉不便的问题，又在六里堰下"凿小沟于深底，创设瀫洞，蔽之以门。遇旱则开，引下河之水以灌上河之田"，且"深广转水闸，令其只减浮水，永无破盂漏卮之患"。这一巧妙的

---

[1] 光绪《海盐县志》卷六《舆地考三·水利》，《中国地方志集成·浙江府县志辑》第21册，第621—622页。

设计,可以引导地势较低的下河之水流入上河,一定程度上缓解了
干旱及上河水不足时两岸农田的灌溉问题。这项工程,耗时两个
月,由曾任贵州道御史的溆浦镇人许闻造首倡,具体工作则由精通
水利的朱文才设计,统共花费若千缗。这笔费用,大半来自县令李
当泰、乡绅许闻造和镇中士民的个人捐助,剩下的均由朱文才资
助。同时县令还蠲免永安湖中的茭草税,作为以后疏浚六里堰
的经费。

　　朱文才,乃一介布衣,但精通水利技术,且家资雄厚,在溆浦的
水利事业中扮演着很重要的角色。除了承担修治六里堰的技术工
作和近半的费用,还曾将自己位于长墙山下八十亩的土地"废田为
湖",称为大宠湖。缘于这里的地势北面不通城濠之水,西面也不
与永安湖相通,"尤为槁壤",灌溉殊难。而有了大宠湖,即可储水
备旱。湖口仿照永安湖的模式置水闸,即大宠湖闸。又为方便灌
溉,设计了"陶器如箭,无底,埋伏地下,曲折以相接引。需水时则
闸开,水入从筒涌出,浸灌田亩,不烦车戽",这一带的农田也因此
称为"放水湖田"。①

　　此外,鉴于浚湖事业中最大的难题——经费从何出,溆浦的士
人也提出过一些"开源"的办法。嘉靖年间编纂《续溆水志》的董
榖,在志书中也表露了通过"种树"获利的想法:

　　　　自昔山税每亩米一升,自均平粮科以来,米亩五升,则为
　　　累甚矣。然非山之累,人人亦有尤焉耳。如茶,如竹,如桐,如

① (清)方溶纂修,万亚兰补遗:《溆水新志》卷九《人品门·孝义》,民国二十五年铅印《溆水志汇编》本,《中国地方志集成·乡镇志专辑》第20册,第619页。

漆,如桃,如栗、银杏、杨梅皆可树之以获利而不植之,顾独种松,十年一伐以为薪。人生能几伐哉？而子孙果能相继树乎？无怪乎山之童也,归咎税重,愚之乎见哉。①

前述钱汝霖,更是明确表达"浚湖莫若种植",并撰文进行了更为详细的阐释：

> 澈湖浚淤固是百年之利,但工巨费艰,猝难集事。今幸闸堰修筑两塘增高,苟非春夏不雨,澈亦未苦旱已。志称:澈民颛愚,宜其穷苦,盖海埦硗薄,即不能广植桐、漆良材。凡果实药材,咸可资生。澈山独种松,夫松必二十三十年而一伐,人生能种几番松。况其材只供爨下,非可中器仗也,侔厚植也。稍遇灾荒便思沟壑哀哉。此颛愚乎。
> 语云:十年之计树木。太史公云:渭川千亩竹,蜀汉江陵千树橘。其家皆与千户侯等,近如洞庭禹航石埭皋亭诸山,皆以柿、栗、茶、笋,擅利一方。岂澈独不能？曰:无人为之开先,如古拔茶、种桑,见佳桑、麦辄笑等循良举措耳。倘得贤邑侯下令高山种松,山麓平衍、村落近便处,植果木,以多寡课勤惰,春秋暇日,屈驱从亲临视,赏其勤而罚其惰。三年五年,花实长茂,十年有成矣。澈两面距海,其西面有山处,计之不下若千里,不下若千户,皆令栽竹、茶、枣、栗、橘、柚、杨梅,家课数十树,树息数百钱,岁可出金钱数百千两。十年之后,家各

① (明)董穀:《续澈水志》卷一《地理纪·山川》,《中国地方志集成·乡镇志专辑》第20册,第538页。

殷足,方且自谋久远。不待上之人多方区画,而浚湖之策虑无不屡陈于牍,输金输力之恐后矣。

　　故欲救荒,莫若浚湖,欲浚湖莫若种植。百年利己,具十年计中,即谓之百年利,亦可哉。……今止须十年,不役众力,不烦征敛,坐而视其有成,便而且速,无以过之。且何事浚湖,小民平增两熟,已尽饶乐,使不幸田将不至足,亦不至颠沛如今日也。盖浚湖止从田禾起见,自昔田禾岁熟而民生亦蹙,是一田未足恃也。种植乃辅田禾之不及。策在浚湖上浅哉。子之不足语大计也。①

　　钱汝霖是明末清初澉浦当地重要的文人,与浙西许多文人隐士如吕留良、张履祥、陈确等有着密切的交往。明末以来,有"小西湖"之誉的永安湖是他们常常结社、交游的重要地点。经历过晚明浚湖难成局面的钱汝霖认为澉浦地方浇漓,百姓穷苦,因此永安湖的浚湖之费无所出,而若鼓励百姓种植竹、茶和果树,不仅这些经济作物可以很快进入商品流通来使百姓致富,又可以课税用以修治湖堰。

　　但这一厢情愿的设计并未见到实施。永安湖淤塞的状况,一直持续着。清初,海宁人查慎行便言及,原本一分为二的永安湖,现在多称南湖,因为如今"北湖为葑田矣"。②

　　可以说,有明一代的大部分时期,关系着澉浦水利灌溉之要的永安湖,一直没有得到恰当的疏浚与治理。无论是朝廷的行政命

① （清）钱汝霖:《澉湖种树说》,载《紫云先生遗稿》,不分卷,上海图书馆藏抄本。
② （清）查慎行:《得树楼杂钞》卷十一,《丛书集成续编》第 92 册,第 253 页。

令,还是省府县各级官府、卫所的推动,均难以落实、执行。地方上的有力阶层,如乡绅、士子、富户等,在万历以后也尝试着谋划,并出资出力,但最终也只是有一些小规模的疏通和闸堰修治工作得以实现。

四、治湖困境与现实

董沄自陈,永安湖长久以来湖堰失治的原因有四:"一则地方僻处海角,府县隔远,上司不到,危苦之状不能上闻;二则吏胥之弊,非钱不行,而地方公务,钱何从出;三则间有数辈奸黠、细民侵占填塞,深惧显露,多方阴阻;四则粮塘里老,明知疏浚于己有益,但惧供给,因小失大,见当身役,含糊禀歇,及至交替,便望举行,逐年延捱,以此堕误,殊不知图大事者不惜小费矧。"①

永安湖偏处海盐县一隅,是一个独立性的地域水库,并不关涉整个太湖流域的水利通塞。并且海盐县相对于更靠近太湖的嘉兴府其他州县,处于太湖平原治水的边缘地带。就灌溉而言,明清浙西一带,也是以杭州的西湖和余杭县的南湖为最要。② 因此,永安湖水利兴废所受到王朝的重视程度自然较低。

就整体区域形势来说,明王朝对于海盐县海塘修筑的重视远高于对内部水利的整治。当时的官僚士大夫多言及此地海塘的重要性:"东南惟海事为重,海盐海塘之设,所以御潮汐之往来、捍波

---

① (明)董穀:《续澉水志》卷九《艺文纪·文》"与吴南溪先生论水利书",《中国地方志集成·乡镇志专辑》第 20 册,第 567—568 页。
② 郑肇经:《中国水利史》第六章《灌溉》,商务印书馆,1993 年,第 248—250 页。

涛之啮蚀,斯塘一圮,民为垫溺,所系甚大也。"①且海盐县直接面向杭州湾,处于苏南和浙西地区抵御海潮的第一线,关涉江南诸府的安危:"海盐地势逼临大海,两山拥夹,故潮汐独异于他处,全赖海塘为之捍御。顷者风潮异常,将石塘冲坍大半,土塘尽坍,田禾湮没,庐舍漂流,设若风潮再作,径从坍口深入内河,则无海盐。无嘉兴而杭、湖、苏、松诸郡均被其患。"②澉浦镇在海盐县最南部,靠海的"长墙、秦驻以至雅山滨海一带要害之处,又其藩篱怒潮冲激,吞天沃地",筑塘防潮的形势严峻。③

事实上,海盐县所属的浙西海塘,一直是历代王朝为抗御海潮危害、保障江南地区经济发展所兴筑的重要公共工程。以明代而言,较大规模的修筑工程就有五次,即洪武三年、成化八年、弘治年间、万历三年和万历十六年。规模稍小者,如海盐、平湖两县的海塘共修筑过二十一次。且在明末,海塘由原本的土塘改为更加坚固的石塘,即所谓"捍海石塘"。④ 明代浙西海塘的兴筑,有王朝持续性的重视,在赋役结构中,也占有一定的地位,其修筑经费有岁征的海塘夫银作为保障。如从弘治年间开始,嘉兴府的海塘之役,"每岁均徭,阖郡计银七千两"⑤。而从明代中期开始,内河、湖泊

---

① (明)屠勋:《屠康僖公集·重修海塘记》,(明)陈子龙等选辑:《皇明经世文编》卷八十九,明崇祯平露堂刻本,《续修四库全书》第1661册,第198页。

② (清)方观承等修,查祥等纂:《两浙海塘通志》卷二《列代兴修上·全修海塘记》,清乾隆刻本,《续修四库全书》第851册,第425页。

③ (明)董穀:《碧里后集达存》上《瀛阳细柳序》,《中国古籍珍本丛刊·天津图书馆卷》第60册,第633页。

④ 马湘泳:《江浙海塘与太湖地区经济发展》,《中国农史》1987年第3期,第42页。

⑤ 天启《海盐县图经》卷八《堤海篇》,《四库全书存目丛书》史部第208册,第477页。

水利的经费就已经逐渐从单纯的国家拨款转为地方自筹和民间集资。①"地方公务，钱何从出"，成为地方水利事业中的一个关键性问题。钱汝霖和董榖设想的"澉湖种树说"也正是针对这一问题。

为了筹措经费、实现水利修治，澉浦地方也尝试争取过其他机会。万历五年，澉浦镇利用海盐县海塘修筑的机会，用浚河之土筑海塘和挪借海塘余剩银的方式，开浚和整修了澉浦城东往秦驻山的一段河道。时任浙江巡抚的常熟人徐栻在组织完成了海塘的兴筑之后，又奏请：

> 海盐县秦驻山南，至澉浦所地方，原有河一带，在土塘之内。旧连县治，商旅辐辏，田亩岁收，称为沃土。近皆淤塞坍塌，舟楫不通，赤地遍野，原设澉浦税课局，因而裁废，旱干无备，粮运艰苦。乙亥海溢之变，澉浦军民被灾尤甚。以石塘一带外无拥护，内无分泄故也。臣时营度海塘，亲履其地，见田卢荒废，闾里萧条，目击流离，所不忍言。迩塘工告竣，一方军民呈词恳切，诚可怜悯。若将此河因其旧迹，再为开通，即以浚河之土筑塘，则该所至该县，内河上塘一体，高厚深广，联结巩固，纵有异潮之来，不能冲突，而田畴得灌溉之资，一水相通，粮运直达，贻惠军民，实为无穷矣。②

此次浚河申请，由百户官余滕蛟代表澉浦千户所向巡抚呈词。

---

① 潘清：《明代太湖流域水利建设的阶段及其特点》，《中国农史》1997 年第 2 期。
② 天启《海盐县图经》卷五《食货篇第二之上·田土》，《四库全书存目丛书》史部第 208 册，第 407 页。

工程位于澉浦镇东北,从秦驻山附近的石鼓桥经常川铺、黄泥寨,到澉浦东关外的城濠河为止,共长二千二百二十五丈七尺,通计用银三千六百一十九两,征调民力与千户所军兵共同参与,工费由海塘余剩银支持。其中"自石鼓桥至常川铺计长一千三百二十三丈五尺,每方丈该银四钱,计银二千八十六两零,听委官典史陈柯管理,同知黄清、知县饶廷锡往来提调。其常川铺起至澉浦城河,每方丈亦宜给价四钱,但此河大有裨益军兵,而军兵月有粮饷,先给月粮三个月,每方丈比民无粮无役者,减银一钱,止给银三钱,共计银一千五百三十二两零。分委指挥马继武,督同千户吕继忠、百户余腾蛟等管□□,把总王三锡提调"①。

然而深究这段河道的开浚为何得以施行,并能够挪借海塘银,则可以发现:其一,这段河道与澉浦千户所的漕粮运输有关,事关王朝赋税征收;其二,徐栻将此河道看作分泄海潮之水的通道,与整体的海塘事业联结了起来。这两点直接关乎王朝利益,也许才是浚河能够执行的重要原因。

此次浚河中,即使有了巡抚的掌控、海塘银的支持,工役仍然受到当地居民的抵抗。据称澉浦镇"人尽怨之",使得提出此议的百户官余腾蛟"不能安于家,匿避江右以免"。这恰反映了董沄所言的"粮塘里老,明知疏浚于己有益,但惧供给,因小失大,见当身役,含糊禀歇",也即水利工程对民间的需索所带来的消极影响。现实中,水利施工"必资乎财力,而财力必取之民间。凡遇工程一

---

① 天启《海盐县图经》卷八《堤海篇第四》,《四库全书存目丛书》史部第 208 册,第 481 页。

概科敛，则未免府县派之里甲，里甲派之细民，骚动乡村，鲜有不怨"①。尤其在晚明，江南水利已经基本形成了除"干河支港，工力浩大者，官为处置兴工外，至于田间水道，应该民力自尽"②的惯例，基层社会河湖、圩岸的治理中，"坐索塘长""鞭挞闾阎之穷民"也变为常态。③ 民间的消极应对，甚至不配合，大多缘于此。

此外，侵湖渔利的大户，是阻碍水利施行的另一个重要的因素，即董沄指出的"数辈奸黠、细民侵占填塞，深惧显露，多方阴阻"。在湖泊变迁过程中，除自然淤积以外，这类"盗湖"行为，往往是湖泊淤塞、面积变小，并引发纠纷的重要人为原因。明代"与水争田"的现象屡见不鲜，弘治年间，工部提督水利郎中臧麟题奏：苏州等府县蓄水湖塘，多被势家侵占，闭塞水利。④ 清人钱泳在《履园丛话》中专辟"水学"，总结"水害"的形成逻辑："始则张捕鱼虾，决破堤岸，而取鱼虾之利。继则遍放菱芦，以引沙土，而享菱芦之利。既而沙土渐积，乃挑筑成田，而享稼穑之利。既而衣食丰足，造为房屋，而享安居之利。既而筑土为坟，植以松楸，而享风水之利。湖之淤塞，浦之不通，皆由于此。"⑤地方官府则见机税课，纷纷"以

---

① (明)张国维：《吴中水利全书》卷十四《吴岩条上水利事宜疏》(正德十三年)，《景印文渊阁四库全书》第 578 册，第 430 页。

② (明)林应训：《修筑河圩以备旱涝以重农务事文移》，(明)徐光启：《农政全书校注》卷十四，石声汉校注，上海古籍出版社，1979 年，第 345—349 页。

③ (明)张国维：《吴中水利全书》卷十四《凌云翼请设水利台臣疏》(嘉靖四十五年)，《景印文渊阁四库全书》第 578 册，第 447 页。

④ 《明孝宗实录》卷二百零五"弘治十六年十一月癸巳"条。

⑤ (清)钱泳：《履园丛话》卷四《水学》"水害"，第 99 页。

升科为事,寸滩毕税,水道举为区亩,则积侵"①。再如处于大运河沿线、为运河提供水源补给的丹阳练湖,很早即被当地大户侵占大面积水面,佃湖成田。此后,"佃田人家,私放湖水,冀免淹没,而利于种作也",还有渔户私开涵洞、设水门,张网捕鱼。于是"湖遂岁岁涸,湖岁岁涸,则运河无可以济"。② 面对影响了漕粮运输的侵占湖泊现象,明王朝也曾在法律层面作出反应:"苏松常镇杭嘉湖七府,苏州镇江等卫所地方,系官湖塘荡泊,多被奸顽之徒占为已业,或盗卖势豪,及有盗决故决堤防等项情弊,事发勘问明白,依律议拟,审有力照例发落。其湖塘应比拟者,仍明具招由,奏请定夺。"③但是,"湖佃"牵及地方大户和官府税收等多层面的复杂利益,常常是"守令狃近利而忽远图,纵令势豪周围告佃成田"④,故而向来难以彻底清理和解决,所以侵湖"遂为故常"。

永安湖亦是如此。目前能看到的最早的一份因大户围田而造成的纠纷,发生在元初:

至元十三年归附初,镇守管军官王招讨,分付骆百户监督

① 嘉庆《直隶太仓州志》卷二十《水利下》"治水议",清嘉庆七年刻本,《续修四库全书》史部第 697 册,第 318 页。

② (明)姜宝:《姜凤阿集·漕湖议》,(明)陈子龙等选辑:《皇明经世文编》卷三百八十三,明崇祯平露堂刻本,《续修四库全书》第 1661 册,第 16 页。相关研究可参考[日]森田明:《明末清初における練湖の盗湖問題》,[日]小野和子编:《明清時代の政治と社會》,京都大学人文科学研究所,1983 年。

③ 转引自黄彰健:《明代律例汇编》卷三十《工律二·河防》"盗决河防",台湾"中研院"历史语言研究所,1983 年,第 1020 页。

④ 光绪《丹阳县志》卷三《水利》,清光绪十一年鸣凤书院刻本,《中国地方志集成·江苏府县志辑》第 31 册,江苏古籍出版社,1998 年,第 39 页。

隅保塘长起差乡夫,将永安湖西南际湖面筑捺围裹成田三百
八十亩。于官司投告文凭,虚指湖面,却作天荒砟草地段,即
非有主民产,亦非系官地土,自此作骆兴名字,抱佃送纳官粮
三十八石。于后至元二十六年,有王招讨男王四万户,将上顷
湖田过佃澉浦镇杨招讨,召业之后,却于湖田南际掘开海塘,
创造石闸,逐年每遇春水泛涨之时,不顾此湖积蓄救田水泽以
备天旱,但恐掩损湖田菜麦,却将湖水夤夜放泄入海。及至夏
旱要得湖水灌田,又被管佃户朱六十二坝塞,不容水源通流,
致有三年两旱,田禾不收。百姓赔纳官粮,并老小口食不给,
典妻卖子,流离死亡,为是豪势畏惧,不敢言告,民受其害。①

元初,澉浦镇的守镇军官王招讨围湖造田,侵湖三百八十亩,
并欺瞒官府,用"抱佃送纳官粮三十八石"的代价,将湖田纳入自己
名下。十几年后,守镇官又在湖田南缘安置石闸,控制永安湖水的
排灌。本应于春季湖水升涨之际储水备旱的永安湖,被人为放水
入海,防止淹没围垦出的湖田。及至夏季干旱,周围的广大农田亟
需灌溉,守镇官又关闭堰坝,不容湖水下泄流通,湖区农田灌溉不
足,百姓深受其害。在百姓的申告下,元成宗大德九年,浙江行省
平章政事会同行都水监,和当地官员,亲临纠恶,下令"疏浚为湖、
开除元立佃米",终使永安湖恢复原貌。②

---

① (明)董穀:《续澉水志》卷八《杂记·公移》"结堪永安湖责税",《中国地方志集
成·乡镇志专辑》第20册,第554页。
② (明)董穀:《续澉水志》卷九《艺文纪·文》"永安湖记",《中国地方志集成·乡镇
志专辑》第20册,第565—566页。

　　明代侵湖的现象仍然继续着。如上文所述,明成化年间,有"豪顽大户"私自放水,张捕鱼虾,致使夏秋灌溉不足。嘉靖九年,千户所军余"胡瓒为众建言",请求浚湖,却"被责几死",可以想见侵湖豪户的阻拦与势力之大。同样,在清代,康熙年间海盐县令问乡邦利弊,钱汝霖以"首浚永安湖"应对,于是钱汝霖在海盐县县令的支持下,倡导开浚永安湖,然而浚湖工程刚开始,便有人以"开湖事构害",钱家遂破。① 时人言此事:"开湖一役,善愿难成,凶徒横噬,家产日落。"②其幕后构害的"凶徒",非侵湖渔利的权势豪户莫属。清乾隆二十四年,又有宦家陈氏,借口风水,将原本堰水用的孙家堰改闸泄水,致使灌溉不足,农田被旱。此后民讼不断,官府却无力掌控,拖延了十年之久才解决,恢复了孙家堰的堰水功能。③ 所以说,地方社会的河湖水利常常是"非不欲疏浚也,制于豪右,卒不能成"。④

　　而且,永安湖中野生有许多白莲、红蓼、青苹、紫莼等植物⑤,生长起来本身即会导致淤积与阻塞。据万历二十一年海盐县令曾蠡免永安湖中的茭草税,作为以后疏浚六里堰的经费的情形来看,湖中植物已经升科收税。因此,尽管侵湖渔利会使湖泊淤塞,但从官

① (清)钱聚仁编:《紫云先生年谱》,清光绪民国间刻印本,《北京图书馆藏珍本年谱丛刊》第 73 册,第 611 页。
② 佚名:《紫云先生家难略述情节》,载《钱紫云遗著遗事》,抄本。
③ 程熙元:《澉水补录·艺文》"湖田行颂韩邑侯",民国二十五年铅印《澉水志汇编》本,《中国地方志集成·乡镇志专辑》第 20 册,第 717 页。
④ 可参见冯贤亮:《明清江南坍涨土地的占夺与州县行政》,《浙江学刊》2014 年第 4 期。
⑤ 光绪《海盐县志》卷五《舆地考二·山水》,《中国地方志集成·浙江府县志辑》第 21 册,第 588 页。

府增加税赋的角度而言,也极有可能并不希望浚湖并铲除植物。

　　澉浦镇的经济结构,也导致永安湖水利在澉浦镇内部面临着一定程度的忽视。首先,晚明时,完全依托于市场交易的苎布生产已经成为一项重要的生业。纺织所入,与农田收益共同承担了百姓的日常生计与输官缴赋费用。① 手工纺织业与灌溉无关,在"不惟田作"的经济模式下,百姓疏浚河湖以利农田的意愿与积极性必然有所降低。其次,澉浦镇设有鲍郎盐场,以生产与销售海盐为业,东南沿海盐户靠海吃海,与永安湖的灌溉也没有直接的利害关系。盐户对其水利事业并不在意,甚至还会进行破坏,如清康熙年间,部分盐户为了"运盐载薪之便",糊弄官府,私自开闸放水补充运盐所经的河道,致使澉浦城濠河缺水,澉浦城无水道为恃,周边田亩焦枯,百姓无以缴赋。②

　　入清之后,永安湖终于在官府的组织下,实现了若干次整体的疏浚工程,如康熙十一年,乾隆三十五年时。③ 但疏浚与淤塞始终并行,道光初年时,海盐知县汪仲洋仍在面临永安湖淤积和灌溉困难的问题:"六十年来失水则,湖身渐高堤渐低,沟浍交流半淤塞,去年南乡苦旱干,湖田车戽亦艰难。"④

---

① 天启《海盐县图经》卷四《方域篇第一之四·八之县风土记》,《四库全书存目丛书》史部第 208 册,第 397 页。
② (清)方溶纂修,万亚兰补遗:《澉水新志》卷四《水利门·给示》,民国二十五年铅印《澉水志汇编》本,《中国地方志集成·乡镇志专辑》第 20 册,第 590 页。
③ (清)方溶纂修,万亚兰补遗:《澉水新志》卷四《水利门·给示》,《中国地方志集成·乡镇志专辑》第 20 册,第 593 页。
④ (清)汪仲洋:《心知堂诗稿》卷十八《堤海集下》"永安湖歌寄朱笠渔秀才吴蓉渠孝廉",清道光七年刻本,《续修四库全书》第 1502 册,第 108 页。

五、利益选择

江南水利的重要性,在明清时代是一个共识。但在实际规划与操作中,又各有侧重。围绕太湖的水利工作,有上游常、湖、镇三府的溇港疏浚开源和下游苏、松、嘉三府的"三江入海"问题。相对而言,明王朝对太湖之水如何宣泄入海更为重视,以挖掘(疏浚)排水沟渠为主的水利工程,在从太湖到海的一百公里以上的广大区域内进行,如针对吴淞江、白茆港的疏浚治理。然而到晚明时,国家对于太湖平原的水利不再如以往那样重视,内忧外患的局面也使王朝没有了能力投入大量经费进行大规模的水利建设,故江南除了两三处由"强力"知县组织的水利工程,大部分地区出现一种"不讲水利"的荒怠局面。① 桐乡人张履祥在晚年便说"农田水利之政,百年不讲"②。这是明王朝从重视江南水利,到水利荒废的大趋势。

具体到澉浦镇永安湖,可以发现,除了明初洪武年间的疏浚,水利荒怠的局面几乎贯穿了整个明王朝。即使在还重视水利的明代前期,且朝廷已经拨发人夫的情况下,依然无法协调各方利益,推动水利工程在地方社会中执行。王朝命令与地方行政实践之间存在着差距与背离。

---

① 详参[日]川胜守:《明代江南水利政策的发展》,载《明清史国际学术讨论会论文集》,天津人民出版社,1982 年。

② (清)张履祥:《杨园先生全集》卷四十《备忘二》,陈祖武点校,中华书局,2002 年,第 1114 页。

晚明时代,在整体疏浚事业无法实现的情况下,澉浦镇一部分地方士绅、富户积极倡导水利工作,但均需直接或间接求援于官府,希冀官方自上而下主导。他们出资出力,包括带动地方官员"捐俸"资助,终究只是一种非常临时性和个体化的作为,仅能进行一些小修小补,并没有能力完成大规模的工程。这与清代中后期出现的以地方绅董、绅商为主力构成半官方的机构来管理、掌握水利工程,或者运作地方赈济等事务的模式和效果,十分不同。① 晚明地方力量的作用大小与范围值得再深思。

偏处海盐县一隅的永安湖,尽管关系到澉浦大部分农田的灌溉,但置于江南整体水利局势中,则显得十分不起眼。唯有与王朝国家的切身利益发生直接的关联时(如防潮灾、粮运),才能获得足够的重视,从规划、经费到执行均得到支持。这显示国家和官府在面对地方各类社会问题时的选择倾向。董沄所言的"府县隔远,上司不到,危苦之状不能上闻",从而导致的水利不治,并不是实情,而是因为小区域的弊政并没有足够触及王朝的切实利益。

第二节　城、乡之间

在传统时代的城、乡二元体制下,市镇处在乡村一端,而其所拥有的地理空间、繁荣贸易、众多"市廛之民",令地方官府在日常管理中不能将市镇与乡村等而视之,施行于村落的方法也不一定

---

① 可参见日本学者森田明《清代水利与区域社会》(雷国山译,山东画报出版社,2008年)一书的相关章节,以及法国学者魏丕信《18 世纪中国的官僚制度与荒政》(徐建青译,江苏人民出版社,2003 年)一书。

适配于市镇。镇区河道的疏浚工作即是一例。

一、市镇河道的功能与环境

一般而言,河道的浚治,不仅关涉农田的排灌,也影响舟船交通的条件,亦与城镇中河道两岸百姓的日常生活息息相关。南京、苏州和常州等具有一定政治、经济地位的城市内河水环境与治理模式,已有专门研究。[1] 江南三角洲的广大市镇,往往临河设市,镇区被一条条水道切割,又通过水道相连,这些河道的水质状况在有关江南城镇整体水环境的研究中,偶会涉及。[2] 但河道的水利工作如何展开,尚不甚明了。[3]

市镇镇区中的河道,与南京、苏州和常州等城市内的河道一

<hr/>

① 罗晓翔:《明清南京内河水环境及其治理》,《历史研究》2014 年第 4 期。王卫平:《明清时期江南城市史研究:以苏州为中心》,人民出版社,1999 年,第 161—167 页。叶舟:《清代常州城市与文化:江南地方文献的发掘及其再阐释》,博士学位论文,复旦大学,2007 年,第 102—114 页。余新忠:《清代城市水环境问题探析:兼论相关史料的解读与运用》,《历史研究》2013 年第 6 期。

② 代表性研究如余新忠:《清代江南的卫生观念与行为及其近代变迁初探——以环境和用水卫生为中心》,《清史研究》2006 年第 2 期;余新忠:《清代城市水环境问题探析:兼论相关史料的解读与运用》,《历史研究》2013 年第 6 期;冯贤亮:《清代太湖流域的环境与卫生——以外国人的游程与感觉为中心》,《中国历史地理论丛》2009 年第 4 期。

③ 管见所及,以“市镇”和“水利”“水道”为题目的研究较少,且并未涉及镇区水利。如川胜守《长江三角洲市镇发展与水利》(收入钞晓鸿主编:《海外中国水利史研究:日本学者论集》,人民出版社,2014 年,第 223—244 页)中没有河道治理内容;马克·埃尔文《市镇与水道:1480—1910 的上海县》(收入施坚雅主编:《中华帝国晚期的城市》,叶光庭等译,中华书局,2000 年,第 527—564 页)中讨论的“市河”水道是“连接各城镇的商业干线”,而非镇区内河道。

样,不承担农田灌溉的责任,而以镇区居民汲水和提供水路交通为主要功能。时人对流经市镇与村落河道的功能有明确的区分:"市中水道以通舟楫,村落支河兼资灌溉。"①

市镇镇区中最为核心和繁华的一条河道,一般被称为"市河"。如晟舍镇中,市河乃贯穿全镇的晟溪。② 章练塘镇的市河东西连通,"自东市口钱家汇至西栅"③。枫泾镇的"市河"则"西承三里塘,分流,南出南栅,入华亭塘,北注白牛荡,东流达秀州塘"④。市河两岸一般店铺林立、最为繁华,甚至市镇的肇始也以这条河道为起点。此外,还有许多与市河或平行或交错的小河道,共同构成市镇繁密的水网系统。新市镇干脆将"凡四栅之内,为商船、民艇所经行者",皆看作"市河"。⑤ 无论如何称呼,市镇中的士人与百姓,对于河道畅通的重要性有着十分明确的认识。

首先,镇区"市河"的通畅与否,关系到市镇商贾贸易的集散,所谓"惟水利修则商贾集"⑥。一旦舟楫不通,"巨商富贾之挽百货

---

① (清)周郁滨:《珠里小志》卷一《水利》,嘉庆二十年刊本,《中国地方志集成·乡镇志专辑》第 2 册,第 496 页。

② (清)闵宝梁:《晟舍镇志》卷一《河渠》,抄本,《中国地方志集成·乡镇志专辑》第 24 册,第 962 页。

③ 高如圭原纂,万以赠续纂:《章练小志》卷一《水道》,民国七年铅印本,《中国地方志集成·乡镇志专辑》第 2 册,第 803 页。

④ (清)曹相骏纂,许光墉增纂:《重辑枫泾小志》卷一《区域·水利》,光绪十七年铅印本,《中国地方志集成·乡镇志专辑》第 2 册,第 17 页。

⑤ (清)陈霆:《新市镇志》卷一《山川》,清抄本,《中国地方志集成·乡镇志专辑》第 24 册,第 7 页。

⑥ (清)顾传金:《七宝镇小志》卷一《水利》,抄本,《中国地方志集成·乡镇志专辑》第 1 册,第 354 页。

而过者"便不复聚集镇中①,市镇必然萧条。故水道状态的好坏实乃"镇之盛衰系焉"②。因而,市镇中士民每每提出浚治河道的必要性时,所言多与水道运输有关。

其次,镇区河道的深阔关系到两岸居民的生活安全。一为防火。市镇中民房紧挨,甚至两岸檐椽相接,一旦遇火,极易蔓延。取门外河道之水灭火是最便捷、快速的方式。然而,如果河道变狭、水位变低,造成取水困难,火情便难以控制。新塍镇中,即因河道过狭、取水不便,在光绪十年和宣统元年均有近百椽房屋被绵延火势烧毁。③ 二为水灾,河道淤积,容水量有限,一遇大雨,"下岸民居几有没阶沉窜之忧"④。因此,许多士人从生活安全的角度考虑,对镇区河面"宛似沟形"的狭窄状态深表担忧。⑤

再次,河道宛如市镇的气脉,影响当地的风水与人文。镇中士民对此多有表达:当濮院镇河面甚阔、圩曲小浜亦多之时,被认为是"地势灵动",风水极佳;⑥而乌镇市河受侵变狭,致使"浅水不入

---

① (清)董世宁:《乌青镇志》卷二《水利》,《中国地方志集成·乡镇志专辑》第23册,第232页。

② (清)施若霖:《璜泾志稿》卷五《水利志·水道》,民国二十九年排印本,《中国地方志集成·乡镇志专辑》第9册,第163页。

③ 朱士楷:《新塍镇志》卷一《水利》,民国十二年平湖绮春阁铅印本,《中国地方志集成·乡镇志专辑》第18册,第934页。

④ (清)董世宁:《乌青镇志》卷二《水利》,《中国地方志集成·乡镇志专辑》第23册,第233页。

⑤ (清)孙志熊:《菱湖镇志》卷四《河渠》,光绪十九年临安孙氏刊本,《中国地方志集成·乡镇志专辑》第24册,第788页。

⑥ (清)杨树本:《濮院琐志》卷一《地字》,传抄本,《中国地方志集成·乡镇志专辑》第21册,第438页。

市",河水反向而流于镇外,乌镇遂"灵秀不获全矣"。① 在乍浦镇人看来,河道的通畅还关涉科第,镇人云:"乍浦一城,何止万家,乃发科从无一人,皆云气脉之不通致使,天荒之难破。"而镇况相似且相距不远的澉浦镇却因河道畅通而人文兴盛:"澉浦河道未通之时,民病尪肿,士鲜文学,今开河后,不但民无疾病,亦又科第连绵。"因此,乍浦镇百姓相信若乍浦也能开浚河道,那么"将见风气默回,人文日盛"②。

　　与传统时代的大部分河流的命运相似,市镇的河道,也逃不过屡治屡塞、屡塞屡治的循环。淤塞的原因,除了自然淤积,更重要的是人为因素,即随着镇区居住人口的增加所产生的侵占行为:两岸居民或沿河"起造亭阁、船房",或在河道帮岸安置篱笆用以捕鱼或养殖,不断地向河道争夺空间。③ 再者,市镇中的某些产业也是河道淤浅的重要原因,如临岸植桑、倍加粪壅致侵占河道,又如油坊的煤灰堆积在河岸。④ 光绪年间,乌镇常丰桥迤东的帮岸占出桥洞四尺多,兴德桥一带占出桥洞三四尺,导致市河有些地方河面宽

① (明)李乐:《重修乌青镇志》卷一《河渠水利志》,万历二十九年刊本,《中国地方志集成·乡镇志专辑》第23册,第145页。
② (清)宋景关:《乍浦志》卷二《山川》,乾隆五十七年增刊本,《中国地方志集成·乡镇志专辑》第20册,第23页。
③ (清)董世宁:《乌青镇志》卷二《水利》,《中国地方志集成·乡镇志专辑》第23册,第233页。朱士楷:《新塍镇志》卷一《水利》,《中国地方志集成·乡镇志专辑》第18册,第934页。
④ 光绪《石门县志》卷一《舆地志·水利》,清光绪五年刻本,《中国地方志集成·浙江府县志辑》第26册,第49—50页。

不够一丈,只能容纳船只单向通过,故"遇有来船,即不能通行"①。一旦河道受侵占,拆让的举措便极难推行,像长安镇中"濒塘居民护其篱落若肤发",两岸百姓还称"塘且辟将不利我垂荫之桎榆"。② 乌青镇型字圩段的河道,借光绪二十二年火灾后重建市廛的机会,才实现帮岸的拆除,但时人早已意识到这样一种无奈的结局:"市河为居民稠密之处,淤塞极易。"③淤塞之外,市镇河道的水质在晚清也普遍出现污秽浑浊的情况。④

　　总而言之,无论是功能需要,或是现实的内河环境,市镇河道都有着大量的治理需求。

二、市镇水利的主持者

　　现实中,各市镇河道进行着周期不一的浚治工作。若从开展规模来划分,市这些浚治可以有两个层面,一是局限于市镇之内的水利工程,二是大流域开展水利工程时将经过市镇的河段一并纳入。这两种情况下,官府和地方力量在市镇水利中的参与度明显不同。

---

① 卢学溥:《乌青镇志》卷六《水利》,民国二十五年刊蓝印本,《中国地方志集成·乡镇志专辑》第 23 册,第 401 页。

② (清)钟兆彬:《修川志余》卷上《山川》,抄本,《中国地方志集成·乡镇志专辑》第 20 册,第 773 页。

③ 卢学溥:《乌青镇志》卷六《水利》,《中国地方志集成·乡镇志专辑》第 23 册,第 401 页。

④ 参见余新忠:《清代城市水环境问题探析:兼论相关史料的解读与运用》,《历史研究》2013 年第 6 期。

王卫平在对苏州城镇的研究中曾指出:"市镇一级的水利工程,固然有官府主持的,但更多的则是由地方集资、地方社会出面主持。"①王氏所言即局限于市镇之内的水利工作,而事实上不仅苏州地区如此,江南地区均是这一状态。翻检现存各江南市镇志中的水利记载,可以很明显地观察到,市镇中包括"市河"在内诸河道的治理上,有官僚身份的士绅和里人大户构成了倡议与组织的主要力量。(见表4)

表4　市镇志所见地方力量主持镇区水利情况举隅

市镇	时间	组织者	身份	浚治范围
枫泾镇	清康熙五十五年	陈仁	绅士	市河
	清乾隆四十七年	汪廷珍	绅士	镇南市河
	清咸丰十年	许辰珠等	绅士	镇北市河
	同治五年	郁以瀚、许辰珠等	绅士	镇南、北市河
罗店镇	清同治九年	阖镇士民		市河
	清光绪七年	阖镇士民		市河
周庄镇	清康熙五十年	晓一	僧人	新开河
	清雍正元年	里人	里人	合镇河道
	清乾隆三十六年	里人	里人	合镇河道
	清嘉庆二十四年	褚天一	不详	合镇河道
	清同治十二年	里人	里人	合镇河道

---

① 王卫平:《明清时期江南城市史研究:以苏州为中心》,第166页。

续表

市镇	时间	组织者	身份	浚治范围
同里镇	清乾隆六年	赵植、任德成、陆廷聘等	里人	自东溪桥起,至富观桥
	清乾隆二十八年	王铨、袁希贤、王土增、王树圻、范时勉等	里人	自市里起,至漆字圩升平桥
	清嘉庆八年	王自镐、陈兆玛、刘守愚、刘德新等	里人	西自谢家桥起,北至富观桥,东至小东溪桥
菱湖镇	清初	孙在中	里人	望河
乌镇	清光绪十二年	沈京荣、沈善兼	里人	型字圩两岸及迤东市河,支河,四栅
朱家角	清乾隆四十六年	王昶等	绅士	市河
璜泾镇	明景泰年间	刘橄	里人	漕头塘
	明嘉靖年间	赵原赐	里人	陈大港、漕头塘
诸翟镇	嘉庆十九年	侯振宗、张永年等	里人	蟠龙塘
	道光十六年	侯振宗、彭德昆	里人	蟠龙塘
	咸丰元年	侯士驹、沈葵、李泰相等	十绅	蟠龙塘(未宗工.)
章练塘镇	清咸丰七年	钱保定	镇董	东市口钱家汇至西栅
	清光绪十八年	刘家驹、陈世培	镇董	东市口钱家汇至西栅

资料来源:(清)曹相骏纂,许光墉增纂:《重辑枫泾小志》卷一《区域·水利》,《中国地方志集成·乡镇志专辑》第 2 册,上海书店,1992 年。(清)王树荣、潘履祥:《罗店镇志》卷二《疆里志下·水利》,《中国地

方志集成·乡镇志专辑》第 4 册,上海书店,1992 年。(清)陶煦:《周庄镇志》卷一《水道》,《中国地方志集成·乡镇志专辑》第 6 册,江苏古籍出版社,1992 年。(清)阎登云、周之桢:《同里志》卷二《地舆志下·水利》,《中国地方志集成·乡镇志专辑》第 12 册,江苏古籍出版社,1992年。(清)孙志熊:《菱湖镇志》卷四《河渠》,《中国地方志集成·乡镇志专辑》第 24 册,上海书店,1992 年。卢学溥:《乌青镇志》卷六《水利》,《中国地方志集成·乡镇志专辑》第 23 册,上海书店,1992 年。(清)周郁滨:《珠里小志》卷一《水利》,《中国地方志集成·乡镇志专辑》第 2册,上海书店,1992 年。(清)施若霖:《璜泾志稿》卷五《水利志·水道》,《中国地方志集成·乡镇志专辑》第 9 册,江苏古籍出版社,1992 年。(清)汪永安原纂,侯承庆续纂,沈葵增补:《紫隄村志》卷二《疏浚》,《中国地方志集成·乡镇志专辑》第 1 册,上海书店,1992 年。高如圭原纂,万以增续纂:《章练小志》卷一《水道》,《中国地方志集成·乡镇志专辑》第 2 册,上海书店,1992 年。

上表的记录中,明代事例较少,至晚清时明显增多。这一方面当然有资料存留局限的缘故,另一方面,市镇的普遍繁荣自晚明开始,初期河道淤塞应尚不严重,发展至清代,人口增多,房屋渐密,淤塞随之加剧,再加上太平天国战争的破坏,或堤岸倾圮,或砖屑瓦砾堆积①,治理需求自然也相应增加。

就江南地域社会的整体而言,关涉农业生产的农田水利无疑是最重要的,从中央朝廷到地方官府,一直对此投入大量精力,制度安排上也设有圩长、塘长、水利官等予以负责②,历代关心水利工

---

① 民国《南汇县续志》卷二《水利志》,民国十八年刻本,《中国地方志集成·上海府县志辑》第 5 册,第 982 页。

② (明)不著撰者:《吴中水利通志》卷十二《公移·颜郎中如瓛治水事宜》,《四库全书存目丛书》史部第 221 册,第 472 页。

作的官员士人,所言所论的也基本都是农田水利;城市作为区域内的政治中心,城内河道的治理自然也有机会多受关注。相较而言,市镇既没有治所城市的政治地位,其镇区河道又不直接影响农田灌溉,则容易成为官府力所不逮的一环,故而市镇内河水利由镇民自发负责也成为必然。一旦官府主持或参与市镇内河水利工作时,往往存在特殊的需求。如以下所举的情形。

当官府组织大流域内水利工程时,市镇河段则有机会因从属于大河道而在整体统筹中获得官方的支持。

如南翔镇,镇中有走马塘、封家浜、上槎浦与横沥四条河道相交汇,构成最核心的镇区。这四条河道均是区域内的主干河流,官府经常加以疏浚。晚明以来,万历三十四年、四十一年,天启元年、崇祯四年浚走马塘,天启三年浚封家浜。入清之后,顺治十八年,康熙二十三年、五十九年浚横沥,康熙十七年、二十九年、三十五年、五十四年、六十一年浚走马塘,雍正八年浚封家浜,康熙四十九年接连浚横沥、封家浜和上槎浦。① 南翔镇内的河段显然会在历次疏浚受惠。

清代前期朝廷大治江南水利,诸多市镇河道也在这一时期获得治理。康熙四十六年,嘉善县奉命勘察上报县内应浚河段,除西门外渡船头和张泾汇以外,枫泾镇南栅约一里的河道也被一并上报,得到官帑报销。② 第二年,苏、松、常、镇四府大浚境内支河,周

① (清)张承先:《南翔镇志》卷一《开浚》,《中国地方志集成·乡镇志专辑》第 3 册,第 460 页。
② 光绪《重修嘉善县志》卷二《水利》,《中国地方志集成·浙江府县志辑》第 19 册,第 299 页。

浦镇人王铸撰"圣恩浚河碑",庆幸"吾镇之周浦塘亦得邀沛泽焉"。① 乾隆二十二年,吴县官府疏浚木渎和横金塘河,以义田余租银二万两为经费,木渎镇自醋坊桥起向西南胥口的一段市河受惠一体开浚。②

此外,若市镇河道关涉大范围的水利宣泄大势,也容易在总体的规划中得到官府的全力支持。典型者如新场镇。乾隆四十二年,南汇知县成汝舟主持疏浚了镇中的包家桥港与洪福桥港。这两条河道一南一北均东西向流经新场镇区,尤其洪福桥港两岸市况更为繁华。但同时,它们也是区域性河道"闸港"的支流。闸港关系到南汇县东南部地区的水势蓄泄。当年先浚闸港,再及包家桥港与洪福桥港,主要目的是保障干河闸港的通畅,即"挹闸港之余波,东联自然之水势不容不为之整理也"。新场镇区的这两段河道,因两岸居民的侵占而积淤狭窄,影响了整条河道的蓄泄能力,故当年春季与夏秋之交,分别展开疏浚,拓故岸、清淤积、抬升桥面、减柱础、退石崖。③

市镇河道能够在大流域水利工程中得到治理,这也许正是市镇志"水利"部分记述范围较大的原因。各市镇志的"水利"卷记述重点往往是远超过市镇范围的大河港。如吴淞江、白茆港、浏河等江南三角洲主干河道,以及横沥、蒲汇塘、贵泾、奚浦、里睦塘等各

---

① 光绪《南汇县志》卷二《水利志·开浚》,光绪五年刻本,《中国地方志集成·上海府县志辑》第 5 册,第 579 页。

② 民国《吴县志》卷四十三《水利二》,苏州文新公司铅印本,《中国地方志集成·江苏府县志辑》第 11 册,江苏古籍出版社,1991 年,第 694 页。

③ 嘉庆《松江府志》卷十一《山水志·水利》,清嘉庆年间松江府学明伦学堂刻本,《中国地方志集成·上海府县志辑》第 1 册,上海书店,1992 年,第 278 页。

区域性河流的治理情况,在诸多市镇志中被反复记录。相形而较,镇区内市河和其他河道的水利工作反而显得记载单薄。

　　大流域治水中,虽然市镇河道有机会受惠开浚,但并非没有"代价"。作为一片区域内的经济中心地,市镇常常被官府"充分"利用,成为治河官员往来休息停驻的地方。各项供应均取自市镇,镇中百姓不胜其扰。七宝镇志中说得很明白:

> 吾镇介居蒲汇塘之中段,每遇开浚时,官长往来必停骖于此。又吾镇系娄、青联界,南北必派董事两人。所谓董事者,并无他务。凡官长、公馆及轿马供应之费,皆出自董事。并开挑时委员甚多,上自督抚、下至府道,皆有委员,而委员之来亦有公馆供应以及程仪等项,皆责之董事。故凡为董事者,具费动以千计。倘遇二三次开河,未有不室如悬磬者也。[1]

故此,一旦某次开河中不签派"董事"、不向市镇需索供应之费,相应官员便会得到市镇百姓的一致赞颂。[2]

　　若市镇规模较大,在县域内有较高的经济地位,局限于市镇之内的开河工程也有机会获得官府一定程度的支持。如同治十二年,湖州府组织开浚了菱湖镇市河,经费"仿郡城章程,每开得泥一篅,给直八文"[3]。光绪七年,南翔镇浚市河"市心横沥"与上槎浦,

---

① (清)顾传金:《七宝镇小志》卷一《水利》,抄本,《中国地方志集成·乡镇志专辑》第 1 册,第 357 页。
② 同上。
③ 光绪《归安县志》卷十九《水利》,清光绪八年刻本,《中国地方志集成·浙江府县志辑》第 27 册,第 490 页。

以土方量给价,"极繁工每方钱三百文,次繁二百五十文,易工一百四十文",全部向嘉定县全邑编征。① 同治年间太仓州兴水利,横泾镇市河与直塘镇市河,都获拨官帑二百千文,其余经费再由镇董集资筹措,形成对比的是同邑规模较小的毛家镇,其市河疏浚的经费未得到官府拨款。②

但值得注意的是,与其他河段相比,流经市镇的河段有密集的民居和普遍的侵占河岸行为,往往导致单位内工程量更大。康熙十五年,昆山和新阳两县合浚北瓦浦,昆山分挑三百三十二丈六尺六寸,用人夫五千三百七十六工,平均每丈用工为 16.16 人,新阳分挑一百十七丈三尺四寸,用夫一千九百十工,平均每丈用工为16.27人,高于昆山,便是因为这段河道"坐落市镇,挑运费工,故用工较多"③。这一现实困难有时直接令官府畏难避之。黄渡镇即因此失去了一次治河机会。地处嘉定、青浦两县交界处的黄渡镇,吴淞江原本穿镇而过,镇中南北"跨江成市"。④ 乾隆二十八年,官府治理吴淞江,因黄渡镇中的吴淞江河段较曲折,更重要的是"两崖居民稠密,疏辟难施",干脆放弃,转而避开镇区,于镇南另开一段新河。

① 民国《嘉定县续志》卷四《水利志·治绩》,民国十九年铅印本,《中国地方志集成·上海府县志辑》第 8 册,上海书店出版社,2010 年,第 762、765 页。南翔镇中,横沥和上槎浦南北相通贯穿镇区,中心点以北称横沥,以南称上槎浦。

② 宣统《太仓州镇洋县志》卷五《水利上》,民国八年刻本,《中国地方志集成·江苏府县志辑》第 18 册,第 67 页。

③ 光绪《昆新两县续修合志》卷五《水利》,民国十二年刻本,《中国地方志集成·江苏府县志辑》第 16 册,第 86 页。

④ (清)章树福:《黄渡镇志》卷一《桥梁》"千秋桥"条,民国十二年章钦亮重校铅印本,《中国地方志集成·乡镇志专辑》第 3 册,第 702 页。

新河道自淮浦口至许家浜,共长六百零四丈,称"越河",又称"新吴淞江"。① 而镇中的旧吴淞江河段,直到二十多年后的乾隆五十一年才浚治,其时河道已几淤塞成陆,"一切盐艀市舶出入不通"②。

三、"亲和"于城市的水利实践

传统基层管理体系中,市镇处于乡村的行政区划下。地理空间的分布中,市镇发育于远离治所城市的地域,被广大村落和农田包围。穿镇而过的河道,在市镇内外遇到两种完全不同的聚落景观:镇区河段是鳞次栉比的民居与店铺,与城市景观相似;镇外河段则是村落疏散的民居与农田,是典型的乡村景观。

农田水利中,受益土地的面积是最重要的夫役签派依据,概言之,即通过土地册明确各图内应役田亩的数量,根据土地熟荒情况通融算派各图的出役人夫数。再结合实际情况,采取直接派役,或"业食佃力""以工代赈",或徭役折银上交、由官府招募人夫等变通之策。③ 此法行至市镇,显然会遇到障碍。即如乾隆四十二年,松江府主持疏浚蟠龙塘和蒲汇塘两条区域性河道。疏浚之前,官府勘定河流两岸受惠土地的荒、熟情况,获利熟图需派劳役,而荒图可以免派。其中,青浦县北亭乡的三十四保一区东六八图、西六八

---

① (清)章树福:《黄渡镇志》卷四《水利下》,《中国地方志集成·乡镇志专辑》第3册,第708、716页。
② 光绪《青浦县志》卷五《山川·水利》,清光绪五年尊经阁刻本,《中国地方志集成·上海府县志辑》第6册,第116页。
③ 农田水利管理制度可参见张建民:《明末清初苏松地区农田水利管理制度的演变》,《许昌师专学报(社会科学版)》1990年第4期。

图被定为傍塘熟图,需组织劳役参加浚河。① 然而,这两个图不完全是村落,而有一部分恰为诸翟镇(即紫隄村)的镇区。如前所及,诸翟镇地跨嘉定、上海和青浦三县,蟠龙塘穿镇而过,南北成市。镇区此段蟠龙塘显然没有傍塘农田可供算派。那么,无论是市镇自组织的浚河,还是从属于大流域水利工程,市镇河段以何标准算派夫役?

清初嘉兴人王庭言家乡水利,称"患乃在淤塞",并举例"城镇则民居旁填土而河日窄,乡村则以民田地旁填土而河亦日窄"②。王氏将城市与市镇中河道淤浅情况归为一类,并与乡村农田河道相区分。雍正初年,曾任江苏布政使的鄂尔泰陈奏江南水利,从景观实际出发,也将府、县城市的内外城河与市镇河道归为一类做讨论,指出"各郡州县之内外城河,并各镇市之河,每被势豪侵占,或填砌狭小,或全行堵塞,尤可痛恨",并提出疏浚条例:"其挑浚城河及镇市之河者,则通计河身丈尺,俾濒河两岸居民,每户照其基址,各浚其半;其在港内不临河者,量为协助,深浅宽窄各有定程。"③

鄂尔泰所言"每户照其基址,各浚其半",是城市中一直施用的水利夫役组织方式。晚明嘉定人侯震旸即有城市"跨河之家,各就

① 嘉庆《松江府志》卷十一《山川志·水利》,《中国地方志集成·上海府县志辑》第1册,第278页。汪永安原纂,侯承庆续纂,沈葵增补:《紫隄村志》卷一《本郡邑建置沿革》,《中国地方志集成·乡镇志专辑》第1册,第215页。
② 光绪《嘉兴县志》卷十五《水利》,清光绪三十四年刻本,《中国地方志集成·浙江府县志辑》第15册,第316—317页。
③ (清)鄂尔泰:《敷奏江南水利疏》,贺长龄、魏源等编:《清经世文编》卷一百十一《工政十七·江苏水利上》,中华书局,1992年,第8页a—b。

门摊平分左右,自疏其界"之议。① 康熙三十一年常州城浚河时,便是"每户照其基址,自浚其半,余半则令对门之邻浚之",无主空地则"劝令绅袍富户,及兼贾雄商,多浚丈尺"。② 雍正元年,青浦县治理蒲汇塘时,规定"在城市河,令居民各照门面开挑"③。很显然,鄂尔泰认为市镇水利与城市一样,也可以采用这种门摊方式组织劳役。

记载市镇浚河具体情形的文字不多。明确记录采用此规则的事例,是乾隆年间乡绅王昶等人在朱家角镇主持的疏浚:

> 珠里市河久未挑浚,日就淤浅。四十五年,大理寺卿王昶乞葬归里,邀绅士议浚。……各依门面开浚,又醵钱以助无力挑浚者。④

在仿照城市水利"各依门面开浚"的原则下,同一条河流中的市镇河道与农田河道会被分开筹办。咸丰七年,太仓州和镇洋县开浚杨林塘,经费筹措共四项来源,一是州县官捐俸倡率,二是用前一年的救灾款以工代赈,三是向各图业户按亩劝捐,四是流经市

---

① 嘉庆《直隶太仓州志》卷二十《水利下·治水议》,清嘉庆七年刻本,《续修四库全书》第 697 册,第 319 页。

② 转引自叶舟:《清代常州城市与文化:江南地方文献的发掘及其再阐释》,第 113 页。

③ (清)顾传金:《七宝镇小志》卷一《水利》,《中国地方志集成·乡镇志专辑》第 1 册,第 355 页。

④ (清)周郁滨:《珠里小志》卷一《水利》,《中国地方志集成·乡镇志专辑》第 2 册,第 497 页。

镇河段的河工由商业铺户捐办。① 后两项显然是针对农田河道与镇区河道的不同安排。江阴县清溪河,北抵横河,向南过大桥镇,晚清时疏浚一般分为三段:四河口以北至横河,四河口以南至北新桥,北新桥至未公桥。前两段为农田河道,由沾水利者按亩派工或业佃协浚,第三段为大桥镇北部市河,船只往来要道,向来由镇中后塍街当商铺户出资开浚。② 这类逼近街衢的河段,在江阴县谚称"排门河",均采用"挨户捐钱雇夫供役"的方式完成疏浚工作。③

太平天国之后,各种形式的抽捐成为市镇浚河经费的重要来源。南汇县中,同治十一年浚杜行镇市河与三灶镇市河,"店房主客各出捐钱"④;光绪时期,大团镇市河疏浚时直接"提市房租金一成"⑤。可见市河两岸房屋的业主和租客都被列入抽捐的范围。光绪十七年常熟县治理梅李塘与许浦,事先在流经的梅李镇和许浦镇预抽货捐作为工费。⑥ 光绪年间,南汇坦直桥镇浚后横河,镇上茶馆每卖茶一碗加捐钱一文以补充经费不足。⑦

---

① 宣统《太仓州镇洋县志》卷五《水利上》,《中国地方志集成·江苏府县志辑》第 18 册,第 65 页。

② 光绪《江阴县志》卷三《山川·河港》,《中国地方志集成·江苏府县志辑》第 25 册,第 125 页。

③ 光绪《江阴县志》卷三《山川·河港》,《中国地方志集成·江苏府县志辑》第 25 册,第 122 页。

④ 光绪《南汇县志》卷二《水利志·开浚》,《中国地方志集成·上海府县志辑》第 5 册,第 587、588 页。

⑤ 民国《南汇县续志》卷二《水利志》,《中国地方志集成·上海府县志辑》第 5 册,第 987 页。

⑥ 光绪《常昭合志稿》卷九《水利·河港》,《中国地方志集成·江苏府县志辑》第 22 册,第 130 页。

⑦ 民国《南汇县续志》卷二《水利志》,《中国地方志集成·上海府县志辑》第 5 册,第 987 页。

再如"堆积捐"。同治五年,周浦镇杨大文、朱杰等人自行组织浚市河,工费浩繁,遂置"堆积捐"以筹经费,"各牙行米麦买卖两户,每石各捐二文",牙行亦每石捐二文,棉花交易每千提捐二文。[1] 南翔镇在嘉定县中最先采用堆积捐支给河工。如前所及,光绪七年南翔镇浚市河,当时除土方价向全邑编折以外,另有筑霸戽水、书差饭食等项经费无着落,遂于镇中设堆积局筹款,"由镇董邀集各业商铺议定捐数,分认月捐或货捐……以助折征之不足"。镇中典当、木行、酱园、糟坊、南货、烟纸等业均为月捐,米、布、六陈、大饼等货品则在交易时收取货捐。后来同邑纪王镇浚俨傥浦,也使用了堆积捐。此法被看作是沿塘协贴之法在市镇的变通之策。[2]

简言之,尽管在空间上与广大村落连为一体,但聚落景观上,市镇与城市更接近,从而决定了市镇水利在施行中与村落农田水利的区分感。无论"照门面开浚"还是大流域水利中将农田河段与市镇河段分开筹款,以及以抽捐所得作为市镇浚河经费,均显示了这种区分感,以及其与城市的亲和性。

四、管理张力

上述对市镇水利工作的勾勒,显示出其中官府与地方力量的不同侧重,即局限于市镇镇区范围内的水利工作,多属民办性质,

---

[1] 光绪《南汇县志》卷二《水利志·开浚》,《中国地方志集成·上海府县志辑》第5册,第585页。

[2] 民国《嘉定县续志》卷四《水利志·治绩》,民国十九年铅印本,《中国地方志集成·上海府县志辑》第8册,第765页。《南翔近事调查录之二(争河案略)》,光绪铅印本。

由镇中乡绅或大户发起并组织，极少得到官帑拨款；当官府组织大流域的水利工程时，市镇"市河"若关涉整体水利大势则多能够一并受惠。具体的浚治过程，尤其在役夫组织规则、经费筹集方式层面，市镇水利一直明显表现出与农田水利的区分感，以及与城市水利的亲和性。

当然，河流的贯通性，决定了市镇河道不能完全"独善其身"。咸丰七年，周浦镇浚市河，由镇中士绅、铺商捐赀。但这一时期正值太平天国战乱，周浦塘长久不治，整体淤浅，于是知县协调附近沿河各图的士绅富户捐助，将镇外的河段一并捞通。① 也因为这一贯通性，市镇居民与乡绅大户、乡村百姓之间在水利工作形成三角关系。一方面，乡绅大户像科派小农一样，向市镇百姓转嫁劳役。晚明常熟县中，归家市普通市民便遭奸豪大户的"仗役鲸吞"，知县耿橘不得不另立公示，申明"止开市镇之河，略借市廛之民力耳"，强调"除市河之外，并不用市民开浚尺寸"②。另一方面市镇百姓也有推诿逃役的情形。周浦镇市河流经常熟何家市横沥塘，东接太仓七浦河，西抵白茆。从白茆口至何家市，对外交通便利，商贾舟楫往来多依靠这段河道，故万历二十九年由知县赵国琦主持的疏浚中，这一段河道便摊派给何家市居民辅助，而何家市向下的河道，所经只是乡村，仍然由有田者负责。赵县令特意进一步警告：

---

① 光绪《南汇县志》卷二《水利志·开浚》，《中国地方志集成·上海府县志辑》第5册，第582页。

② （明）耿橘：《常熟县水利全书》附录卷上《禁大户科派市民开河示》，清王家相跋刻本，第25页b—第26页a。

"市商贾不得概诿为农氓之事,而坐享其赢。"①可见,地处乡村社会,市镇与农田水利在空间上的距离更近,二者之间的协作与矛盾更容易发生,而"市廛之民"在乡绅大户和村落之民中间,形成一方新的利益主体。

自明代中叶以来,大规模生长的市镇,不仅在经济上改变了江南社会的面貌,还冲击着原本秩序井然的城、乡体系。在官府以制度化关注的治安和税收层面之外②,水利工作中,仍然能观察到江南市镇存在于基层管理体系中所造成的张力。

---

① (明)管一德:《邑侯赵公议浚横沥塘碑记》,(清)吴卓信:《桂村小志》不分卷,《常熟乡镇旧志集成》,第 430 页。
② 张研:《清代市镇管理初探》,《清史研究》1999 年第 1 期。[日]太田出:《清代江南三角洲地区的佐杂"分防"初探》,张国刚主编:《中国社会历史评论》第二卷,天津古籍出版社,2000 年版。张海英:《"国权":"下县"与"不下县"之间——析明清政府对江南市镇的管理》,《清华大学学报(哲学社会科学版)》2017 年第 1 期。

第六章　市镇与基层秩序

　　镶嵌于江南地域中的市镇,为州县的治理实践带来了城、乡二元之外的挑战,而若再叠加士绅力量的影响,市镇在基层社会秩序下激起的涟漪则更值得关注。本章再次回到晚明的常熟县,观察当强有力的士绅群体积极为各自生活的市镇争取利益时,对地方社会造成的变动与冲击。

第一节　城、镇之序

　　常熟地处太湖流域下游,不仅汇积太湖之水向江海排导,其西面江阴、无锡,以及受东部冈身高阜限制的昆山、长洲等地之水,也经由常熟入海,故乃众水汇归之地。① 这样的一种地理环境,使得水利疏治一直是常熟县政的一个重要课题。无论开浦、浚塘,还是

---

① 康熙《常熟县志》卷六《水利》,《中国地方志集成·江苏府县志辑》第21册,第95页。

置闸,均需大量的人力、物力。对具体的区域而言,一方面需要争取由官府主持的治理机会,另一方面巨大的工程负担又可能是不愿接受的。矛盾和冲突便在这个过程中产生了。

一、水利形势与主次之序

正德年间,县中大乡绅陈寰①致信历任县令,陈言常熟一地自然和社会环境的要害,“近年水渐失利,田乃瘠”,但“田日瘠而赋如旧”,百姓生活日贫,而接续的后果是一连串的不稳定因素,“贫则易为奸欺,欺则讼,讼剧则邑事繁”②。第二年,陈寰再次强调水利失治是社会民生出现问题的肇始之源:“夫常熟信大县,而今之甚忧者三。赋一也,民二也,水三也。赋日重,民日贫,水日失利。夫赋岁有常焉,今民贫则见赋重,民有恒产焉,今水失利则召贫,水故有道焉,今重且贫则系其塞,莫能利兴。三者交病,县之困也,水其始哉。”③

大致而言,常熟县境内,依地势高低,分为低乡与高乡,各有不同的水利形势及适宜的浚治之法,其中南面为低乡:

> 邑之南,东南、南面、西南十分邑田之六,络绎湖荡之间,田皆卑隰,是为低区,而常病垫溺,民惟因隰种稻而无他植。

---

① 陈寰,字原大,正德六年进士,曾官翰林院检讨、南京国子监祭酒等职。见:康熙《常熟县志》卷十七《邑人》,《中国地方志集成·苏州府县志辑》第21册,第410页。
② (明)陈寰:《陈琴溪文集》卷一《送贰尹姜君之任常熟序》,明刊本,第34页b。
③ (明)陈寰:《陈琴溪文集》卷一《送王贰尹之任常熟序》,第38页a—b。

岁旱则水平流,不劳挽戽,为力易,而获利多,是以粮额恒重。一遇岁涝,则诸邑水趋低区,特先受害。他邑之水未三四尺,而常熟之水已逾丈矣。……故曰开浦为上策。①

县北和东北区域,海陆交接,是为高乡:

> 邑之东北一带,滨于江海,十分邑田之四,地势冈垄,是为亢区,以水衡之法准之极高处去低田二丈余,次丈余,再次不下一丈。极高处所三转挽戽水得上田。大抵卑区下高于田,亢区水行地下。是以高区因地亢燥,植稻鲜而多艺花,岂粮额亦下于低区。……计旱之策无他,亦惟浚治各浦以通江潮,置闸浦口,以节潮候,复浚横塘纬诸纵浦之间,引灌腹内处所则高区常稔而无旱暵之患矣。②

早期,常熟地区有几十条港浦分流入江海,至元末,河道屡有堙废,存留下的较大港浦有白茆塘、许浦、福山塘、黄泗浦、三丈浦、奚浦等。从常熟县及太湖流域水利大势来看,白茆塘无疑是最重要的,它在县东北八十里,自县城东南受尚湖、昆承湖诸水,东北入于海。③ 白茆塘是除吴淞江以外,太湖水下泄入海的另一主要通道。故每言及常熟水利之要,多以白茆塘为先,自明初以来的浚治

---

① (明)薛尚质:《常熟水论》,涵芬楼影印清道光十一年六安晁氏木活字学海类编本,《四库全书存目丛书》史部第223册,第387页。
② (明)薛尚质:《常熟水论》,《四库全书存目丛书》史部第223册,第388页。
③ (明)顾炎武:《天下郡国利病书》原编第四册《苏上·常熟县》,四部丛刊本,第52b—53a页。

也最多。

其次紧要者,一般认为是福山塘。福山塘南连城濠,出县城通江门,向北绵延至长江,共约四十里,可泄尚湖之水。嘉靖年间的常熟县志,将白茆塘、福山塘、梅李塘和许浦的要害程度视为同一级。[1] 另有一种观点,视"白茆、许浦、福山三浦为一邑之要害""高低区之命脉也"[2]。晚明常熟县令综合福山塘流域的生产、生活需求,认为:

> 环塘之壤地,南亩栉比,举锸成云,荷锄成雨,溉浸之利以亿万计,而江以北觷贩之旅,操千樯万楫,近走吴,远走越,舳舻相望,而争鱼盐蜃蛤之利于此者,又江东一都会也。……隆、万以来潮沙浮沉,时浚时淤,几成泽卤,……商人经涉者,十九掣肘,真咽喉之疾也。[3]

即一方面,福山塘灌溉所及多有良田,比白茆塘流域更为肥沃。另一方面,与常熟县贸易往来的商船,大多经福山塘。编撰有《皇明常熟文献志》的邑人管一德有与此相同的认识,更是直言对常熟县来说,福山塘的重要性实不下于白茆塘。[4]

然而,晚明常熟县大乡绅、万历年间官至礼部侍郎的赵用贤,曾观察到县内水利疏治方向中的"不合理"现象。在给时任苏松水

---

[1] 嘉靖《常熟县志》卷一《水志》,《北京图书馆古籍珍本丛刊》,第 27 册,第 971 页。

[2] (明)薛尚质:《常熟水论》,《四库全书存目丛书》史部第 223 册,第 389 页。

[3] (明)耿橘:《常熟县水利全书》附录卷下《福山塘碑》(沈应科撰),第 7 页 a—b。

[4] (明)管一德:《皇明常熟文献志》卷十二《文类·邑侯耿公重浚福山塘碑记》,《华东稀见方志文献》,第 1 辑第 9 卷,第 410 页。

利副使许应逵和兼管水利的苏松常镇兵备副使李涞的信中，赵用贤很直接地言道："福山之湮已久，有势力之家不蓄产于此……日者敝邑所议开乃皆在三丈浦、奚浦，所费亦不赀，则以此二港有三四要人，田庐尽在其间，故出力得首从事耳。"①奚浦与三丈浦，均在常熟县西北（见图24），在赵用贤看来，其"利在西北一方，于邑似少缓焉"，然而关乎三吴水利大势的许浦、福山等，多年不治，"惟三丈浦既大浚，又旁及奚浦、鹿苑，纷纷动众"。对此，赵氏认为，这是只为西北一方谋利，其背后的实质是"为有势力者计耳"。②

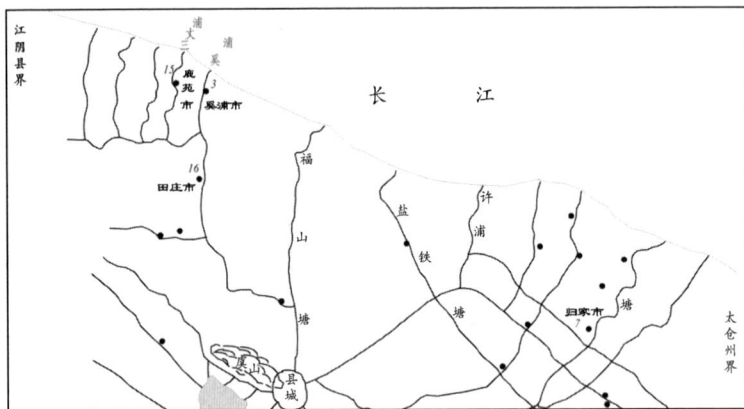

图 24　福山塘与奚浦、三丈浦位置示意图

赵用贤的质疑，揭露出常熟县境内不同区域间就水利治理次序上的争议，并且明确指出这种争议的出现，与地域内权势性家族

①（明）赵用贤：《松石斋集》卷二十七《答许参政论常熟水利》，《四库禁毁书丛刊》集部第 41 册，第 434 页。
②（明）赵用贤：《松石斋集》卷二十六《与李道尊》，《四库禁毁书丛刊》集部第 41 册，第 393 页。

或人物的操纵、主导有关。以这些权势力量为中心,形成了小范围内的利益体,与县境内其他地域构成矛盾。

二、历次疏浚分析

奚浦和三丈浦在常熟县西北江海交汇之地,北通长江,饶鱼盐之利。如前所述,从明代中期开始,这一带有以钱氏家族为核心而兴起的奚浦市和鹿苑市。其中发展最早的奚浦市,嘉靖年间已经镇区规整,"中有甃衢",居住民户三百多家,主要与通州、泰州等地前来的商船进行贸易。[①] 鹿苑市在稍后的嘉靖、万历年间形成,一直延续发展,至清末,有街三道,居民五百余户,人丁二千余,规模颇大。[②]

作为乡间势豪家族的钱氏,一直着意于生活地域内奚浦、三丈浦等河道的浚治工作。

如前文所揭,正统间,周忱治理太湖流域下游排水问题,奚浦支的钱宽、钱洪以邑中"贤豪"的身份,"为里中倡,上记周公,请更浚浦",并且主动提出愿意"输资饷役夫"。在周忱的主持下,奚浦得以大治。[③] 这 次疏浚后,周围环境大为改善,也成为奚浦市形成的一个重要客观条件。此后,钱氏族人在经营市镇的同时,将奚

---

① (明)管一德:《皇明常熟文献志》卷一《市镇志》,《华东稀见方志文献》第9卷,第216页。

② 光绪《常昭合志稿》卷五《市镇志》,《中国地方志集成·江苏府县志辑》第22册,第50页。

③ (明)陈璨:《常熟县重浚奚浦碑记》,(明)张国维《吴中水利全书》卷二十五,《景印文渊阁四库全书》第578册,第947页。

浦塘看作先世肇创之基,以一种主人翁的心态来维持。①

　　成化年间,钱洪儿子钱泰,见奚浦塘日久再度淤塞,力图再浚,且称"是吾先子之续业也",惜事未成。② 生活于嘉、万间的乡绅钱顺时也以此为怀,叮嘱其弟顺德适时向有司反映奚浦塘年久不治、亟需疏通的情况。钱氏兄弟为奚浦的这次浚治前后盘算了十余年,至隆庆末年,终于寻得机会。③ 顺德借助官场的人脉,通过原任苏州知府、现任苏松兵备道的蔡国熙,向巡按御史和苏州府同知等具陈当浚奚浦之事,在这些高级行政官僚的支持下,水利工作排除万难终于实施,所浚奚浦塘共长四千四百十丈,广五丈,深六丈,用人夫八万八千九百余名,浚河费用出自官帑和罚锾。④

　　三丈浦的情况亦是相类。嘉靖十四年(1535),刚刚考中进士的鹿苑支钱泮,向他的同年、以监察御史身份巡按南直隶的舒汀,提出疏浚三丈浦之事。舒汀专责虽并不在水利,但仍"发江南四郡金钱浚浦"⑤。这当是一次小规模的、单独的疏浚,因为历代县志史中并未见到相关记录,且同一年份中,常熟县也没有其他河道的开浚工程。事实上,嘉靖四年时,水利佥事蔡乾主持过一次浚三丈浦

① (明)严讷:《严文靖公集》卷五《明故敕封承德郎刑部主事虚菴公墓志铭》,万历十五年严治刻本,《四库全书存目丛书》集部第 107 册,第 632 页。
② (清)钱谦益:《牧斋晚年家乘文·族谱后录上篇》,《牧斋杂著》上,第 146 页。
③ (明)金应徵:《重浚奚浦碑记》,(清)杨希濂:《恬庄小识》,杨庆恩堂义塾藏板,张家港市党史地方志办公室、凤凰镇人民政府编,广陵书社,2007 年,第 72 页。
④ (明)陈瓒:《常熟县重浚奚浦碑记》,(明)张国维:《吴中水利全书》卷二十五,《景印文渊阁四库全书》第 578 册,第 947—948 页。
⑤ (明)钱岱:《常熟县重浚三丈浦记》,(明)张国维:《吴中水利全书》卷二十五,《景印文渊阁四库全书》第 578 册,第 955 页。

的工程,当时一同进行的还有横沥塘。① 仅隔十年,钱泮便利用科举同年的关系,又争取到一次治理的机会。接着,万历初年,林应训督治江南水利。林氏与钱泮的族侄钱岱,亦是同科。钱岱从小便被灌输三丈浦与家族的密切关系:"若曹幸而贵,毋忘王世父之业。"故而再次凭借科举同年的关系,钱岱言于林氏曰:"浦幸及公修治,事易工倍,久则浦益淤,费益不赀,西北之民不知所终,敢请命于使君。"林应训知悉后即命下苏州知府和常熟知县,动用官帑,辅以向沿河百姓摊派物料,在万历八年(1580)冬春之际,经一月有余,完成重浚三丈浦的工程。②

由此可见,上述奚浦和三丈浦的屡次浚治,都与钱氏的推动有关。钱氏族人凭借地方乡绅的身份,调动社会关系,强调自身家族生活区域中河道的重要性,引起地方官员对奚浦、三丈浦的重视,推动官府主导下的水利工作在常熟西北一带展开。

赵用贤生于仕宦之家,隆庆五年(1571)中进士,万历二十四年(1596)卒。他性格豪直,向来"慷慨负气,无所屈下,遇事即发,如迅湍激矢",③此次更是一语道破县内治水的区域矛盾。生活在常熟县城的赵氏,自然更为关心关涉城中水利通泄的福山港。赵氏写信的时间,当为万历十六年许应逵被任命为苏松水利副使之时。细察自赵氏考中科举的隆庆年间至万历十六年的常熟水利工程,

---

① 康熙《常熟县志》卷六《水利》,《中国地方志集成·江苏府县志辑》第 21 册,第 105 页。

② (明)钱岱:《常熟县重浚三丈浦记》,(明)张国维:《吴中水利全书》卷二十五,《景印文渊阁四库全书》第 578 册,第 955—956 页。

③ (明)冯复京:《明常熟先贤事略》卷九,刻本,第 1 页 a。

奚浦和三丈浦在如前所述的隆庆六年(1572)和万历八年(1580)各得到一次疏浚,而福山港在这一时段确实没有疏浚工作展开。从这一点来看,赵用贤所言的"福山之湮已久"并不为虚。

但须注意的是,放眼更长的时段,明初至嘉靖年间,福山港在永乐九年(1411)、弘治六年(1493)、嘉靖二年(1523)和二十二年(1543),均有水利疏浚的记录,而奚浦只有正统四年(1439)一次,三丈浦也只有嘉靖四年(1525)、十四年(1535)两次。① 因此,总体上,福山港所受的重视仍然是高于奚浦、三丈浦两河的。

三、区域利益与施政偏向

赵氏与钱氏颇有渊源。赵氏在用贤曾祖父时入赘于鹿苑钱氏,成为常熟人。明代江南,家境相对贫困的男子以奴仆、义男的身份"入赘"于大户人家,是比较普遍的现象,并不为人所耻。② 这位赵氏先人名赵实。这时钱氏迁居鹿苑亦不久,第二代族人钱衡,永乐时举贤良方正,至宣德年间做过吏部稽勋司主事的九品小官。致仕归家后,"子孙纵诞多不法,田宅祠堂,皆逾典制。苍头奴华服怒马,出入纵数十骑,传呼辟人"。嫁女至扬州时,极尽豪奢,一路有"舳舻千艘,僮奴千人,绛帕朱衣,钲鼓旌麾,蔽江而下"。炫耀与嚣张的气焰,终于招来祸患。钱衡被判"家居无状,纵子姓及舍人

---

① 万历《常熟县私志》卷二《叙水·水利》,《华东稀见方志文献》第10卷,第79—80页。康熙《常熟县志》卷六《水利》,《中国地方志集成·江苏府县志辑》第21册,第102—105页。

② [日]滨岛敦俊:《农村社会——研究笔记》,复旦大学历史学系、复旦大学中外现代化进程研究中心编:《近代中国的乡村社会》,第261—262页。

子不法"之罪,罚逮其子弟族人,发配辽东。发配之时,钱氏家业半数归赘婿赵实所有。直到天顺年间,钱氏才被赦免返回到鹿苑。赵实之子批,遂"推其产与外家之归戍者",加之灾年"出粟焚券"的义举,使得赵家"故业益圮"。这时,赵批选择从鹿苑迁居到常熟县城,从此开始城居的生活。嘉靖十七年(1538),赵批之子承谦中进士,官至广东布政司参议,即为赵用贤的父亲。①

赵氏归还钱氏故业,又举家离开鹿苑,似乎两家之间存在私怨。不过城居后的赵氏与钱氏仍常有通婚。赵用贤的两封信中,除上文所引之外,也并没有其他更为针对性的言辞。书信其余更大的篇幅被用来分析常熟水利在苏松全局中的重要地位,提醒徐、李两人在治水时顾及除吴淞江、白茆港之外常熟地区的其他水系,尤其是福山港。因此,若将赵的言论归结为由家族私怨所引发,当不够合理。其所反映出的,更多乃一县之内不同区域之间的利益矛盾。奚浦、三丈浦流域有以权势大族为核心的市镇存在,使县以下不同地域间的关系变得更加复杂。

明代中期之后大规模出现的江南市镇,尽管尚没有成为正式行政区划,但其在文化认同的意义上已构成了县以下地域空间中一种实体结构。士绅为生活所在地争取权益的现象,本属普遍,且常常被视为为民间谋福利的证据,被后人和学者称赞。通过福山港与奚浦、三丈浦的案例,进而可认识到,县域并不是铁板一块,士绅积极谋划的背后,所考虑的可能并不是全县的通盘利益,而是存

---

① (明)赵士春:《保闲堂集》卷二十三《先大大行述》,清光绪几年常熟赵氏木活字印本,《清代诗文集汇编》第13册,上海古籍出版社,2010年,第747页。(清)钱谦益:《牧斋晚年家乘文·族谱后录下篇》,《牧斋杂著》上,第171—172页。

在县内不同区域间利益争夺。如钱氏家族与奚浦市、鹿苑市的关系一般,士绅家族与市镇相互连接成利益体,在常熟县的基层组织格局中,形成一个有强大政治力量认同和维护的市镇地域空间,县政实施的区域方向不可避免受到影响。

第二节　市镇之争

与奚浦钱氏不同,稍晚些时候,在常熟县东北部的老徐市和归家市,两个"主姓"大族各为自己的利益算计,互相推诿,消极对待地方官府安排的水利工作。

一、耿橘治水

晚明江南水利渐趋不治,朝廷不再有能力投入大量资金,万历三十二至三十四年(1604—1606)任常熟知县的耿橘是晚明江南为数不多、在艰难形势下推动了治内水利大修的地方官。其治水工程对福山港、奚浦、三丈浦、梅李塘四条干河以及一百多道支河进行了治理。在水利徭役之征派方式的制定上,耿橘根据时代环境和常熟县实态,坚持"役不出区"和"论田起夫"的方针,被视为晚明江南治水的典型。[1]

----

[1] 从不同角度对此次治水和《常熟县水利全书》文本进行的研究:[日]滨岛敦俊:《明代江南农村社会的研究》第八章,东京大学出版会,1982 年;张芳:《耿桔和〈常熟县水利全书〉》,《中国农史》1985 年第 3 期;王建革:《明代江南的水利单位与地方制度:以常熟为例》,《中国史研究》2011 年第 2 期。

"役不出区",针对的是生活在不同地理环境下百姓对水利的不同需求:高乡需浚河,低乡需筑岸。而役不出区,基本保证了不必"驱低区之民而为高地浚河,驱高区之民而为低田筑岸"①,有利于提高役夫工作积极性。

"论田起夫"则是更为重要,也更易引发士绅大户反对的派役原则。"论田起夫"不同于晚明之前主要奉行的"田头制",而是将圩内所有耕作土地都纳入征派中。从客观条件上看,江南三角洲圩田的开发发展至万历年间,同一个圩围内耕地达到均质化,靠近圩岸的土地与圩内部土地在生产能力上基本实现平衡,故将全部耕地统筹派役有了切实的经济基础。② 从人为因素上看,晚明乡绅借优免之权逃避、转嫁赋役的情形已十分严重,庶民地主和小民不堪重役,造成了很大的社会问题。治河所需往往由"坐索塘长""鞭挞闾阎之穷民"而来。③ 这一时期,以东林派为主导的限制乡绅优免、均田均役的改革正艰难进行。④ 在这一改革的大环境下,耿橘推行水利均役的过程十分坚决和谨慎,并努力营造舆论环境。

耿橘特意纠集部分乡绅商议,"假意"提出两种水利派役的成例供选择,即"太仓王相公为缙绅首倡,不论官民一体用力"和"嘉

① (明)耿橘:《常熟县水利全书》卷一《高区浚河低区筑岸各随民便》,第 24 页 b。
② [日]滨岛敦俊:《江南三角洲圩田水利杂考》,《江南社会历史评论》第 10 期,商务印书馆,2017 年。
③ (明)凌云翼:《请设水利台臣疏》,(明)张国维:《吴中水利全书》卷十四,《景印文渊阁四库全书》第 578 册,第 447 页。
④ 这一过程中出现的士绅阶层内部的分裂与矛盾,可以参考滨岛敦俊的《围绕均田均役的实施》(载刘俊文主编:《日本学者研究中国史论著选译》第六卷,中华书局,1993 年,第 192—228 页)和《方志和乡绅》(台湾《暨南史学》第 6 号,2003 年)两篇文章。

定则专用民力,不及缙绅",并均加以称赞:"太仓之缙绅肯先劳于民,而嘉定之百姓肯先劳于己,信皆贤而可敬可爱者。"随后话锋一转,耿氏以"嘉定之百姓皆未肯帖服"的后果和上级水利衙门的覆议,明确提出"开河之役不论水利远近,毋拘官户、小民,不问花分、诡寄、不论田数奇零,一概通融计算,照亩派工"的中心原则,并从现实利益的角度进一步提醒乡绅大户,治水于他们乃有利之事,水利之役并不同于其他赋役:"宦家之产,其数颇多,开浚河道其利害得失与百姓同关休戚,较与别项杂差事体不侔。"经过如此一番,耿橘与部分乡绅达成"官民一体用力"的协议后,继续将太仓、嘉定两地派役之法,以及上级衙门的覆议、部分乡绅的意见撰成《与通邑缙绅书》一文,公布给全县缙绅。① 表面是征询意见,实质当是施压与制造舆论的过程。

全面记录和总结耿橘此次水利工作的《常熟县水利全书》,罗列了十余封县中大小缙绅的回书,均表示同意"论田起夫"和"役不出区"的方法。② 于是,从各干河开始,耿橘得以展开治水工作,其所设计的派夫之法如下:

> 先吊黄册查明该区该图坐圩田地总数,随令区书将业户一一注明,然后通融算派某河应役田若干亩。每田若干亩坐夫一名,田多者领夫;田少者凑补足数,名曰协夫。其勘明坍

---

① (明)耿橘:《常熟县水利全书》附录卷上《与通邑缙绅书》,第10a—11a页。

② (明)耿橘:《常熟县水利全书》附录卷上《沈大参回书》《蒋侍御回书》《萧观察回书》《钱侍御回书》《陆郡丞回书》《陈郡守回书》《钱刺史回书》《翁掌科回书》《瞿进士回书》《张孝廉(名石龄)回书》《张孝廉(名大受)回书》《翁孝廉回书》《顾孝廉回书》《陈孝廉回书》,第11a—16a页。

江板荒田地,俱豁免。①

具体操作中,"论田起夫"不是简单的"一刀切",而是仍然考虑到耕地的优劣和得水条件。以三丈浦为例,派夫标准为:

> 计田属上流、紧得浦水利者,以四十亩编一夫;属下流、缓得浦水利者,以六十亩编一夫。小户田不能四十、六十亩者,为协夫。协夫有领袖,领袖有百长,百长有千长。棋布星分,而总监则委区之老成练达者。②

这一派夫方式,与此前乡绅承担的徭役量,有非常大的差别。据钱岱回忆万历八年(1580)三丈浦开浚时,官户被限量派役,无论田产多少,各缙绅"每廿十五丈而止"。③

二、抵制与平衡

在水利工作的推进中,老徐市、归家市的两个"主姓"给耿橘造成了很大的阻碍。两市坐落于李墓塘和横浦流域(见图25),两河位于县境东部,并非干河,故治河费用一般不会动用官帑,均依靠民间。耿橘测量计算后,要求遵循"计力通区算派,深者田二十而

---

① (明)耿橘:《常熟县水利全书》卷一《大兴水利申·开河法》"照田起夫量工给食"条,第3页a。
② (明)耿橘:《常熟县水利全书》附录卷下《三丈浦碑》(陈国华撰),第12页b。
③ (明)耿橘:《常熟县水利全书》附录卷上《钱侍御回书》,第12页a。

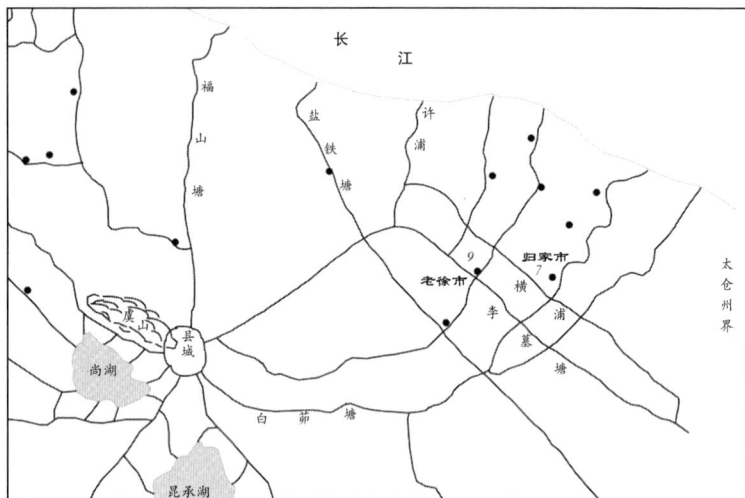

图 25　老徐市(9)、李墓塘与归家市(7)、横浦位置关系示意图

夫一,浅者田十二而夫一"的原则组织役力。① 然而两大"主姓"却
纷纷不予配合。耿橘随后发现,以往两河疏浚时,两大家族常常以
工程分配不均为理由,规避水利徭役摊派,互相推诿:"徐、归二大
姓实居其地。归市在衡浦(即横浦),徐市在里睦(即李墓)。每有
开浚之举,二姓分股任之,小大难易,不均不平,百姓啧啧久矣。"②

　　地方大族、乡绅只顾眼前利益,抵制徭役签派,推脱责任,在水
利工作中十分常见,浚治工程中,"阻于工费,制于豪右,卒不能成"
的情况比比皆是。③ 此次耿橘大治全县水利,发布《与通邑缙绅

① (明)耿橘:《常熟县水利全书》附录卷下《里睦塘碑》(徐昌祚撰),第18页b。
② (明)耿橘:《常熟县水利全书》附录卷上《李墓塘智林寺偶书》,第25页 a—b。
③ (明)杨廉:《请治东南水利疏》,(明)张国维:《吴中水利全书》卷十四,《景印文渊
　　阁四库全书》史部第 578 册,第 419 页。

264

书》试探士绅对"均役"的态度,然而《常熟县水利全书》中并没有
徐、归两姓士绅的回书。鉴于水利书编纂及时,漏收录的可能性较
小。因此,合理推论,两姓应当没有在耿橘治水方针上表态支持,
到真正实施时,则果然不予配合。

面对老徐市和归家市的情况,耿橘强力加以平衡:

> 论族较氏,江左之俗弊。令为地方持平法,惟论田起夫,
> 开河以济田也。开里睦则里睦之田任之,开衡浦则衡浦之田
> 任之。通开则通两河之田任之。吾何知有归、徐哉!举大工、
> 兴大众,未有不平其心、平其政而能令众志输服者。即有强
> 梗,又何避焉。查徐氏之田,居里睦者七、衡浦者三,归氏之
> 田,居衡浦者七、里睦者三,而工力则两河大小不相侔耳。以
> 本河之田为本河,法之至平而情之至顺,吾民其各化其偏鄙
> 耶。里睦旧名李墓,衡浦旧名横浦,今易之,里党雍睦如衡之
> 平,此吾之所以望吾民也。①

李墓塘、横浦是支河,疏浚排在干河之后。经过了舆论的造
势,以及干河照田派役的实践,整体环境对耿橘是有利的,使其能
够抵挡徐、归两大家族的压力,坚持既定方针,最终完成工程。

这一过程中,耿橘除了借助前述舆论的造势,很可能还针对两
姓家族实施了暴力。在张鼐撰写的墓志铭中,透露出耿橘的强硬
一面:"田主者,皆贵人豪室,但坐享佃户供税入,不复问田亩渭通

---

① （明)耿橘:《常熟县水利全书》附录卷上《李墓塘智林寺偶书》,第25页b。

塞何状，令下率抗不服。公械贵人豪室仆于里门，以儆督抗令者，而令乃行。"①

有趣的是，工程结束之后，徐、归两姓乡绅分别撰写了疏浚里睦塘和衡浦的碑记，两份碑记中对耿橘在常熟县的各项治理功绩大加称赞，感叹耿橘乃"虞民慈父也，天命之矣"，并均在碑记中突然提及另一河流、市镇与自己同时被更名，但只用了"寓教""风教"等模糊的字眼轻描淡写，丝毫不提前因后果及两市曾经的规避与矛盾。② 无论碑记内容是否出自真心，这些诉诸文字、流传后世的书写，可以看作是耿橘治水方法和成果在意识形态上的确认与加强，也是官府与市镇"主姓"家族们博弈中的一次胜利。

三、地域认同与影响

由此可见，老徐市、归家市，与前述奚浦市、鹿苑市一样，成为有特定士绅力量维护的地域空间。士绅们动用各类资源，左右利益分配，在客观上昭示和突显着市镇地域空间的独立与认同，并且这一局面也被县境内其他地域和人群意识到，影响了县内不同区域间的利益分割，以及日常县政的推行。

此外，更需引起注意的是，这一事件中，水利工作的区域矛盾很明确地以市镇及其主姓家族为标识表述了出来。耿橘在《常熟

① （明）张薅:《宝日堂初集》卷十六《瀛海耿公墓志铭》，明崇祯二年刻本，《四库禁毁书丛刊》集部第 76 册，北京出版社，1997 年，第 451 页。
② （明）耿橘:《常熟县水利全书》附录卷下《里睦塘碑》《衡浦碑》，第 17a—20a 页，第 24a—25a 页。

县水利全书》中还记述了县西部马墅河一带水坝存废的争议,区域指称是"四都一图""三图"。① 都、图等基层组织是王朝基于行政管理和赋役征派,根据人口土地对乡村社会所进行的官方划分,也是一般情况下官、民指示区域时一直使用的称谓。而治理里睦塘、衡浦的过程中,尽管老徐市地跨三个图②,但在最应明确都、图的徭役分派中,仍直接只用两个市镇的名字代表相关区域:"归市在衡浦,徐市在里睦。"这意味着州县的日常行政中,"主姓"家族主导下的市镇在某些事宜上已开始有了打破乡村原有区划结构的迹象。

---

① (明)耿橘:《常熟县水利全书》附录卷下《马墅河马墅庵偶书》,第 1a—2a 页。
② 老徐市市中心的四条街道分属东三场二十八都的一图、二图和六图(见(清)顾崇善:《里睦小志》卷上《地理志·都图》,《中国地方志集成·乡镇志专辑》,第 11 册,第 2 页)。归家市所属的都、图不详。

余　论

一

　　晚明江南地区,市镇这一聚落形态大规模发育。它们自行政体制外自行生长出来,很多镇区跨越了基层行政区划。江南市镇的数量巨大,发达程度极高,功能显著,与苏州、南京等中心城市,共同构成多层级的市场体系。其生产、生活基础以及居民属性,逐渐从各个层面区别于孕育它们的乡村,是除行政城市与广大村落之外,江南基层地域结构中一个重要的聚落形态。江南地域结构的这一状态,与全国其他地区相比,有地域的独特性,与市镇勃兴之前的江南社会面貌亦呈现出很大的不同。因此明代中后期,观察江南基层地域社会的历史进程,商业市镇的迅猛发展无疑是一个重要内容。

　　江南市镇的探讨,国内主要起源于早期有关"资本主义萌芽"的研究,开发和利用的材料以经济领域为主。作为明清商品经济发展产物与载体的"市镇",研究导向与课题也主要聚焦在经济层面。除在经济领域改变了江南地方社会的面貌之外,市镇于政治、文化等其他层面的演进,以及对基层社会造成的影响需要被予以更多的关注。①

20世纪90年代初,在全国两百多种乡镇志专辑刚影印刊行之后,日本学者森正夫便对此投入了特别的关注,认为乡镇志的记载对象"市镇"是规模单一且范围较小的地域社会,与以县治为中心的县域比起来,市镇的层级更低,更接近所谓基层地域社会,因此,能直接反映明清基层地域社会动向的区域非市镇莫属,材料则非乡镇志莫属。②

二

豪强地主和士绅阶层作为地域社会中的重要力量,始终处于流动的状态,既有居住空间上的迁居移动,又有兴衰起伏。

日本学者北村敬直最早开始研究地主家庭的空间流动性变化,他认为随着商品经济的发展,明初以来以自耕农为主体的体制趋于解体,地主的土地所有制发展起来,出现了从"乡居地主"向

---

① 川胜守的《明清江南市镇社会史研究——空間と社会形成の歷史学》(东京:汲古书院,1999年)一书从市镇水利、会馆、义冢、无赖、人物文化等诸多层面做了研究,但仍留有很大可探索的空间。
② [日]森正夫:《江南三角洲的乡镇志——以明后半期为主》,载《第七届明史国际学术讨论会论文集》,1999年,第340—358页。

"城居地主"的变动。① 滨岛敦俊也关注这一倾向,并且继续指出16世纪中期以后,乡绅大多居住在县城或镇上,他们和农民没有了共同的生活空间,丧失了"民望"。② 美国学者石锦用计量方法,统计桐乡县明代至清代社会精华分子的迁移状况,从明到清,确实存在举人阶层逐渐选择镇居的倾向。不过在石锦的数据中,明末时,仍有76%的举人居住在乡村(这里当指村落),只有20%住在市镇。并且石锦的文中还提到了两个明代士绅从市镇迁入乡村的例子。一是明代前期生活在皂林镇上的陆明。陆明少年时以"肩贩为业"维持家计,嘉靖三十五年倭寇侵扰皂林镇,陆明全家仓皇而逃,随后迁居至青镇生活。陆明的儿子陆吉万历十年中举人,又把家从青镇迁到了梧桐乡。两代之后,清初陆费锡中顺治三年举人、十八年进士,并再次由梧桐乡迁居永新乡。另一个是炉头镇的大族沈氏。沈氏是镇中经营冶铸业的最大家族。沈云从先由炉头镇迁居到青镇,在万历三十七年中举人后,又迁居梧桐乡。石锦总结道,明万历年间镇居举人家庭往往有迁入乡居的倾向。③ 岸本美绪通过对姚廷遴《历年记》的解读,认为明末清初士绅对择居和择业带有随机性倾向,像姚廷遴对居住在城里还是乡村,会采取临机选择

---

① 〔日〕北村敬直:《明末·清初における地主について》,《歴史学研究》,1949 年第140 号,后收入氏著《清代社会経済史研究》,大阪市立大学経済学会,1972 年。

② 〔日〕滨岛敦俊:《明代中后期江南士大夫的乡居和城居——从"民望"到"乡绅"》,载《江南与中外交流》(复旦史学集刊第三辑),复旦大学出版社,2009 年。

③ 〔美〕石锦:《明清时代桐乡县社会精华分子的社会组成和变化稿》,《汉学研究》第3 卷第 2 期,1985 年。

的策略。①

地域中这些核心力量群体的横向空间流动与市镇的发展有关联。一方面,如老徐市与新徐市,归家市与归家城,奚浦市与鹿苑市,均因子孙析产迁居而形成了一个新的市镇空间。另一方面,市镇中的权力格局也会随之变化,如长泾市最初的"市主"夏氏在衰落后迁离到外地,市中的权势家族也彻底转换。同时,伴随从明到清,更多的士绅家族迁居于市镇的趋势,市镇中的权势被进一步分散,这一现象将在清代表现得更为明显。②

家族的起伏兴衰,更是一普遍现象。归有光云:"自洪熙至于弘治,六七十年间,适国家休明之运。天下承平,累世熙洽,乡邑之老,安其里居,富厚生殖,以醇德惠利庇荫一方者,往往而是。"③李洵研究指出:"明代江南历史上传下来的世家是比较少的,中叶以后,才出现不少所谓吴中世族或三吴望族。"④然而望族的维持,却极为困难。子孙科名持续的不确定性和社会的变动,都将阻碍家族延续世望。杭州西湖一带便有这样的俗谣形容大族衰替之快:"十里湖光十里笆,编笆都是富豪家。待他十载功名尽,只见湖光不见笆。"⑤清初上海人叶梦珠记载了众多明末清初的松江大族,很

① ［日］岸本美绪:《明清交替と江南社会:17世纪中国の秩序問題》,东京大学出版社,1999年,第七章。
② 刘昶:《明清江南地方社会的延续与变化:以嘉定钱门塘士绅家族的兴替变化为例》,《水乡江南:历史与文化论集》,上海古籍出版社,2014年,第329—355页。
③ (明)归有光:《震川先生集》卷十八《蒋原献墓志铭》,第494页。
④ 李洵:《论明代江南地区士大夫势力的兴衰》,《史学集刊》1987年第4期。
⑤ (明)叶盛:《水东日记》卷十四,"西湖俗谣"条,魏中平点校,中华书局,1980年,第147页。

多覆灭于王朝鼎革时:

> 杜大司空完三先生,讳士全,上海杜行人也。族大众繁,科第明经孝秀,后先踵接。鼎革之际,公年逾八旬,予告归,家居,仗节而死,其后中落。①

> 川沙乔氏,自嘉靖时春山镗以练乡勇拒倭、城川沙起家。子元洲木、孙切斋拱璧,父子进士,官至监司。元洲三子:长敏斋拱辰,次仲渊拱宿,并以资为郎,子孙蕃衍,彬彬蔚起,遂为海滨望族。敏斋长子明怀炜官中翰,进秩仪部郎,声势交游之盛,不减两榜。鼎革以后,日渐式微。自顺治庚寅,明怀弃世后,子孙宗族,日益衰微。②

> 川沙王氏,自嘉、隆间以素封起家。万历中,芙阳举孝廉。芙阳子公觐观光、侄台承逢年,俱以资郎佐郡,中年归里。公觐玩好声色,服食起居,必极一时之选,豪华性成,家虽中落不改。台承家亦富厚,而豪迈不及公觐。公觐十五子并台承子共二十余人,半列胶庠,亦滨海一时之盛。崇祯末,家渐式微。鼎革后,废毁殆尽矣。③

---

① (清)叶梦珠:《阅世编》卷五《门祚一》,第 133 页。
② (清)叶梦珠:《阅世编》卷五《门祚二》,第 145—146 页。
③ (清)叶梦珠:《阅世编》卷五《门祚二》,第 149 页。

世家大族的频繁兴替,尤其易代之际众多望族的衰亡①,其实不仅仅关乎自身的家族史。因为,尽管占据市镇权势格局主导地位的士绅望族衰落,大部分市镇仍然会继续发展,但随着这些家族的覆灭,也意味着市镇一段历史的结束。就本书的讨论而言,长泾夏氏的破家和外迁,是长泾市属于夏氏家族的一段历史的终结。侯峒曾家族在抗清过程中大批族人死难,盛极一时的家族瞬间坍塌,紫隄村"一家独大"的权力格局随之结束。此后时代变化、环境更张,紫隄村的家族势力的分布,再也不是晚明时的情境。南翔镇李流芳家族,覆亡于明末江南奴变中,檀园倾圮,猗园易主,后人寄居他地。晚明围绕李流芳兄弟和檀园营造出的南翔镇文化风雅高峰,一去不复返,唯供后人凭吊。

江南地区之外,明清以来福建、广东等区域的墟市研究中,亦关注市场与宗族这一地方力量的关系:一般认为,地方宗族势力能够控制乡村墟市、制定市场运行规则,并影响墟市覆盖下的周边社会生活和文化。② 以福建、广东为代表的东南地区的社会状态有其自己的特点,尤其世代聚居的宗族普遍存在,并深入参与到地方社会中。明清江南地区,宗族的存在状态与东南地区并不相同,地方力量的构成中,以有功名和仕宦经历的士绅阶层为主,而科举制的不确定性,使得家族兴衰起伏频繁,社会结构中很难以某个家族为

---

① 陈宝良:《明清易代与江南士大夫家族的兴替》,《社会科学辑刊》2011年第2期。
② 可参考傅衣凌:《论乡族势力对于中国封建经济的干涉》,《厦门大学学报》1961年第3期;李龙潜:《明清时期广东墟市的类型及其特点》,《学术研究》1982年第6期;[日]田仲一成:《中国的宗族与戏剧》,钱杭、任余白译,上海古籍出版社,1992年。

单位保持长时间的权势。江南经济处于全国领先地位,某些市镇发育之初,确实存在被地域大族主导的现象,但此后伴随市镇规模的扩大,各方面因素共同施加影响,个别士绅家族没有足够的能力像东南地区一样长时间掌控墟市甚至周边社会的发展。因而对江南地区的相关研究必须在充分把握地域特征的前提下展开。

三

在对明清两代江南地区乡镇志序文的深入解读之后,森正夫从镇志编撰的角度,提出了市镇文人编修乡镇志的内发性,即市镇中的读书人出于自发性意志而策划实施镇志的编纂工作,其中没有王朝国家的行政机构的参与。这一点起源于明代,清代的市镇文人继承了这一意识,并在对邻接市镇的镇志编纂动向的刺激下,变得更加强烈。此外,明代乡镇志的编者,抱有很切实的现实目的,借镇志的编写,记述和表达当下市镇中突显的利弊或重大事件。森正夫认为从中可以看到明清江南地区,以市镇为基盘的地域社会的存在,以及对此地域社会,乡镇志编者自身所怀抱的强烈的自我认定意识。①

滨岛敦俊分析,明末清初江南市镇中出现的不合乎国家祀典规定的镇城隍庙,其实反映了市镇"想在首都(皇帝)—省城—州县

---

① [日]森正夫:《明清时代江南三角洲的乡镇志与地域社会——以清代为中心的考察》,《中华民国史专题论文集第五届讨论会》第1册,台北新店"国史馆",2000年,第787—822页。

城这样等级严明的行政体系中找到自己的相应位置"的企图。① 太田出发现清代市镇下层文人和商人对分防于镇中的佐杂官有着"镇长"般的期待。② 吴滔提出,清乾隆末期之后,嘉定、宝山在救荒活动中以市镇为核心划分的管辖区"厂",使乡民心目中原本非常模糊的认同感逐渐清晰起来。③

　　无论是数量还是规模,市镇这样一类地理空间,在江南三角洲已经不可能被官民忽视。但众所周知,明清江南市镇在清末新政之前一直没有被设为正式的行政区划单位,是一种非建制性的存在。它们自然生长于早已规划好并运行已久的基层区划之上,对市镇的空间描述,基本以乡村的都、图、里、保等来标明范围。市镇虽然常有"四栅"围绕镇区,但其范围并不明朗,多与周围的乡村犬牙交错,界限不清。但这些"非正式"和"不明朗",并没有妨碍市镇本身的"自成一体"。无论是在明清镇民,尤其地方文人的地域认同意识中,④还是今天学界研究中所提出的以市镇为核心覆盖下的

---

① [日]滨岛敦俊:《明清江南农村社会与民间信仰》,朱海滨译,厦门大学出版社,2008年,第222页。

② [日]太田出:《清代江南三角洲地区的佐杂"分防"初探》,张国刚主编:《中国社会历史评论》第2卷,天津古籍出版社,2000年,第114页。

③ 吴滔:《赈饥与县级以下区划的变化:明清嘉定宝山基层行政之运作》,李文海、夏明方主编:《天有凶年:清代灾荒与中国社会》,生活・读书・新知三联书店,2007年,第278页。

④ 潘高升:《明清以来江南乡镇志编修与地方认同——以〈乌青镇志〉为例》,《江苏地方志》2013年第6期。

"乡脚""市场圈"和"信仰圈"①,都表明了市镇可以成为一个独立的地域单元。因此,市镇的存在给州县的日常行政管理提出新的课题,而地域认同的发展,不可避免将在原本秩序稳定的基层社会中激起涟漪。

在最为重要的治安与税收层面,官府对于市镇的存在有相对积极的政策应对。但至于其他层面,"政府很少从相关的法律、制度规范和制定规则等方面予以关注"②。从澉浦镇永安湖和镇区水利的工作中,可以发现当无涉国家层面的重要利益时,市镇在争取资源时并没有什么优势,并且,州县日常管理的举措仍然维持在城、乡二元的逻辑中,与市镇规模化存在的现实并未有充分和较好的匹配。在地方力量得以充分展示的时代,与市镇有着千丝万缕联系的士绅群体,在某些利益攸关的事务中竭力造成的"畛域之见",又使得市镇一度在州县行政实践中冲击传统基层组织结构。

讨论到市镇"认同"的倾向,不可避免地会联想到清末或近代化转型中的乡镇自治、行政化问题。然而晚明时代,无论奚浦市、鹿苑市争取治水,还是老徐市、归家市规避治水,均有十分具体的现实利益驱动,其认同的只是一个空间范围相对模糊的市镇地域,所追求的也并不是诸如边界、权力等代表"自治"或政区化的内容。市镇的地理空间、户籍赋税仍然完全融于明初建立起来的都、图或

① [美]施坚雅:《中国农村的市场和社会结构》,史建云、徐秀丽译,中国社会科学出版社,1998 年。樊树志:《江南市镇:传统的变革》,复旦大学出版社,2005 年。[日]滨岛敦俊:《明清江南农村社会与民间信仰》,朱海滨译,厦门大学出版社,2008 年。
② 张海英:《"国权":"下县"与"不下县"之间——析明清政府对江南市镇的管理》,《清华大学学报(哲学社会科学版)》2017 年第 1 期。

都(乡)、村等基层管理体系中。至于清末民国,县以下管理体系被重构,明清以来的许多商业性市镇也随之改造为新一级的行政区划,则是近代社会新的时代环境下另外的地域历史进程了。

市镇勃兴带来的晚明江南地域结构的变化,以及在基层社会中造成的影响,为近代江南社会的变迁埋下伏笔,但更是特定时空下地方社会历史演进的内涵与特征。

主要参考文献

一、地方史志类

（明）董穀：《续澉水志》，民国二十五年铅印《澉水志汇编》本，《中国地方志集成·乡镇志专辑》第 20 册，上海书店 1992 年版。

（明）管一德：《皇明常熟文献志》，万历三十三年刻本，《华东稀见方志文献》第九卷，北京学苑出版社 2010 年版。

（明）杨循吉：《苏谈》，收入氏著：《吴中小志丛刊》，陈其弟点校，广陵书社 2004 年版。

（明）张国维：《吴中水利全书》，《景印文渊阁四库全书》第 578 册，台湾商务印书馆 1986 年版。

（清）程国昶稿，邵灿编订：《泾里志》，抄本，《中国地方志集成·乡镇志专辑》第 14 册，江苏古籍出版社 1992 年版。

（清）方溶纂修，万亚兰补遗：《澉水新志》，民国二十五年铅印《澉水志汇编》本，《中国地方志集成·乡镇志专辑》第 20 册，上海书店 1992 年版。

（清）顾崇善:《里睦小志》,抄本,《中国地方志集成·乡镇志专辑》第 11 册,江苏古籍出版社 1992 年版。

（清）施若霖:《璜泾志稿》,民国二十九年排印本,《中国地方志集成·乡镇志专辑》第 9 册,江苏古籍出版社 1992 年版。

（清）汪永安辑录:《紫隄村小志》,1962 年上海市文物保管委员会《上海史料丛编》版,何建木标点,《上海乡镇旧志丛书》第 13 册,上海社会科学院出版社 2006 年版。

（清）汪永安辑撰:《紫隄小志》,上海博物馆藏钞稿本,何建木整理,《上海乡镇旧志丛书》第 13 册,上海社会科学院出版社 2006 年版。

（清）汪永安原纂,侯承庆续纂,沈葵增补:《紫隄村志》,上海图书馆藏传抄本,《中国地方志集成·乡镇志专辑》第 1 册,上海书店 1992 年版。

（清）杨希溁:《恬庄小识》,杨庆恩堂义塾藏板,张家港市党史地方志办公室、凤凰镇人民政府编,广陵书社 2007 年版。

（清）袁景澜:《吴郡岁华纪丽》,江苏古籍出版社 1998 年版。

（清）张承先:《南翔镇志》,民国十三年南翔凤翥楼铅印本,《中国地方志集成·乡镇志专辑》第 3 册,上海书店 1992 年版。

[宋]罗叔韶修,常棠纂:《澉水志》,民国二十四年铅印《澉水志汇编》本,《中国地方志集成·乡镇志专辑》第 20 册,上海书店 1992 年版。

程熙元:《澉水补录》,民国二十五年铅印《澉水志汇编》本,《中国地方志集成·乡镇志专辑》第 20 册,上海书店 1992 年版。

崇祯《常熟县志》，民国五年抄本。

崇祯《江阴县志》，明崇祯十三年刻本，《无锡文库》第一辑第二册，凤凰出版社 2011 年版。

道光《江阴县志》，清道光二十年刊本，《中国方志丛书》华中地方第 456 号，台北成文出版社 1983 年版。

光绪《常昭合志稿》，清光绪三十年活字本，《中国地方志集成·江苏府县志辑》第 22 册，江苏古籍出版社 1991 年版。

光绪《海盐县志》，清光绪三年蔚文书院刻本，《中国地方志集成·浙江府县志辑》第 21 册，上海书店 1993 年版。

光绪《嘉定县志》，光绪八年刻本，《中国地方志集成·上海府县志辑》第 8 册，上海书店出版社 2010 年版。

光绪《江阴县志》，光绪四年刻本，《中国地方志集成·江苏府县志辑》第 25 册，江苏古籍出版社 1991 年版。

光绪《重修嘉善县志》，民国七年重印本，《中国地方志集成·浙江府县志辑》第 19 册，上海书店 1993 年版。

弘治《常熟县志》，上海图书馆藏清抄本，《四库全书存目丛书》史部第 185 册，齐鲁书社 1996 年版。

弘治《江阴县志》，明正德十五年刻本，《无锡文库》第一辑第一册，凤凰出版社 2011 年版。

嘉靖《常熟县志》，嘉靖刻本，《北京图书馆古籍珍本丛刊》第 27 册，书目文献出版社 1997 年版。

嘉靖《嘉定县志》，明嘉靖三十六年刻本，《南京图书馆藏稀见方志丛刊》第 2 册，国家图书馆出版社 2012 年版。

嘉靖《江阴县志》，明嘉靖二十七年刻本，《无锡文库》第一辑第一册,凤凰出版社 2011 年版。

嘉庆《直隶太仓州志》,清嘉庆七年刻本,《续修四库全书》史部第 697 册,上海古籍出版社 2002 年版。

嘉善县志编纂委员会编:《嘉善县乡镇志》,上海三联书店 1992 年版。

康熙《常熟县志》清康熙二十六年刻本,《中国地方志集成·江苏府县志辑》第 21 册,江苏古籍出版社 1991 年版。

康熙《嘉定县志》,清康熙十二年刻本,《中国地方志集成·上海府县志辑》第 7 册,上海书店出版社 2010 年版。

民国《重修常昭合志》,上海社会科学出版社 2002 年版。

乾隆《江阴县志》,清乾隆九年刻本,《无锡文库》第一辑第六册,凤凰出版社 2011 年版。

天启《海盐县图经》,明天启刻本,《四库全书存目丛书》史部第 208 册,齐鲁书社 1996 年版。

同治《苏州府志》,清光绪九年刊本,《中国地方志集成·苏州府县志辑》第 10 册,江苏古籍出版社 1991 年版。

万历《常熟县私志》,万历四十六年原刊、民国二十三年抄本,《华东稀见方志文献》第十卷,学苑出版社 2010 年版。

万历《嘉定县志》,明万历刻本,《四库全书存目丛书》第 208—209 册,齐鲁书社 1996 年版。

二、其他史籍类

(明)陈寰:《陈琴溪文集》,明刊本。

（明）陈子龙：《安雅堂稿》，明刻本，《续修四库全书》第 1387 册，上海古籍出版社 2002 年版。

（明）程嘉燧：《松园浪淘集》，明崇祯刻本，《续修四库全书》第 1385 册，上海古籍出版社 2002 年版。

（明）丁宾：《丁清惠公遗集》，明崇祯刻本，《四库禁毁书丛刊》集部第 44 册，北京出版社 1997 年版。

（明）董穀：《碧里后集达存》，明刻本，《中国古籍珍本丛刊·天津图书馆卷》第 60 册，国家图书馆出版社 2013 年版。

（明）冯复京：《明常熟先贤事略》，刻本。

（明）耿橘：《常熟县水利书》，清王家相跋刻本。

（明）顾公燮：《消夏闲记摘抄》，《丛书集成续编》第 96 册，上海书店出版社 1994 年版。

（明）归有光：《震川先生集》，周本淳点校，上海古籍出版社 2007 年版。

（明）何良俊：《四友斋丛说》，中华书局 1959 年版。

（明）侯峒曾：《侯忠节公全集》，民国二十二年铅印本。

（明）侯岐曾：《侯岐曾日记》，《明清上海稀见文献五种》，王贻樑、曹大民点校，人民文学出版社 2006 年版。

（明）黄淳耀：《陶庵集》，知服斋丛书，《丛书集成续编》第 121 册，上海书店出版社 1994 年版。

（明）计成：《园冶》，中华书局 2011 年版。

（明）计东：《改亭文集》，清乾隆十三年计瑸刻本，《续修四库全书》第 1408 册，上海古籍出版社 2002 年版。

（明）李流芳：《嘉定李流芳全集》，陶继明、王光乾校注，上海古籍出版社 2013 年版。

（明）李诩：《戒庵老人漫笔》，魏连科点校，中华书局 1982 年版。

（明）李渔：《闲情偶寄》（插图本），中华书局 2007 年版。

（明）娄坚：《吴歈小草》，清康熙刻本，《四库禁毁书丛刊》集部第 49 册，北京出版社 1997 年影印本。

（明）缪昌期：《从野堂存稿》，明崇祯十年缪虚白刻本，《四库禁毁书丛刊》集部第 67 册，北京出版社 1997 年版。

（明）钱希言：《狯园》，清抄本，《续修四库全书》第 1267 册，上海古籍出版社 2002 年版。

（明）瞿汝稷：《瞿冏卿集》，明万历三十九年张养正刊本，《四库全书存目丛书》集部第 178 册，齐鲁书社 1997 年版。

（明）唐时升：《三易集》，明崇祯谢三宾刻清康熙三十三年陆廷灿补修嘉定四先生集本，《四库禁毁书丛刊》集部第 178 册，北京出版社 1997 年版。

（明）文震亨：《长物志》，陈剑点校，浙江人民出版社 2011 年版。

（明）吴宽：《家藏集》，《景印文渊阁四库全书》第 1255 册，台湾商务印书馆 1986 年版。

（明）夏树芳：《消喝集》，明崇祯元年江阴夏氏原刊本。

（明）徐栻：《仕学集》，万历三年序刻本。

（明）薛尚质：《常熟水论》，涵芬楼影印清道光十一年六安晁氏木活字学海类编本，《四库全书存目丛书》史部第 223 册，齐鲁书社 1997 年版。

（明）叶盛：《水东日记》，魏中平点校，中华书局 1980 年版。

（明）赵士春：《保闲堂集》，清光绪九年常熟赵氏木活字印本，

《清代诗文集汇编》第 13 册，上海古籍出版社 2010 年版。

　　(明)赵维寰：《焚余续草》，明崇祯刻本，《四库禁毁书丛刊》，北京出版社 1997 年版，集部第 88 册，

　　(明)赵用贤：《松石斋集》，明万历刻本，《四库禁毁书丛刊》集部第 41 册，北京出版社 1997 年版。

　　(清)曹家驹：《说梦》，收入《清代笔记小说》第 29 册，河北教育出版社 1996 年版。

　　(清)陈树德原辑，宋道南重订：《陶庵先生年谱》，知服斋丛书，《丛书集成续编》第 121 册，上海书店出版社 1994 年版。

　　(清)丁桂芳、丁策定：《香湖丁氏家乘》，乾隆三年刻本，《中国国家图书馆藏早期稀见家谱丛刊》，线装书局 2002 年版。

　　(清)归镛、归衡等：《归氏世谱》，清道光二十四年纂修、重刻本，哥伦比亚大学东亚图书馆藏，缩微胶卷，2010 年。

　　(清)侯玄瀞：《侯忠节公年谱》，民国二十二年铅印本，《北京图书馆藏珍本年谱丛刊》第 60 册，北京图书馆出版社 1999 年版。

　　(清)钱聚仁编：《紫云先生年谱》，清光绪民国间刻印本，《北京图书馆藏珍本年谱丛刊》第 73 册，北京图书馆出版社 1999 年版。

　　(清)钱谦益：《牧斋初学集》，(清)钱曾笺注，钱仲联标校，上海古籍出版社 1985 年版。

　　(清)钱谦益：《牧斋杂著》，(清)钱曾笺注，钱仲联标校，上海古籍出版社 2007 年版。

　　(清)钱汝霖：《紫云先生遗稿》，抄本。

　　(清)沈葵纂修：《东阳沈氏家乘》，清咸丰四年钞本。

　　(清)王应奎：《柳南随笔》，王彬、严英俊点校，中华书局

1983 年版。

《常熟县碑刻集》,上海辞书出版社,2007 年。

《归氏世谱》,清道光二十四年纂修、重刻本。

陈植、张公驰选注:《中国历代名园记选注》,安徽科学技术出版社 1983 年版。

归兆[香宵]:《京兆归氏世谱》,民国四年义庄木活字本。

钱昌运等主修:《海虞禄园钱氏振鹿公支世谱》,民国十九年石印本。

夏炳等编纂:《习礼夏氏宗谱》,民国十三年纂修,活字本。

夏氏宗谱续修委员会:《习礼夏氏宗谱》,2008 年重修版。

中国文物研究所、常熟博物馆编:《新中国出土墓志》江苏[壹]常熟(下册),文物出版社 2006 年版。

三、近人研究著作类

樊树志:《江南市镇:传统的变革》,复旦大学出版社 2005 年版。

范毅军:《传统市镇与区域发展:明清太湖以东地区为例,1551—1861》,台北联经出版社 2005 年版。

费孝通:《中国士绅:城乡关系论集》,外语教学与研究出版社 2011 年版。

傅衣凌:《明代江南市民经济初探》,上海人民出版社 1957 年版。

洪焕椿、罗仑主编:《长江三角洲地区社会经济史研究》,南京大学出版社 1989 年。

黄宗智:《长江三角洲小农家庭与乡村发展》,中华书局

1992 年版。

金其铭:《农村聚落地理》,科学出版社 1988 年版。

李伯重:《江南的早期工业化(1550—1850)》,社会科学文献出版社 2000 年版。

梁方仲:《明代粮长制度》(校补本),中华书局 2008 年版。

刘石吉:《明清时代江南市镇研究》,中国社会科学出版社 1987 年版。

马湘泳等:《太湖地区乡村地理》,科学出版社 1990 年版。

瞿同祖:《清代地方政府》,范忠信、何鹏、晏锋译,法律出版社 2003 年版。

王卫平、黄鸿山:《中国古代传统社会保障与慈善事业:以明清时期为重点的考察》,群言出版社 2005 年版。

魏嵩山:《太湖流域开发探源》,江西教育出版社 1993 年版。

吴晗、费孝通等:《皇权与绅权》,观察社 1948 年版。

吴滔:《清代江南市镇与农村关系的空间透视——以苏州地区为中心》,上海古籍出版社 2010 年版。

萧公权:《中国乡村:论 19 世纪的帝国控制》,张浩、张升译,台北联经出版社 2014 年版。

徐茂明:《明清以来苏州文化世族与社会变迁》,中国社会科学出版社 2011 年版。

杨懋春:《近代中国农村社会之演变》,巨流图书公司 1980 年版。

张仲礼:《中国绅士——关于其在 19 世纪中国社会中作用的研究》,李荣昌译,上海社会科学院出版社 1991 年版。

赵冈、陈钟毅:《中国棉纺织史》,中国农业出版社 1997 年版。

赵冈:《中国城市发展史论集》,台北联经出版社 1995 年版。

[美]邓尔麟:《嘉定忠臣:十七世纪中国士大夫之统治与社会变迁》,宋华丽译,中央编译出版社 2012 年版。

[美]费正清:《美国与中国》,张理京译,商务印书馆 1978 年版。

[美]何炳棣:《明清社会史论》,徐泓译注,台北联经出版社 2013 年版。

[美]施坚雅:《中国农村的市场和社会结构》,史建云、徐秀丽译,中国社会科学出版社 1998 年版。

[日]滨岛敦俊:《明代江南农村社会の研究》,东京大学出版会 1982 年版。

[日]川胜守:《明清江南市鎮社会史研究——空間と社会形成の歴史学》,汲古书院 1999 年版。

[日]根岸佶:《中國社會に於ける指導層 : 中國耆老紳士の研究》,平和书房 1947 年版。

[日]森正夫主编:《江南デルタ市鎮研究:歴史学と地理学からの接近》,名古屋大学出版会 1992 年版。

[日]寺田隆信:《明代郷紳の研究》,京都大学学术出版会 2009 年版。

[英]柯律格:《蕴秀之域:中国明代园林文化》,孔涛译,河南大学出版社 2019 年版。

四、今人研究论文类

白坚:《夏完淳陈子龙研究的珍贵史料——读侯岐曾〈丙戌丁

亥日记〉札记》，《文献》1989 年第 4 期。

常建华：《士大夫与地方社会的结合——清代"乡绅"一词含义的考察》，《南开史学》1989 年第 1 期。

陈宝良：《明清易代与江南士大夫家族的兴替》，《社会科学辑刊》2011 年第 2 期。

陈世荣：《国家与地方社会的互动：近代社会精英的研究典范与未来的研究趋势》，《近代史研究所集刊》2006 年第 54 期。

陈学文：《明清时期王店镇的社会经济结构》，《浙江学刊》1991 年第 3 期。

陈正宏：《诗画合璧与明代士绅的社交方式》，《文化遗产研究集刊》(3)，上海古籍出版 2003 年版。

陈忠平：《太湖流域市镇名称形成、演变的特点及其规律》，《南京师大学报（社会科学版）》1985 年第 3 期。

费孝通：《基层行政的僵化》，氏著《乡土重建》，上海人民出版社 2007 年版。

冯贤亮：《明清江南士绅研究疏论》，《中国高校社会科学》2014 年第 6 期。

冯贤亮：《清初嘉定侯氏的"抗清"生活与江南社会》，《学术月刊》2011 年第 8 期。

傅衣凌：《明清封建各阶级的社会构成》，《中国社会经济史研究》1982 年第 1 期。

傅衣凌：《明清时代江南市镇经济的分析》，《历史教学》1964 年第 5 期。

高寿仙：《社会地位与亲缘关系的交互建构——以明代科第大

族平湖陆氏为例》,《北京联合大学学报(人文社会科学版)》2016年第 1 期。

郝秉键:《日本史学界的明清"绅士论"》,《清史研究》2004 年第 4 期。

郝秉键:《西方史学界的明清"绅士论"》,《清史研究》2007 年第 2 期。

蒋兆成:《明清时期杭嘉湖地区乡镇经济试探》,《中国社会经济史研究》1986 年第 1 期。

赖惠敏:《明末清初士族的形成与兴衰——若干个案的研究》,《明清之际中国文化的转变与延续研讨会论文集》,台北文史哲出版社 1991 年版。

李伯重:《明清江南农业资源的合理利用——明清江南农业经济发展特点探讨之三》,《农业考古》1985 年第 2 期。

李柯:《李流芳论考》,上海社会科学院硕士毕业论文,2009 年。

李洵:《论明代江南地区士大夫势力的兴衰》,《史学集刊》1987年第 4 期。

廖心一:《略论明朝后期嘉兴府争田》,载《明史研究论丛(第五辑)》,1991 年。

林丽月:《国子监生与明代两京乡试——"明代监生的上升社会流动"余论》,《第六届中国明史国际学术讨论会论文集》,黄山书社 1997 年版。

刘昶:《明清江南地方社会的延续与变化:以嘉定钱门塘士绅家族的兴替变化为例》,《水乡江南:历史与文化论集》,上海古籍出版社 2014 年版。

刘铮云：《义庄与城镇——清代苏州府义庄之设立及分布》，《历史语言研究所集刊》1987 年第 58 分本第 3 册。

罗晓翔：《明清南京内河水环境及其治理》，《历史研究》2014 年第 4 期。

马湘泳：《江浙海塘与太湖地区经济发展》，《中国农史》1987 年第 3 期。

马学强：《乡绅与明清上海社会》，《上海社会科学院学术季刊》1997 年第 1 期。

潘高升：《明清以来江南乡镇志编修与地方认同——以〈乌青镇志〉为例》，《江苏地方志》2013 年第 6 期。

潘光旦、费孝通：《科举与社会流动》，《社会科学》1947 年第 1 期。

潘清：《明代太湖流域水利建设的阶段及其特点》，《中国农史》1997 年第 2 期。

施蛰存：《读〈檀园集〉》，《施蛰存七十年文选》，上海文艺出版社 1996 年版。

孙冰：《园林：财富、文化和权力的变迁——以浙江湖州双林镇为例》，《中国社会经济史研究》2005 年第 2 期。

谭其骧：《浙江省历代行政区域——兼论浙江各地区的开发过程》，氏著《长水集》上，人民出版社 1987 年版。

王春瑜：《论明代江南园林》，《中国史研究》1987 年第 3 期。

王鸿泰：《美感空间的经营——明、清间的城市园林与文人文化》，载《东亚近代思想与社会》，台北月旦出版社 1999 年版。

王家范：《明清江南市镇结构及其历史价值初探》，《华东师范大学学报》1984 年第 1 期。

王建革:《明代江南的水利单位与地方制度:以常熟为例》,《中国史研究》2011 年第 2 期。

王文楚:《上海市大陆地区城镇的形成与发展》,《历史地理(第三辑)》,1983 年。

巫仁恕:《明清江南市镇志的园第书写与文化建构》,《九州学林》2007 年冬第 5 卷第 4 期,复旦大学出版社 2008 年版。

吴晗:《论绅权》,原载《时与文》1948 年第 3 卷第 1 期,后收入《吴晗文集》第三卷,北京出版社 1988 年版。

吴晗:《明代的新仕宦阶级、社会的政治的文化的关系及其生活》,1943 年作,后载《明史研究论丛(第五辑)》,1991 年。

吴仁安:《明清上海地区城镇的勃兴及其盛衰存废变迁》,《中国经济史研究》1992 年第 3 期。

吴滔:《明清嘉定的"折漕"过程及其双面效应》,《学习与探索》2012 年第 3 期。

吴滔:《赈饥与县级以下区划的变化:明清嘉定宝山基层行政之运作》,李文海、夏明方主编:《天有凶年:清代灾荒与中国社会》,生活·读书·新知三联书店 2007 年版。

伍丹戈:《明代绅衿地主的发展》,《明史研究论丛(第二辑)》,1984 年。

谢俊贵:《中国绅士研究述评》,《史学月刊》2002 年第 7 期。

谢湜:《十五至十六世纪江南粮长的动向与高乡市镇的兴起——以太仓璜泾赵市为例》,《历史研究》2008 年第 5 期。

徐茂明:《江南的历史内涵与区域变迁》,《史林》2002 年第 3 期。

徐茂明:《明清以来乡绅、绅士与士绅诸概念辨析》,《苏州大学学报》2003 年第 1 期。

叶舟:《清代常州城市与文化:江南地方文献的发掘及其再阐释》,博士学位论文,复旦大学,2007 年。

于志嘉:《日本明清史学界对"士大夫与民众"问题之研究》,台湾《新史学》1993 年第 4 期。

余新忠:《清代城市水环境问题探析:兼论相关史料的解读与运用》,《历史研究》2013 年第 6 期。

张芳:《耿桔和〈常熟县水利全书〉》,《中国农史》1985 年第 3 期。

张海英:《"国权":"下县"与"不下县"之间——析明清政府对江南市镇的管理》,《清华大学学报(哲学社会科学版)》2017 年第 1 期。

张研:《清代市镇管理初探》,《清史研究》1999 年第 1 期。

赵世瑜、孙冰:《市镇权力关系与江南社会变迁——以近世浙江湖州双林镇为例》,《近代史研究》2003 年第 2 期。

[美]肯尼斯·J. 哈德蒙:《明江南的城市园林——以王世贞的散文为视角》,[法]米歇尔·柯南、陈望衡主编:《城市与园林——园林对城市生活和文化的贡献》,武汉大学出版社 2006 年版。

[美]乔安娜·F. 汉德琳·史密斯:《祁彪佳社交界中的园亭:晚明的财富与价值观念》,陈广宏译,《中国文学研究(第八辑)》,2007 年。

[美]石锦:《明清时代桐乡县社会精华分子的社会组成和变化稿》,《汉学研究》1985 年第 3 卷第 2 期。

[日]北村敬直:《明末・清初における地主について》,《歴史学研究》,1949 年第 140 号,后收入氏著《清代社会经济史研究》,大

阪市立大学经济学会 1972 年版。

　　[日]滨岛敦俊:《从〈放生河规约〉看明代后期江南士大夫家族》,《明代研究》2011 年第 17 期。

　　[日]滨岛敦俊:《明代中后期江南士大夫的乡居和城居——从"民望"到"乡绅"》,《江南与中外交流(复旦史学集刊第三辑)》,复旦大学出版社 2009 年版。

　　[日]滨岛敦俊:《明末江南乡绅的家庭经济——关于南浔镇庄氏的家规》,《明史研究(第二辑)》1992 年。

　　[日]滨岛敦俊:《土地开发与客商活动——明代中期江南地主之投资活动》,《第二届国际汉学会议论文集》,台北"中研院"1989 年版。

　　[日]川胜守:《明代江南水利政策的发展》,《明清史国际学术讨论会论文集》,天津人民出版社 1982 年版。

　　[日]宫崎市定《明代苏松地方的士大夫和民众》,《日本学者研究中国史论著选译》第六卷,中华书局 1993 年版。

　　[日]井上彻:《宗族的形成与构造》,《西南民族学院学报(哲学社会科学版)》1990 年第 3 期。

　　[日]森田明:《明末清初における練湖の盗湖問題》,[日]小野和子编:《明清時代の政治と社會》,京都大学人文社会科学研究所 1983 年版。

　　[日]森正夫:《江南三角洲的乡镇志——以明后半期为主》,《第七届明史国际学术讨论会论文集》,东北师范大学出版社 1999 年版。

　　[日]森正夫:《明清时代江南三角洲的乡镇志与地域社会——

以清代为中心的考察》,《中华民国史专题论文集第五届讨论会》第1册,台北新店"国史馆"2000年版。

[日]山根幸夫:《明及清初华北的市集与绅士豪民》,《日本学者研究中国史论著选译》第六卷,中华书局1993年版。

[日]太田出:《清代江南三角洲地区的佐杂"分防"初探》,张国刚主编:《中国社会历史评论》第二卷,天津古籍出版社2000年版。

[日]中岛乐章:《围绕明代徽州一宗族的纠纷与同族统合》,《江淮论坛》2000年第2、3期。

后　记

　　本书脱胎于 2016 年 5 月答辩的博士学位论文《聚落、家族与权势——明代江南市镇的发展与士绅生活研究》,此后经历多次删改、增订与框架调整,与原学位论文已有较大差异。在此过程中,我有幸三次获得省部级以上课题经费资助,它们分别是 2016 年第 60 批中国博士后科学基金二等面上资助、2017 年度上海哲学社会科学规划青年课题(批准号 2017ELS003)和 2018 年度国家哲学社会科学规划青年课题(批准号 18CZS026)。

　　为应对毕业及工作的各类考核要求,全书除绪论和余论之外的所有章节都已经以单篇论文的形式在学术期刊发表。这是不得已之举。不过,一本书的体量所呈现的问题意识和逻辑架构,是单篇论文无法实现的,因此稍可自安。

　　在十余年的学习与研究中,我得到过学术界许多师长的指导与提携。博士学位论文和博士后出站报告的"致谢"中曾做过详细的说明,此处不想再一一重复。况且,常有机会与这些师长在学术会议中相见，方便直接表达谢意。

全书第一次整合修订发生在 2022 年春天上海封控期间。足不出户的日子，无心进行更具创造性的脑力工作，只能回顾、整理既有研究，打发时光。此后又拖延两年有余，幸得广西师范大学出版社集团社科分社刘隆进社长慨然应允，有此次出版机会。一并需要感谢的，还有编辑倪小捷的悉心工作与建议。出版过程恰逢女儿的孕育与出生，她和这本书都是人生的重要成果。

最后，用一段写在博士论文"致谢"中的文字作为结束。虽然离写作博士论文已过去了若干年，心境与当时已有不同，研究内容也有了较大调整，但作为本书研究的起点，依然值得纪念：

> 复旦读书的日子，绝大部分是在文科图书馆度过的。常常在傍晚吃过饭走回图书馆的一小段路上，抬头望见一弯明亮的月牙升起，此后的每一天，看着它渐渐圆满、又渐渐亏缺，周而复始。许多个冬日的夜晚，十点钟闭馆之后，走过相辉堂前的大草坪，梧桐树清晰疏朗的枝丫之上，是一轮似水的满月。这时，会忘记一天"一无所获"的自责与忧愁，在刹那间理解并感动"江上之清风与山间之明月"原来是如此的美好。
>
> 写作博士论文像是一场战斗，一场与自己的"内斗"，一场"天理"与"人欲"的拉锯战，过程艰辛而磨人。当战斗得胜，回望过去，记忆又变得复杂起来，一如《天真的人类学家——小泥屋笔记》的作者、英国人类学家奈杰尔·巴利离开多瓦悠族聚落时的心情："挥挥手，引擎轰然，我离开这个我为了奇怪目的一待数月的山头。分离总带来空虚，一种淡淡的无边寂

寞感触。很快你就忘记田野工作多数时候极端乏味、孤寂与身心崩解。金色薄雾降下，原始民族开始变得高贵，仪式变得更震撼，为了达成现在的某个伟大目标，过去无可避免被重组了。"

　　是为记。

杨茜

2025 年 3 月 31 日

上海松江

大学问，广西师范大学出版社学术图书出版品牌，以"始于问而终于明"为理念，以"守望学术的视界"为宗旨，致力于以文史哲为主体的学术图书出版，倡导以问题意识为核心，弘扬学术情怀与人文精神。品牌名取自王阳明的作品《〈大学〉问》，亦以展现学术研究与大学出版社的初心使命。我们希望：以学术出版推进学术研究，关怀历史与现实；以营销宣传推广学术研究，沟通中国与世界。

截至目前，大学问品牌已推出《现代中国的形成（1600—1949）》《中华帝国晚期的性、法律与社会》等 100 余种图书，涵盖思想、文化、历史、政治、法学、社会、经济等人文社会科学领域的学术作品，力图在普及大众的同时，保证其文化内蕴。

"大学问"品牌书目

大学问·学术名家作品系列

朱孝远 《学史之道》

朱孝远 《宗教改革与德国近代化道路》

池田知久 《问道：〈老子〉思想细读》

赵冬梅 《大宋之变，1063—1086》

黄宗智 《中国的新型正义体系：实践与理论》

黄宗智 《中国的新型小农经济：实践与理论》

黄宗智 《中国的新型非正规经济：实践与理论》

夏明方 《文明的"双相"：灾害与历史的缠绕》

王向远 《宏观比较文学 19 讲》

张闻玉 《铜器历日研究》

张闻玉 《西周王年论稿》

谢天佑 《专制主义统治下的臣民心理》

王向远 《比较文学系谱学》

王向远 《比较文学构造论》

刘彦君　廖奔　《中外戏剧史(第三版)》

干春松　《儒学的近代转型》

王瑞来　《士人走向民间：宋元变革与社会转型》

罗家祥　《朋党之争与北宋政治》

萧　瀚　《熙丰残照：北宋中期的改革》

王庆成　《太平天国的历史和思想》

大学问·国文名师课系列

龚鹏程　《文心雕龙讲记》

张闻玉　《古代天文历法讲座》

刘　强　《四书通讲》

刘　强　《论语新识》

王兆鹏　《唐宋词小讲》

徐晋如　《国文课：中国文脉十五讲》

胡大雷　《岁月忽已晚：古诗十九首里的东汉世情》

龚　斌　《魏晋清谈史》

大学问·明清以来文史研究系列

周绚隆　《易代：侯岐曾和他的亲友们(修订本)》

巫仁恕　《劫后"天堂"：抗战沦陷后的苏州城市生活》

台静农　《亡明讲史》

张艺曦　《结社的艺术：16—18世纪东亚世界的文人社集》

何冠彪　《生与死：明季士大夫的抉择》

李孝悌　《恋恋红尘：明清江南的城市、欲望和生活》

李孝悌　《琐言赘语：明清以来的文化、城市与启蒙》

孙竞昊　《经营地方：明清时期济宁的士绅与社会》

范金民　《明清江南商业的发展》

方志远　《明代国家权力结构及运行机制》

严志雄　《钱谦益的诗文、生命与身后名》

严志雄　《钱谦益〈病榻消寒杂咏〉论释》

全汉昇　《明清经济史讲稿》

陈宝良　《清承明制:明清国家治理与社会变迁》

冯贤亮　《明清江南的环境变动与社会控制》

郭松义　《伦理与生活:清代的婚姻与社会》

胡岳峰　《清代银钱比价波动研究》

大学问·哲思系列

罗伯特·S. 韦斯特曼　《哥白尼问题:占星预言、怀疑主义与天体秩序》

罗伯特·斯特恩　《黑格尔的〈精神现象学〉》

A. D. 史密斯　《胡塞尔与〈笛卡尔式的沉思〉》

约翰·利皮特　《克尔凯郭尔的〈恐惧与颤栗〉》

迈克尔·莫里斯　《维特根斯坦与〈逻辑哲学论〉》

M. 麦金　《维特根斯坦的〈哲学研究〉》

G·哈特费尔德　《笛卡尔的〈第一哲学的沉思〉》

罗杰·F.库克　《后电影视觉:运动影像媒介与观众的共同进化》

苏珊·沃尔夫　《生活中的意义》

王　浩　《从数学到哲学》

布鲁诺·拉图尔　尼古拉·张　《栖居于大地之上》

何　涛　《西方认识论史》

罗伯特·凯恩　《当代自由意志导论》

维克多·库马尔　里奇蒙·坎贝尔　《超越猿类:人类道德心理进化史》

许　煜　《在机器的边界思考》

S.马尔霍尔　《海德格尔的〈存在与时间〉》

提摩太·C.坎贝尔　《生命的尺度:从海德格尔到阿甘本的技术和生命政治》

大学问·名人传记与思想系列

孙德鹏　《乡下人:沈从文与近代中国(1902—1947)》

黄克武　《笔醒山河:中国近代启蒙人严复》

黄克武　《文字奇功:梁启超与中国学术思想的现代诠释》

王　锐　《革命儒生:章太炎传》

保罗·约翰逊　《苏格拉底：我们的同时代人》

方志远　《何处不归鸿：苏轼传》

章开沅　《凡人琐事：我的回忆》

区志坚　《昌明国粹：柳诒徵及其弟子之学术》

大学问·实践社会科学系列

胡宗绮　《意欲何为：清代以来刑事法律中的意图谱系》

黄宗智　《实践社会科学研究指南》

黄宗智　《国家与社会的二元合一》

黄宗智　《华北的小农经济与社会变迁》

黄宗智　《长江三角洲的小农家庭与乡村发展》

白德瑞　《爪牙：清代县衙的书吏与差役》

赵刘洋　《妇女、家庭与法律实践：清代以来的法律社会史》

李怀印　《现代中国的形成（1600—1949）》

苏成捷　《中华帝国晚期的性、法律与社会》

黄宗智　《实践社会科学的方法、理论与前瞻》

黄宗智　周黎安　《黄宗智对话周黎安：实践社会科学》

黄宗智　《实践与理论：中国社会经济史与法律史研究》

黄宗智　《经验与理论：中国社会经济与法律的实践历史研究》

黄宗智　《清代的法律、社会与文化：民法的表达与实践》

黄宗智　《法典、习俗与司法实践：清代与民国的比较》

黄宗智　《过去和现在：中国民事法律实践的探索》

黄宗智　《超越左右：实践历史与中国农村的发展》

白　凯　《中国的妇女与财产（960—1949）》

陈美凤　《法庭上的妇女：晚清民国的婚姻与一夫一妻制》

大学问·法律史系列

田　雷　《继往以为序章：中国宪法的制度展开》

北鬼三郎　《大清宪法案》

寺田浩明　《清代传统法秩序》

蔡　斐　《1903:上海苏报案与清末司法转型》

秦　涛　《洞穴公案:中华法系的思想实验》

柯　岚　《命若朝霜:〈红楼梦〉里的法律、社会与女性》

大学问·桂子山史学丛书

张固也　《先秦诸子与简帛研究》

田　彤　《生产关系、社会结构与阶级:民国时期劳资关系研究》

承红磊　《"社会"的发现:晚清民初"社会"概念研究》

宋亦箫　《古史中的神话:夏商周祖先神话溯源》

大学问·中国女性史研究系列

游鉴明　《运动场内外:近代江南的女子体育(1895—1937)》

大学问·中国城市史研究系列

关文斌　《亦官亦商:明清时期天津的盐商与社会》

李来福　《晚清中国城市的水与电:生活在天津的丹麦人,1860—1912》

贺　萧　《天津工人:1900—1949》

王　笛　《茶馆:成都的公共生活和微观世界(1950—2000)》

其他重点单品

郑荣华　《城市的兴衰:基于经济、社会、制度的逻辑》

郑荣华　《经济的兴衰:基于地缘经济、城市增长、产业转型的研究》

拉里·西登托普　《发明个体:人在古典时代与中世纪的地位》

玛吉·伯格 等　《慢教授》

菲利普·范·帕里斯等　《全民基本收入:实现自由社会与健全经济的方案》

王　锐　《中国现代思想史十讲》

王　锐　《韶响难追:近代的思想、学术与社会》

简·赫斯菲尔德　《十扇窗:伟大的诗歌如何改变世界》

屈小玲　《晚清西南社会与近代变迁:法国人来华考察笔记研究(1892—1910)》

徐鼎鼎　《春秋时期齐、卫、晋、秦交通路线考论》

苏俊林　《身份与秩序:走马楼吴简中的孙吴基层社会》

周玉波　《庶民之声:近现代民歌与社会文化嬗递》

蔡万进等　《里耶秦简编年考证(第一卷)》

张　城　《文明与革命:中国道路的内生性逻辑》

洪朝辉　《适度经济学导论》

李竞恒　《爱有差等:先秦儒家与华夏制度文明的构建》

傅　正　《从东方到中亚——19世纪的英俄"冷战"(1821—1907)》

俞　江　《〈周官〉与周制:东亚早期的疆域国家》

马嘉鸿　《批判的武器:罗莎·卢森堡与同时代思想者的论争》

刘家和　口述《困学庐言:史学家刘家和先生的学术和生活自述》

李怀印　《中国的现代化:1850年以来的历史轨迹》

葛希芝　《中国"马达":"小资本主义"一千年(960—1949)》

柯胜雨　《夏王朝:天崇拜与华夏之变》

石　硕　《守望传统:在田野寻找人文》